HANNIBAL
sous les remparts de Rome

Né en 1950, Patrick Girard est historien. Ancien attaché de recherches au CNRS, il a publié, seul ou en collaboration, de nombreux ouvrages et essais historiques. Il est aujourd'hui journaliste à *Marianne*.

Paru ou à paraître dans Le Livre de Poche :

HAMILCAR
le lion des sables

HASDRUBAL
les bûchers de Mégara

PATRICK GIRARD

Hannibal

sous les remparts de Rome

EDITIONS 1

Pour ma mère, Mimi Hamel.

INTRODUCTION

Carthage s'éveillait à peine lorsqu'une lourde quinquérème, sa grande voile rouge déployée, se présenta à l'entrée du port marchand. Arrivé bien après le coucher du soleil en vue de la ville, le navire avait dû mouiller dans la baie toute la nuit. La règle ne souffrait aucune exception. Chaque bateau se présentant alors que la pesante chaîne de fer barrant l'accès au chenal avait été abaissée devait attendre qu'elle soit relevée, au matin, par de robustes esclaves libyens. Parce qu'ils étaient astreints à cette tâche essentielle à la sécurité de la cité, ces hommes n'étaient pas traités comme une quelconque main-d'œuvre servile. Ils étaient abondamment nourris mais l'usage du vin leur était interdit car on devait pouvoir compter sur eux à tout moment. Cette restriction, dont la transgression valait au contrevenant la mort, était bien peu de chose à côté des soins attentifs dont ils étaient l'objet. Des masseurs veillaient à assouplir les muscles des esclaves et à oindre leur corps d'huile avant le début de leur labeur. Les contremaîtres, pourtant réputés pour leur exigence, y réfléchissaient à deux fois avant de les faire fouetter et un tel châtiment était en réalité appliqué avec parcimonie à quelques jeunes recrues dont il fallait briser la volonté.

Ce ne serait pas le cas aujourd'hui. Dès l'annonce de la présence du bateau à proximité des ports, des ordres avaient fusé de partout. Du haut de la tour de l'Amirauté, Bomilcar, l'officier de garde, avait en effet reconnu l'un des navires envoyés il y a plusieurs mois de cela à Rosh Laban, en Ibérie, avec, à son bord, le sénateur Carthalon. Un détail retint toutefois son attention : l'on ne voyait pas, à la proue, les pommes de pin et les mains de Baal, emblèmes traditionnels de la cité d'Elissa. C'était là une marque de deuil et chacun, dans l'arsenal, se mit à supputer quel personnage important avait pu succomber au cours de ce long périple.

— Le fils de Baalyathon, ce maudit Carthalon, n'a pas supporté la fatigue du voyage jusqu'aux colonnes de Melqart, murmura un aide de camp. Son père a eu tort de vouloir se débarrasser d'Hamilcar, son vieil ennemi, car c'est dans sa propre maisonnée que les pleurs et les cris retentiront bientôt. Cela nous réserve quelques surprises car les siens chercheront à venger la mort de son rejeton, soit sur les partisans des Barca, soit sur ceux de ses amis qui lui avaient suggéré de confier cette mission à son fils. Il faut dire que ce dernier est plus fait pour le commerce que pour les affaires militaires et politiques.

— Surveille tes dires, lui rétorqua Bomilcar. Tu as peut-être raison mais n'oublie pas que Carthalon a des espions partout, y compris dans cette enceinte, et que tes propos pourraient lui être rapportés. Au mieux, ils te vaudront l'exil, au pis la croix.

— Merci de ton avertissement. Ma franchise prouve simplement la confiance absolue que j'ai en toi. Patientons donc jusqu'à ce que la quinquérème accoste pour en savoir plus.

Après d'interminables minutes d'attente, le vaisseau pénétra dans le cothôn, le port militaire, et se rangea devant une loge encadrée par deux hautes colonnes de marbre blanc et surmontée d'une frise de stuc. Les officiers eurent la surprise de voir Carthalon, qu'ils s'imaginaient mort, arpenter fiévreusement le pont puis s'engager à petits pas prudents sur la passerelle jetée à partir du quai. L'homme avait l'air sombre et inquiet.

— Salut à toi, noble sénateur. Je suis heureux de te savoir en vie et te souhaite la bienvenue à Carthage, fit Bomilcar. Pourquoi ces signes de deuil sur ton navire ? Es-tu porteur de mauvaises nouvelles ?

— Je ne puis rien te dire avant d'avoir rendu compte de ma mission devant le Conseil des Cent Quatre et le Sénat. Fais prévenir tous ses membres que je suis de retour et qu'ils me retrouvent au temple d'Eshmoun le plus rapidement possible pour entendre une communication de la plus haute importance. En attendant que tous répondent à cette convocation, je prendrai un peu de repos dans tes appartements si tu n'y vois pas d'inconvénient.

— Tes ordres seront exécutés sur-le-champ. Suis-moi, je te conduis jusqu'à ma chambre où mes esclaves se tiendront à ta disposition pour satisfaire le moindre de tes désirs.

Dès qu'il eut installé son interlocuteur, Bomilcar dépêcha en ville des messagers afin de convoquer les sénateurs. Vers le milieu de la matinée, une foule nombreuse et bruyante se pressait autour du temple situé sur la colline de Byrsa et commentait avidement l'arrivée des principaux magistrats de la cité dont le visage reflétait l'inquiétude. Escorté par une garde impressionnante, Carthalon fut le dernier à pénétrer dans l'édifice dont les imposantes portes de bronze se refermèrent sur lui.

Ses pairs l'observèrent remonter lentement la nef du temple, s'arrêtant parfois pour saluer certains de ses partisans ou pour écarter d'un geste méprisant un vil opportuniste qui tentait de se concilier, mais trop tard, ses faveurs. Après s'être incliné devant la statue du dieu, il se tourna vers les assistants et, d'une voix ferme, prononça ces mots :

— Carthaginois, j'ai une triste nouvelle à vous

annoncer et j'ai tenu à réunir les membres de votre auguste assemblée pour vous en donner la primeur car elle risque fort de provoquer des troubles en ville dès qu'elle sera connue. Notre réunion nous permettra de prendre les mesures adéquates pour prévenir tout désordre.

A l'annonce de ce danger imprévu, un frisson parcourut l'assistance et Hannon le grand, l'un des hommes les plus influents du Conseil des Cent Quatre, ne put s'empêcher de gronder :

— Carthalon, au lieu de nous faire perdre notre temps avec tes sous-entendus et de ménager tes effets, va droit au but. Quelle catastrophe es-tu chargé de nous annoncer ?

— Hamilcar Barca est mort.

Un long silence suivit cette annonce, brisé bientôt par les cris, les vociférations et les larmes des partisans du fils d'Adonibaal. L'un d'entre eux, Himilkon, s'avança, l'air menaçant, vers l'orateur :

— Dis la vérité ! Toi et les tiens l'avez condamné à mort sous un faux prétexte et tu étais chargé par tes complices de faire exécuter la sentence. C'était donc là le but de ton voyage à Rosh Laban.

— Himilkon, tu déraisonnes et je pourrais exiger que tu sois durement châtié. Je ne le ferai pas car tu parles sous l'effet du chagrin et je respecte ta douleur. Sache que, moi aussi, je pleure la mort de notre vaillant général. Je le connaissais depuis que nous étions enfants et je l'appréciais même si nous étions souvent en désaccord quant à la conduite des affaires publiques. Sa mort est un rude coup pour notre cité dont la richesse dépendait en partie des convois d'or, d'argent et de fer qu'il nous faisait parvenir chaque année. Il a péri les armes à la main, en tentant de repousser une attaque des montagnards orisses alors qu'il assiégeait la cité d'Héliké, désormais aux mains de nos troupes. J'ai veillé personnellement à ce que des funérailles grandioses soient organisées en son honneur à Gadès où il repose dans l'enceinte sacrée du temple de Melqart, la divinité protectrice de sa famille. En accord avec son gendre Hasdrubal, que j'ai désigné comme chef de notre armée en Ibérie, j'ai fait voile immédiatement vers Carthage pour vous annoncer cette terrible nouvelle et je suis porteur d'une requête formulée par le gendre d'Hamilcar.

— Quelle est-elle ? fit Hannon le grand. Veut-il que nous le désignions comme suffète et que nous lui remettions les rênes du pouvoir ? Cette impudente exigence ne m'étonnerait pas de la part d'un membre de la famille Barca.

— Là encore, tu es dans l'erreur et c'est à ton tour de céder à la colère et à la jalousie sans avoir, comme Himilkon, l'excuse de la douleur. Non, Hasdrubal souhaite simplement, afin de pouvoir continuer l'œuvre de son beau-père en Ibérie, que nous autorisions ses beaux-frères, les fils Barca, Hannibal, Magon et Hasdrubal le jeune, à le rejoindre à Rosh Laban afin qu'il puisse leur apprendre le métier des armes et qu'ils lui succèdent un jour.

— Cette touchante sollicitude familiale ne doit pas nous abuser : voilà Hasdrubal transformé en protecteur de l'orphelin, fit Hannon le grand. J'en pleurerais presque pour de bon. C'est là l'ultime ruse de ce perfide qui a dû son élévation rapide dans la hiérarchie aux faveurs contre nature qu'il a accordées à son beau-père dont nous connaissons tous les mœurs dépravées, héritées de celles des Grecs. La chose est limpide comme l'eau qui coule de nos fontaines : sans doute, Hasdrubal, pour s'être prostitué dans sa jeunesse au père d'Hannibal, pense avoir le droit d'user pareillement de ses fils. Une telle infamie ne saurait être tolérée dans nos murs. Si nos jeunes gens partent au loin, parfois sans espoir de revoir leur patrie, c'est pour servir celle-ci et non pas pour être livrés en pâture aux caprices honteux de leurs généraux. Et quand bien même Hasdrubal n'aurait d'autre souci que de veiller à l'éducation de ses jeunes beaux-frères, devrions-nous pour autant accéder à sa requête ? Que leur apprendra-t-il ? Notre langue ? Nos livres et nos chroniques ? Le grec ou l'art oratoire ? Ce ne sont pas des domaines dans lesquels il excelle et je l'imagine mal ayant troqué le glaive et le bouclier contre des rouleaux de papyrus. Ce qu'il veut leur apprendre, n'en doutez pas un seul instant, c'est l'esprit d'indépendance et d'indiscipline qui caractérisent les Barca. Cette lignée n'aspire qu'à une chose : exercer la plus cruelle des tyrannies sur notre ville et, peut-être, y rétablir à son profit l'institution monarchique. Ce processus est d'ailleurs engagé : Hamilcar a laissé ses armées en héritage à son gendre et celui-ci se propose maintenant de les offrir au fils aîné du défunt ! Nous ne pouvons tolérer pareille entorse à nos lois. Hannibal, croyez-moi, doit rester ici pour apprendre de nos magistrats nos us et coutumes sacrés. Il ne peut être ni plus ni moins qu'un jeune Carthaginois de son âge. Ce n'est pour l'instant qu'une faible étincelle. Si nous soufflons dessus, elle deviendra une torche qui portera partout l'incendie, y compris dans nos propres foyers.

La violente diatribe d'Hannon provoqua un véritable tumulte dans le temple. Nombre de partisans du clan Barca, bouillant d'indignation, manifestèrent bruyamment leur colère. Des quatre coins de la salle jaillirent des invectives et des cris de haine : « Mort à Hannon ! », « Qu'il expie sur la croix ses calomnies », « Qu'on chasse de cette enceinte cet ennemi du nom carthaginois, cet allié des Romains ! » Quelques-uns s'approchèrent de lui pour le frapper mais en furent empêchés par des gardes accourus dès le début du tumulte. Carthalon tenta de dissiper le vacarme en prenant la parole. Après quelques essais infructueux, il parvint à se faire entendre :

— Puissent les paroles de notre ami être oubliées par ceux qui les ont entendues et par celui qui les a proférées et qui regrette déjà amèrement, j'en suis sûr, ses propos ! Illustres sénateurs, vous le savez, Hannon est mon ami et j'ai l'habitude de me ranger à son avis lors de nos débats. Ce ne sera pas le cas cette fois-ci car il a tort. D'une part, il est faux d'affirmer que Hasdrubal a reçu le commandement des troupes de son beau-père. Je l'ai désigné personnellement en usant des pouvoirs que vous m'aviez conférés lors de mon départ de Carthage. Je ne regrette pas cette décision car elle s'imposait d'elle-même. D'autre part, sa demande d'avoir auprès de lui les fils de notre héros défunt ne me paraît pas outrecuidante. Ces jeunes gens, déjà privés de leur mère, n'ont désormais plus que lui comme famille et il serait absurde d'empêcher leurs retrouvailles. Ainsi, chers collègues, je vous propose de répondre favorablement à cette requête mais à une seule condition : ne m'obligez pas à accompagner à Gadès ces jeunes gens. Un seul voyage m'a suffi pour toute ma vie !

A ces derniers mots, l'assistance éclata d'un rire nerveux qui dissipa la tension, et vota à la quasi-unanimité la résolution proposée par Carthalon. Quand ils se dispersèrent, Himilkon confia à ses proches :

— Ce diable d'homme nous a roulés dans la farine !

— Qu'insinues-tu par là ? dit Iterbaal, son conseiller. Il a dû au contraire céder devant notre détermination et notre force. Dans quelques instants, toute la ville saura qu'il s'est désolidarisé de son âme damnée, ce maudit Hannon.

— C'est là où tu fais erreur en t'attachant uniquement aux apparences. Les deux compères sont de mèche. Quel est leur intérêt ? Se débarrasser des héritiers d'Hamilcar en les éloignant de cette cité qui, les années passant, finira par oublier jusqu'à leur existence. Cela leur permettra de diriger le Sénat et de lui dicter la politique de paix avec Rome dont ils rêvent.

— Tu oublies que nous sommes là, nous les Barcides, les partisans fidèles jadis d'Hamilcar, aujourd'hui, d'Hasdrubal, et demain, s'il le faut, d'Hannibal.

— La belle affaire ! Des partisans sans chefs, voilà ce que nous sommes désormais. Il n'y a véritablement pas de quoi se réjouir.

*
* *

A Mégara, loin des remous secouant le Conseil des Cent Quatre, la vie s'écoulait paisiblement. Renvoyés à Carthage après un bref séjour à Gadès auprès de leur père, Hannibal, Magon et leur cadet Hasdrubal avaient grandi en compagnie du fils de Juba, Hamilcar le Numide, sous la houlette bienveillante d'Epicide. Quand ce dernier mourut, emporté par une fluxion de poitrine, il fut remplacé par Sosylos, un Grec de Tarente, aussi habile rhétoricien qu'amateur de lutte et d'équitation. Au fil des ans, la vieille maison construite par Adonibaal avait été considérablement embellie en dépit de l'absence prolongée de son propriétaire. La fortune amassée sur les rives du Bêtis avait permis à Hamilcar d'ordonner la construction de nouvelles ailes et la rénovation des parties les plus anciennes du palais familial. Pour ce faire, les marbres les plus précieux avaient été acheminés de Sicile et l'on avait fait venir à grands frais d'Athènes des peintres réputés pour couvrir les murs de fresques retraçant les exploits de Melqart ou ceux d'Alexandre le Grand. Ornés de motifs d'or et d'argent, les meubles en bois précieux, aux essences odoriférantes, s'entassaient dans les pièces tout comme les torchères de bronze et les tables aux pieds délicatement ouvragés. Quant au jardin, il avait été considérablement agrandi et les plantes les plus rares y poussaient, entretenues par des dizaines d'esclaves arrachés à leur terre natale.

A l'issue de la période rituelle de deuil qu'ils observèrent, reclus et prostrés, dès qu'ils avaient appris la mort de leur père, les trois fils d'Hamilcar reçurent la visite d'Himilkon, chargé de leur annoncer, au nom du Sénat, leur prochain départ pour Gadès. D'emblée, le chef du parti barcide fut frappé par les changements intervenus chez Hannibal depuis leur dernière rencontre, plusieurs mois auparavant. L'enfant était devenu un adolescent aux cheveux bouclés, au nez aquilin et au regard empreint d'une mâle assurance. De haute taille et bien proportionné, il avait une musculature puissamment développée par la pratique quotidienne des jeux du stade. N'eût été son teint cuivré propre aux Phéniciens, on l'eût volontiers pris pour un éphèbe athénien à la peau hâlée par le soleil d'Afrique. Ses frères se tenaient respectueusement à ses côtés et le dévoraient des yeux.

— Hannibal, fit Himilkon, la voix tremblante d'émotion, le peuple de Carthage s'associe à votre chagrin et conservera toujours vivante en son cœur la mémoire de votre père, grâce auquel nos emblèmes continuent à flotter des deux côtés de la grande mer. Son gendre, Hasdrubal, a souhaité que toi et tes frères le rejoigniez à Rosh Laban et le Conseil des Cent Quatre a donné son accord. Quand pouvez-vous partir ?

— Sur l'heure s'il le faut, répondit l'aîné.

— J'apprécie ton sens de la discipline mais je gage que tu dois auparavant régler bien des détails.

— Je n'ai aucune raison de retarder notre départ. Notre intendant sait ce qu'il y a à faire et administrera fort bien nos propriétés. Il me tarde de retrouver les rives du Bêtis et le temple de Gadès où mon père nous conduisit jadis pour consulter un oracle.

— Un certain Azerbaal, prêtre fugitif du sanctuaire de Baal Hammon.

— Comment le sais-tu ?

— Mon devoir est de tout connaître de ce qui peut concourir à la gloire des Barca.

— Tu n'ignores donc pas qu'il m'a prédit une destinée exceptionnelle.

— Celle dont ton père rêvait pour toi et tes frères. Ici même, alors que vous étiez des bambins à peine capables de tenir debout sur vos jambes, il me disait en vous désignant : voici les jeunes lionceaux que j'élève pour qu'ils attaquent un jour la louve romaine. Le temps est venu pour vous de faire la preuve qu'il ne se trompait pas.

— Melqart y veillera. J'ai une faveur à te demander.

— Laquelle ?

— Hamilcar le Numide, le fils de Juba, a grandi à mes côtés et je souhaite qu'il m'accompagne.

— Je m'attendais à cette requête et j'ai interrogé à ce sujet le Conseil des Cent Quatre. Ses membres souhaitent que ce jeune homme regagne les Etats de son grand-père, le vieux roi Gaïa.

— Mais c'est mon ami !

— Tu es trop jeune pour comprendre certaines choses et le mal que peuvent faire des rumeurs infondées sur la nature de l'amitié entre deux jeunes gens.

— Peu importe. Nous avons, nous les Barca, une dette envers Juba et les siens.

— Carthage aussi. C'est la raison pour laquelle le frère cadet de Juba, Masinissa, ira servir en Ibérie sous les ordres d'Hasdrubal. Au même titre d'ailleurs qu'un autre prince d'une tribu rivale de la sienne, Syphax. De la sorte, Massyles et Masaesyles seront associés comme dans le passé à la gloire et à l'agrandissement du domaine de notre cité.

— Hamilcar me manquera mais il m'en coûterait de désobéir aux ordres de nos magistrats. Fais-moi savoir en temps utile quand l'heure sera venue pour nous de quitter notre patrie.

De longs mois passèrent avant le grand départ. Hamilcar le Numide repartit, le cœur lourd, chez les siens. Syphax le Masaesyle et Masinissa le Massyle ne paraissaient, quant à eux, guère pressés d'abandonner leurs montagnes et leurs forêts pour se présenter à Carthage. Ils arrivèrent séparément, chacun de leur côté, comme pour bien montrer que l'alliance de leurs peuples respectifs avec la cité d'Elissa était leur seul point en commun. Nettement plus âgé, Syphax était un adolescent à la taille élancée, aux muscles déjà forts et noueux. Elevé par un précepteur grec, il maniait à la perfection la langue d'Homère et Sosylos ne manqua pas, dès le début, de se moquer de son amour immodéré de tout ce qui avait trait à l'Hellade. Masinissa, bien qu'aussi instruit que son rival, demeurait fidèle aux traditions et aux coutumes de son peuple dont il rappelait avec fierté les hauts faits, non sans une certaine maladresse.

Deux jours à peine après son installation à Mégara, il commit une faute — était-elle consciente ou inconsciente ? — en discutant avec Hannibal alors que le soir tombait sur les splendides jardins de la villa. Les deux adolescents, qui cherchaient à s'impressionner mutuellement, s'étaient lancés dans une interminable discussion sur l'origine de leurs aïeux et la noblesse de leur lignage. Croyant amadouer son nouveau compagnon, Hannibal avait jugé habile de rappeler que les fugitifs conduits par Elissa n'avaient pu fonder leur ville que grâce à la générosité de Hiarbas, le roi des Mazyces. Il ne fut pas peu surpris d'entendre son interlocuteur lui répliquer avec un bel aplomb :

— Mon ancêtre a agi sagement et conformément aux lois de l'honneur. Ce serait une grave faute de notre part que de contester ces acquis immémoriaux mais eux seuls sont au-dessus de tout litige.

— Qu'entends-tu par là ?

— Vos droits, à mes yeux, se limitent à la colline

de Byrsa et au territoire que votre reine a délimité en découpant en fines lanières une peau de bœuf Tout le reste nous appartient.

— Mais tu sais que le domaine de notre cité s'étend bien au-delà de ce site originel et que nous ne renoncerons pas aux agrandissements opérés par la suite. D'ailleurs, les traités conclus depuis entre nos deux peuples ont entériné cette situation. Dois-je conclure que tu ne reconnais pas ces pactes immémoriaux ?

— Par Melqart, ton dieu, tu prends mes propos trop au sérieux. Nous sommes à peine sortis de l'enfance et voilà que nous nous occupons à faire de la haute politique et à dépecer nos possessions comme si nous déchiquetions à belles dents un morceau de viande. Il y a mieux à faire et j'ai simplement voulu te montrer qu'à trop remuer le passé, l'on prend des risques inutiles.

Hannibal se garda bien de faire part à quiconque de cette conversation tout en se promettant de ne jamais la chasser de sa mémoire. Il avait deviné en son interlocuteur un être de sa trempe dont il était préférable de gagner l'amitié et la confiance. Syphax lui faisait cruellement regretter Hamilcar le Numide dont il n'avait ni l'intelligence ni la prudente réserve. Mais, là encore, le fils d'Hamilcar Barca prit soin de dissimuler ses sentiments. Réfléchissant aux propos de son interlocuteur, il estima que celui-ci avait voulu éprouver ses nerfs. C'était un incident sans importance. Le jeune prince numide était à un âge où l'on préfère aimer et plaire plutôt qu'intriguer et haïr. Aussi ne ménagea-t-il pas sa peine pour le traiter le mieux possible dans sa résidence et le convaincre qu'à ses yeux Massyles et Masaesyles n'étaient pas seulement des alliés mais aussi des égaux que Carthage pourrait dans un proche avenir compter au nombre de ses citoyens.

Enfin, le grand jour arriva. Un matin, le fils d'Hamilcar reçut un envoyé du Conseil des Cent

Quatre. Le départ était fixé à la prochaine lune, en plein milieu de la belle saison. Une agitation fébrile s'empara de la demeure où les esclaves s'affairaient pour préparer les bagages, de lourds coffres de bois recouverts de cuir. Dans les écuries, les palefreniers avaient sélectionné les meilleures montures et vérifié soigneusement les harnais et les selles. A la veille de s'embarquer, Hannibal passa la journée à arpenter de long en large les rues de la ville et à se mêler incognito aux habitants dans les tavernes et les marchés. Il humait toutes les odeurs et s'emplissait des bruits de la cité, sachant qu'il ne la reverrait peut-être jamais plus. Peu avant la tombée de la nuit, ses frères, accompagnés de Sosylos, de Syphax et de Masinissa, le retrouvèrent dans le sanctuaire de Baal Hammon devant la stèle votive érigée par les Barca. Ils n'échangèrent aucune parole, chacun méditant et priant. De là, ils gagnèrent le cothôn et s'embarquèrent à bord d'une quinquérème à la proue richement ornée et aux flancs peints de couleurs vives.

Durant tout le voyage, les jeunes gens ne se montrèrent guère. Ils demeuraient confinés dans leurs cabines et ne se retrouvaient que pour manger. Les membres de l'équipage remarquèrent qu'ils étaient peu loquaces durant leurs agapes. Chacun d'entre eux semblait plongé dans de mystérieuses pensées, ruminant peut-être le sort qui l'attendait dans une contrée dont il ignorait tout et qui serait pour de longues années son foyer. Les vents leur ayant été favorables, ils atteignirent Rosh Laban après une semaine de navigation. Sur le quai, un officier carthaginois les accueillit chaleureusement :

— Bienvenue à tous. Je suis Maharbal, chef de la cavalerie. Hasdrubal me prie d'excuser son absence et de vous conduire auprès de lui.

— J'ai hâte de revoir Rosh Laban et le vieux palais édifié par mon père, fit Hannibal.

— Je suis désolé pour toi mais je dois vous conduire jusqu'à la nouvelle capitale dont il surveille la construction, Carthagène, la nouvelle Carthage, bâtie en l'honneur de ton défunt père. Sur ces rivages, rien n'égalera sa splendeur. Elle mérite bien, crois-moi, son nom et vous vous y sentirez comme à l'ombre de la colline de Byrsa.

Maharbal s'était un peu avancé. Quand ils arrivèrent à Carthagène, la cité sortait à peine de terre. On voyait çà et là quelques maisons déjà achevées et l'on distinguait le tracé rectiligne des rues dont certaines étaient très larges. A l'extérieur de l'enceinte qui commençait à dresser ses murs faits de solides moellons de pierre arrachés à la montagne voisine, Hasdrubal avait dressé son camp. Dès qu'il aperçut le petit groupe des voyageurs, il courut à leur rencontre, la mine réjouie :

— Vous voilà enfin ! Désormais, la famille Barca est réunie. C'était le rêve que caressait mon beau-père et je suis fier d'avoir pu le réaliser. Par Tanit notre mère, vous avez bien changé et je suis incapable de reconnaître l'un d'entre vous.

— Je suis Hannibal et voici Magon et Hasdrubal le jeune, mes frères, ainsi que Sosylos, mon précepteur, Syphax et Masinissa, nos amis numides. Toi-même, j'aurais eu du mal à deviner que tu es mon beau-frère ou plutôt que tu l'étais. Nous avons appris la mort de ton épouse Salammbô, notre sœur. Mais sa disparition ne change rien à ta situation. Tu es le chef de notre clan et nous sommes là pour apprendre de toi l'art de la guerre.

— Mon fils, si tu permets que je t'appelle ainsi, tes paroles mettent du baume sur mon cœur. Maharbal vous montrera vos quartiers. Demain matin, nous nous retrouverons et je vous assignerai vos tâches respectives. Prenez du repos car vous aurez beaucoup à faire.

Dès le petit jour, les jeunes gens se présentèrent devant Hasdrubal entouré de ses principaux officiers. Magon, Hasdrubal le jeune, Syphax et Masinissa furent affectés dans des unités d'infanterie et de cavalerie pour y faire leur apprentissage de soldats. Quant à Hannibal, son beau-frère l'informa sèchement qu'il l'avait choisi comme adjoint afin de superviser la construction de la cité.

— Mais je suis venu combattre, rétorqua l'adolescent, et non pour être maçon ou charpentier.

— Tu es le digne rejeton de ton père. Sache qu'à ton âge, Hamilcar fut envoyé par Adonibaal, ton grand-père, dans son domaine du Beau Promontoire pour s'occuper de la gestion des terres et du bétail. Cela lui a beaucoup servi par la suite quand il fut à la tête de son armée. Il n'avait pas son pareil pour veiller aux questions d'intendance. Toi-même, plus tard, tu auras l'occasion d'assiéger des villes. Or il faut en avoir construit pour savoir comment elles sont bâties et quels sont leurs points faibles. Crois-moi, tu ne regretteras pas cette expérience et viendra le jour où tu m'en remercieras.

Après quelques mois d'intense labeur, Carthagène fut achevée et devint un centre commercial et politique de première importance, détrônant ses rivales, Gadès et Rosh Laban. Bâtiments publics, temples et maisons rivalisaient de beauté et de splendeur. Les voyageurs, venus de Carthage ou de Massalia[1] la Grecque, ne pouvaient cacher leur émerveillement mais aussi leurs appréhensions. Pareille cité avait vocation de capitale d'un territoire infiniment plus vaste que les comptoirs puniques d'antan. Il fallait conquérir l'arrière-pays, bien au-delà des mines de la montagne d'argent, et prendre possession des côtes septentrionales afin de donner un coup d'arrêt aux ambitions commerciales des Massaliotes et des Romains.

Pour mener à bien cette politique, Hasdrubal ne

1. Actuelle Marseille.

répugnait pas aux expéditions militaires mais avait aussi recours à la diplomatie et à la séduction. Devenu veuf, il avait, après deux années de deuil, épousé en secondes noces la fille d'un roitelet montagnard dont la famille était alliée à bien des dynasties locales. Celles-ci ne manquaient pas de filles à marier. L'une d'entre elles, Imilcé, se trouvait justement à Carthagène, confiée à sa tante, l'épouse d'Hasdrubal.

Dès qu'il la vit, Hannibal tomba amoureux de cette adolescente aux cheveux de jais torsadés, à la taille fine et à la croupe ondulant de manière provocante. Contrairement à ses compatriotes, elle avait une peau blanche et laiteuse, quasi opaline, qui renforçait la minceur de ses traits. Elle parlait fort bien le punique qu'elle avait appris de sa grand-mère, une accorte matrone carthaginoise. La belle Imilcé ne fut pas sans remarquer le manège du fils d'Hamilcar, dont la beauté sculpturale de jeune éphèbe avait déjà fait tourner bien des têtes. Fine mouche, elle usa d'un stratagème pour parvenir à ses fins. Prétextant avoir la nostalgie de sa cité natale et clamant qu'elle ne pouvait supporter Carthagène en période de canicule, elle supplia sa tante de lui permettre de passer l'été dans ses montagnes dont la neige recouvrait encore les pics les plus élevés. Bien entendu, elle avait besoin d'une escorte pour l'accompagner, elle et sa suite, dans ces contrées reculées, les routes étant, selon elle, infestées de brigands pourtant si discrets que leurs derniers forfaits remontaient à des temps lointains.

Hasdrubal feignit de prendre très au sérieux les craintes de sa nièce et désigna Hannibal pour l'accompagner. Il convoqua le jeune homme alors que ce dernier s'ennuyait à périr en surveillant la construction d'un aqueduc.

— Comment va notre architecte ?

— Je me conforme à tes ordres.

— Ta voix ne trahit pas l'enthousiasme.

— J'ai accepté le travail que tu m'as confié et j'ai compris les raisons de ta décision. Mais je rêve de pouvoir un jour me battre avec autre chose qu'une masse ou une truelle.

— Je vais donc te mettre à l'épreuve. Imilcé doit se rendre chez les siens et emprunter pour cela une route infestée de tribus hostiles. Je te charge de veiller à sa sécurité. Son père est l'un de nos alliés les plus fidèles et le moindre accident arrivant à sa fille pourrait avoir des conséquences funestes pour nous.

— J'exécuterai le plus scrupuleusement possible tes ordres. Quand dois-je partir ?

— Dès demain. Tu seras absent plusieurs semaines, aussi prends toutes les dispositions utiles et délègue à tes adjoints l'achèvement de la construction de l'aqueduc.

Le fils d'Hamilcar fit diligence afin de se conformer à cet ordre qui le comblait de joie. Pour la première fois de sa vie, il allait exercer un commandement et il espérait bien que l'ennemi ne tarderait pas à se montrer. Il déploya un zèle qui fit sourire les vieux officiers chargés par son beau-frère de le surveiller. Tout au long de la route, Hannibal se tint constamment devant la colonne, précédé par une nuée d'éclaireurs qui devaient prévenir les dangers d'embuscade. La nuit, il montait la garde autour de la tente d'Imilcé, qui observait en riant sous cape celui qu'elle avait surnommé ironiquement son « geôlier » et qu'elle feignait de bouder obstinément. Après une semaine de route, le petit groupe parvint en vue d'une ville située sur un piton rocheux. Les rues étaient étroites et sales, bordées de masures en mauvais état. Outre un temple, le seul monument méritant ce nom était le palais royal, protégé par une triple enceinte fortifiée. En franchissant la dernière, l'on pénétrait dans un vaste jardin, mal entretenu, à l'intérieur duquel plusieurs petites maisons, mélange d'architecture grecque et punique, avaient été édifiées.

Le soir même, Hannibal fut invité à un banquet par le père d'Imilcé, un véritable colosse à la barbe broussailleuse et aux épais sourcils. Lui aussi parlait punique mais avec un fort accent et de savoureuses fautes de langage. Entre les deux hommes, le dialogue ne tarda pas à s'établir :

— Ainsi, tu es le fils de mon vieil ami Hamilcar dont la mort m'a plongé dans le chagrin le plus vif. Je souhaite que tu sois aussi sage et aussi avisé que lui.

— J'essaierai de faire honneur à la mémoire de mon père en ne te décevant pas.

— Imilcé m'a beaucoup parlé de toi.

— Ta fille ? J'avais l'impression qu'elle me boudait.

— Tu ne connais pas les femmes de cette région. En apparence, elles sont discrètes et soumises mais leur cœur a l'impétuosité des torrents qui dévalent de nos montagnes. Elles gouvernent nos âmes et nos sens sans que nous y prenions garde. Elle te trouve joli garçon.

— Et moi, je reconnais être subjugué par sa beauté. Pardonne-moi mon audace mais j'avoue que j'en ferai volontiers mon épouse si tu ne fais pas obstacle à cette union.

— Pareil mariage serait un grand honneur pour les miens. J'avoue qu'il me pose toutefois un problème.

— Lequel ?

— L'un de mes vassaux m'a également demandé sa main et il est aussi un beau parti. De surcroît, je redoute de provoquer sa colère et sa vengeance en te préférant à lui.

— Tu sais que tu peux compter sur l'appui de Carthage. Mes troupes ne feront qu'une bouchée de lui et de ses hommes.

— Je vais parler à Imilcé. Ne t'étonne pas si elle

demande à te rencontrer. Elle seule peut décider de son destin et mes propres paroles pèseront peu face aux inclinations de son cœur.

Deux jours après cet entretien, Hannibal fut mandé par le roi qui l'informa que sa fille l'attendait à trois stades de la ville, non loin d'un bosquet sacré planté auprès d'une source. Il sauta immédiatement sur son destrier et, guidé par un serviteur du palais, se rendit à l'endroit indiqué. La jeune fille, vêtue d'une tunique de lin blanc, l'y attendait, l'œil pétillant de malice.

— Je suis heureuse que tu sois venu en ce lieu où j'aime à me reposer.

— Je serais allé dans d'autres endroits moins agréables si j'avais été assuré de t'y trouver. Nous devons nous expliquer.

— A quel propos ?

— Dès notre première rencontre, je suis tombé sous ton charme. Je veux que tu sois ma femme et la mère de mes enfants.

— Tu veux ! Ce que je pense ne compte pas ?

— Tu n'as pas cessé de me mettre à l'épreuve et de me provoquer tout au long de notre voyage pour savoir comment je réagirais. Je suppose que tu es fixée. Mais peut-être préfères-tu épouser le vassal de ton père ?

— Voilà qui blesserait ton orgueil de jeune coq !

— Dis-moi : seuls des sarcasmes peuvent-ils sortir de ta bouche ?

— Je suis capable de bien d'autres choses, fit Imilcé, en s'allongeant négligemment sur le sol.

C'était là une invite nullement dissimulée et Hannibal s'étendit à son côté, pétrissant son corps de ses mains malhabiles. Sa bouche chercha les lèvres au goût salé de la jeune fille. Après quelques minutes, la passion les emporta. Ils se dévêtirent et le fils d'Hamilcar put admirer le corps parfait de sa future épouse. Il enfouit sa tête dans sa poitrine, puis se mit à embrasser ses seins aux tétons frémissant progressivement de plaisir, avant de descendre vers les hanches et le bassin de sa belle. Puis, n'en pouvant plus, comme saisi de folie, il la pénétra, insensible à ses cris bientôt transformés en gémissements. Sous ses coups de boutoir, elle se laissait aller. Il la laboura jusqu'à ce qu'il soit submergé par un violent tressaillement de plaisir. Epuisés, les deux jeunes gens restèrent longtemps allongés, se caressant longuement et voluptueusement. Puis, sans un mot, à la nuit tombée, ils regagnèrent le palais.

Trois mois plus tard, à Carthagène, leur mariage fut célébré de manière fastueuse sous le regard bienveillant d'Hasdrubal. Contrairement à d'autres conquérants, les Carthaginois ne jugeaient pas indigne de leur origine d'épouser les femmes des tribus vaincues et soumises, surtout lorsqu'elles étaient de lignage aristocratique. La fiancée qui était aujourd'hui au cœur des célébrations avait du sang punique et du sang ibère. Sa grand-mère, on l'a dit, appartenait à une riche famille de colons installés depuis des générations à Gadès, et avait séduit un roitelet montagnard, subjugué tant par sa beauté que par sa fortune. Devenu veuf de la fille aînée d'Hamilcar, dont on avait oublié jusqu'au nom, Hasdrubal s'était consolé dans les bras d'une princesse ibère, tante d'Imilcé.

Bien sûr, dans certaines vieilles familles sénatoriales, l'on se méfiait de ces alliances qui altéraient la pureté du lignage phénicien et l'on rappelait, l'air entendu, que la reine Elissa, jadis, avait préféré se jeter dans un bûcher plutôt que d'épouser un roi numide. Les adversaires de ces préjugés, incompatibles avec le faible nombre des Puniques noyés dans la masse indigène, avaient beau jeu d'avancer des précédents démontrant le contraire. Hamilcar le Magonide, vainqueur de la bataille d'Himère[1] et issu

1. Vers 480 avant J.-C.

de la famille d'Elissa, était le fils d'une Syracusaine. Lors de la guerre de Sicile, les troupes enfermées dans Lilybée[1] avaient dû leur salut à Hannibal le Rhodien, un marin hors pair issu de l'union entre un Punique et une Grecque.

Pour beaucoup de ces femmes étrangères, rebutées par les comportements grossiers de leurs compatriotes, épouser un citoyen de Carthage était un insigne honneur et une garantie pour leur sécurité et leur bien-être. Contrairement à d'autres peuples orientaux, les Puniques ne pratiquaient pas la polygamie même s'il leur arrivait — la chair est faible — d'avoir quelques aventures galantes avec des courtisanes. Mais c'étaient là des broutilles qui n'empêchaient pas les épouses légitimes de mener une vie libre et de gérer elles-mêmes leurs propres biens.

Lors des épousailles d'Imilcé et d'Hannibal, conformément à la coutume, un contrat en bonne et due forme fut signé entre les conjoints. Chacun gardait la jouissance de ses biens personnels même si l'homme se devait d'entretenir son épouse. Mais, pour éviter cette gêne à son gendre, le père d'Imilcé avait doté sa fille généreusement, très généreusement. Outre des coffres remplis à ras bord d'or et d'argent, il avait fait confectionner par les artisans les plus habiles une profusion de bagues, de boucles d'oreilles, de colliers, d'anneaux et de diadèmes sans compter des bracelets finement travaillés. Quant aux robes, rehaussées de fil d'or et d'argent, aux tuniques, aux manteaux, aux voiles et aux sandales du meilleur cuir, le comptable le plus expérimenté aurait passé des dizaines de jours et de nuits à en dresser la liste. Pour ne pas être en reste, Hannibal avait offert à sa promise plusieurs mines d'or et d'argent ainsi que trois navires marchands pour en convoyer le produit.

Le jour des noces venu, plusieurs centaines de

1. Actuelle Marsala.

guerriers ibères entourèrent Carthagène sans intention agressive. Des tentes, des bancs et des tables avaient été disposés à l'extérieur pour qu'ils puissent festoyer en paix. Un banquet officiel était donné en l'honneur de chaque chef, Carthage leur prouvant ainsi l'estime dans laquelle elle les tenait. Les plus importants d'entre eux furent conviés à la célébration du mariage par un prêtre de Baal Hammon entouré de multiples desservants aux tuniques de lin immaculé. Pendant plusieurs journées, on fit ripaille et les spectacles de danse alternèrent avec les combats d'animaux et les duels entre guerriers rivalisant afin de démontrer leur bravoure. Mais une règle fut établie : au premier sang versé, les joutes s'arrêtaient pour ne pas endeuiller la fête.

Celle-ci le fut pourtant. Obéissant aux coutumes de son peuple, le père d'Imilcé était venu en compagnie de tous ses vassaux dont le prétendant éconduit de sa fille. Un soir, ce dernier fut surpris, un glaive à la main, dissimulé derrière une tenture de la chambre d'Hasdrubal. Point ne fut besoin de le soumettre à la torture pour qu'il reconnaisse avoir voulu tuer celui qu'il rendait responsable de son chagrin amoureux. Le général carthaginois l'aurait volontiers épargné mais le père d'Imilcé exigea que le coupable lui fût livré. Il le fit périr en l'emmurant dans une grotte où le malheureux mourut de faim.

Trois longues années s'écoulèrent après l'exécution de cette sentence. L'affaire était oubliée de tous, à commencer par les Carthaginois. Ceux-ci n'avaient pas voulu cette mort et avaient, mais en vain, sollicité la grâce du coupable. Dans leurs villages juchés sur des pitons escarpés, les membres de la famille du supplicié ruminaient, eux, leur vengeance. Curieusement, ils n'en voulaient pas au père d'Imilcé alors qu'il était le bourreau de leur parent. A leurs yeux, il avait agi comme n'importe quel roitelet et s'était comporté comme eux-mêmes l'auraient fait si l'occasion leur en avait été donnée. Pour ces êtres frustes, le véritable coupable était Hasdrubal dont l'autorité s'étendait sur tous les vassaux des Carthaginois. Il lui aurait suffi d'arracher par la force sa victime à son juge et de menacer celui-ci de sanglantes représailles s'il s'obstinait dans son dessein criminel. Hasdrubal avait fait semblant de pardonner mais sa clémence était restée sans effet. Il devait donc expier cet acte de faiblesse.

Pour ce faire, un serviteur du chef emmuré fut désigné par ses pairs. Arrivé à Carthagène, ce jeune homme gagna rapidement les faveurs du chef punique qui le prit à son service et qui, devant le dévouement dont il faisait preuve, lui accorda l'insigne honneur de servir dans sa garde personnelle. Sous prétexte de fêter avec ses nouveaux compagnons cette distinction, l'homme organisa un banquet où ne manquèrent ni les courtisanes ni le vin. Lui, stoïque, affirma qu'il remplacerait pour la nuit les convives désignés pour veiller à la porte des appartements de leur chef. Qu'ils boivent et mangent à satiété à sa santé ! Lui ne fermerait pas l'œil jusqu'aux premières lueurs de l'aube et ferait office de sentinelle. Le stratagème avait été minutieusement préparé. Les agapes eurent lieu dans une salle éloignée de la chambre du général punique. Pendant que les soldats savouraient mets et boissons, servis par de fort belles jeunes filles, le traître pénétra dans les appartements d'Hasdrubal et, profitant d'un moment d'inattention du beau-frère d'Hannibal, il plongea dans la gorge de celui ci un poignard avant de le bâillonner solidement pour étouffer ses cris. Puis, à la manière dont les Numides agissaient avec leurs ennemis sur le champ de bataille, il lui trancha les jarrets et le regarda, avec une joie non dissimulée, se vider peu à peu de son sang. Au petit matin, le criminel s'esquiva pendant que la garde dormait du sommeil de l'ivrogne. Quand les officiers de l'état-major, inquiets de ne pas voir paraître leur général, forcèrent la porte de ses appartements, ils le trouvèrent mort, baignant dans son sang. Hasdrubal n'avait survécu que cinq ans à son beau-père, victime lui aussi de cette terre rude et hostile que les Barcides voulaient offrir à leur patrie pour la consoler de ses défaites.

CHAPITRE 1

Les obsèques du gendre d'Hamilcar furent grandioses. Tous les comptoirs puniques des environs avaient envoyé d'importantes délégations y assister et les roitelets ibères, soucieux de faire allégeance à son successeur, vinrent accompagnés de leurs guerriers. Les prêtres du sanctuaire de Gadès célébrèrent la cérémonie en psalmodiant, sur un ton monocorde, les litanies traditionnelles, puis le corps du défunt fut transporté jusqu'à la nécropole édifiée en dehors de l'enceinte de la cité. A l'issue des funérailles d'Hasdrubal, Maharbal fit rassembler les troupes sur l'esplanade de la citadelle de Carthagène. Là, entouré de ses officiers et de la famille du défunt, il harangua les hommes dont beaucoup avaient jadis combattu en Sicile, en Sardaigne ou contre les mercenaires :

— Combattants et vétérans, notre commandant en chef est mort, victime d'une honteuse traîtrise ourdie par un rebelle à notre autorité. Nous devons aujourd'hui lui désigner un successeur sans plus tarder. Certes, les usages voudraient que nous envoyions un émissaire à Carthage pour que nos concitoyens, réunis sur le maqom, la grande place de la ville, désignent par acclamations leur candidat. Loin de moi l'idée de vouloir violer nos lois mais le temps presse et, face aux dangers qui nous menacent, ce serait folie que d'attendre le retour de notre messager. Nous choisirons donc nous-mêmes notre chef et nous soumettrons ultérieurement pour ratification cette décision au Conseil des Cent Quatre. Ce sera une pure formalité car rares, très rares sont les officiers de haut rang qui accepteraient d'abandonner la douceur de leur foyer pour partager avec nous nos épreuves et nos souffrances. A vous de parler. Qui souhaitez-vous élire ?

— Toi, Maharbal, fit une voix dans la foule.

— Je te remercie de ta confiance et de ton amitié mais sachez tous que je ne suis pas candidat à ce poste. Hasdrubal m'honorait de son amitié et, pour avoir souvent longuement discuté avec lui, je me sens autorisé à dire qu'il souhaitait avoir pour successeur Hannibal ici présent. Au début, je l'avoue, j'en ai éprouvé une certaine irritation. Voilà plusieurs décennies que nous avons aboli chez nous la monarchie et je crois plus à la valeur individuelle des hommes qu'aux vertus de leur ascendance, fut-elle la plus illustre. Ce gringalet, dit-il en montrant le fils d'Hamilcar, m'a obligé à réviser mon jugement. Dès qu'il s'est mis à l'œuvre, j'ai cru avoir sous mes yeux son défunt père. Cela n'est pas dû uniquement au fait qu'il lui ressemble étrangement. Les deux hommes ont la même lueur de malice dans le regard, les mêmes traits et la même farouche détermination à combattre pour la gloire de leur ville. Mais Hannibal a su aussi me conquérir par sa simplicité, sa bravoure et son endurance.

— Tu as raison, fit Bostar, le commandant carthaginois des mercenaires ligures. J'ai combattu à ses côtés quand Hasdrubal l'envoya, après son mariage, mater la révolte d'une tribu montagnarde. Ce fut une campagne rude et éprouvante menée en plein hiver alors que cette maudite neige recouvrait notre camp et que nous grelottions sous nos tentes. Hannibal se tenait au milieu de nous, insensible au froid comme à la fatigue. Il n'avait qu'un seul souci : mettre un terme, le plus rapidement possible, à nos souffrances en guettant l'occasion propice pour porter le coup fatal à notre ennemi. Je l'ai vu veiller des nuits et des nuits entières puis, frais et dispos, nous mener au combat. Ses efforts n'ont pas été vains puisqu'il nous a permis de remporter la victoire et de nous emparer d'un énorme butin dont il offrit sa propre part à ses compagnons de lutte. Soldats, je vous le jure sur ce que j'ai de plus sacré, ce jeune homme a en lui l'étoffe d'un grand général et je ne vois personne d'autre plus qualifié pour succéder à Hasdrubal. Si un tel homme existe, qu'il se lève et se présente devant nous ! Sinon, qu'on remette sur-le-champ son bâton de commandement au fils d'Hamilcar !

Une interminable ovation monta de la foule rassemblée sur la place. Frappant de leurs glaives leurs boucliers, les vétérans aux traits burinés par le vent scandaient le nom d'Hannibal. Ce dernier eut bien du mal à calmer leur enthousiasme et à leur imposer le silence :

— Combattants de la cité d'Elissa, je cède à vos chefs et à vous-mêmes et je vous remercie de votre confiance. Ensemble, j'en suis sûr, nous ferons de grandes choses pour redonner à notre ville la gloire qui fut jadis la sienne et les territoires que la couardise de certains lui ont fait perdre. Autant vous parler franchement ; je suis un soldat, fils de soldat, et je ne répugne pas à la guerre, tout au contraire, en dépit des malheurs qu'elle sème sur son passage. Nous avons un ennemi, un seul ennemi, Rome, et les cités qui lui sont alliées. Je n'ai rien contre les Romains en tant que tels et vous savez que nous avons loyalement appliqué le traité signé avec leur consul Lutatius après notre défaite en Sicile. C'est pour payer à nos vainqueurs l'énorme indemnité exigée de Carthage que vous avez dû exploiter ici les richesses de la lointaine Ibérie. Leurs ambassadeurs sont venus dans nos comptoirs à plusieurs reprises pour le constater et ont dû rendre hommage à notre loyauté. Mes amis, il est grand temps que votre sueur serve à autre chose qu'à enrichir leurs sénateurs et leurs matrones cupides. L'heure est arrivée pour Carthage de penser au bien-être de ses fils et, en premier lieu, à celui de ses soldats qui la servent loin de la colline de Byrsa. Sous peu, je vous dirai quels sont mes projets. Mais que cette journée faste soit réservée à la joie et à l'allégresse. Ce soir, un banquet sera organisé en votre honneur à mes frais. J'ai déjà donné des ordres pour qu'on fasse rôtir des bœufs et que le vin soit sorti de nos réserves. Mangez et buvez tout votre saoul, vous le méritez bien et je suis fier de commander des hommes aussi valeureux que vous.

A la nuit tombée, Hannibal se mêla aux soldats qui festoyaient joyeusement et s'attarda longuement en leur compagnie. Le vin ayant délié les langues, certains vétérans l'interpellaient familièrement et il les écoutait attentivement, ne manquant pas d'avoir un mot aimable pour chacun d'entre eux et rappelant à quelques-uns leurs exploits d'antan. Or c'étaient, pour la plupart, des faits d'armes survenus alors qu'il n'était pas né ou qu'il tétait encore le sein de sa nourrice. Cela signifiait qu'il avait pris soin d'étudier les campagnes de ses hommes et cette marque insigne d'intérêt lui valut un surcroît de popularité. Ce soir-là, quiconque aurait médit du fils d'Hamilcar aurait été assommé par les participants à ce banquet, heureux de constater qu'aux yeux de leur chef ils étaient autre chose que des brutes épaisses promises à une mort inéluctable.

Au petit matin, après avoir pris quelques moments de repos, Hannibal convoqua dans son palais ses principaux officiers. A le voir, nul n'aurait songé qu'il avait passé la plus grande partie de la nuit à boire et à plaisanter avec ses hommes. Ses premiers mots furent pour Maharbal :

— Selon toi, de quoi dois-je me préoccuper de façon urgente ?

— Du cauchemar de chaque général carthaginois : le versement des soldes et de leurs arriérés. Nous devons aux soldats et aux mercenaires deux annuités et nos caisses sont vides.

— Ce n'est pas possible. Nous extrayons des mines de Bétique de l'or et de l'argent en de telles quantités que nos coffres devraient être pleins.

— Oui, rétorqua Maharbal, mais tu ignores l'âpreté des comptables du Trésor. Tout part à bord de nos quinquérèmes pour Carthage où le Conseil des Cent Quatre dispose comme il l'entend de ces énormes richesses. Pendant ce temps, nos troupes en sont réduites à vivre de rapines et d'expédients.

— Nos sénateurs n'ont tiré aucune leçon de la guerre des mercenaires. A vrai dire, cela ne me surprend guère. Ils sont obtus et ne songent qu'à une seule chose : accumuler de fabuleuses réserves de métaux précieux dont ils se gardent bien de faire profiter leurs concitoyens. Je pourrais faire cesser les envois de numéraire à notre cité mais nous avons déjà pris un risque énorme en me faisant désigner comme général par les troupes ici présentes et non par le peuple de Carthage. Celui-ci nous pardonnera la première faute mais pourrait être indisposé contre nous si nous commettions la seconde. Que nous reste-t-il comme solution ?

— Une seule, Hannibal : faire campagne contre les Olcades[1], les Vaccéens[2] et les Carpétans[3] rebelles à notre autorité et qui ont multiplié ces derniers temps les attaques contre nos garnisons et nos mines. Leurs villes, Cartala, Hermanda et Arbocala, regorgent de richesses. Le butin dont nous nous emparerons suffira largement pour payer les soldes dues et nous disposerons de réserves suffisantes pour envisager, le cas échéant, d'autres opérations contre

1. Habitants de la Manche actuelle, entre le haut Guadalquivir et le Jucar.
2. Peuplades de la région de Salamanque.
3. Habitants de Tolède et de sa région.

les cités qui refusent toujours d'accepter notre protection.

— A qui penses-tu ?

— A Sagonte, fit Maharbal, dont les dirigeants nous narguent en toute impunité depuis que nos partisans au sein du Sénat local ont été soit tués soit contraints à L'exil par leurs adversaires conseillés par les Grecs de Massalia et par les marchands romains qui vivent là-bas et distribuent des pots-de-vin à leurs partisans. Sagonte est une véritable épine plantée au cœur de nos possessions et nous ne serons jamais en sécurité tant qu'elle s'obstinera à nous défier.

— J'entends bien mais nous avons signé un traité avec les Romains par lequel nous nous engageons à ne pas intervenir au nord de l'Ebre.

— Sagonte se trouve au sud de ce fleuve, dans la zone d'influence qui nous a été reconnue. Et ce traité que tu mentionnes, Hannibal, n'en est pas un. Il s'agit d'un simple accord verbal passé entre Hasdrubal et des ambassadeurs romains venus lui rendre visite à Carthagène il y a plusieurs lunes de cela alors que tu te trouvais chez ton futur beau-père. A vrai dire, si faute il y a eu, elle nous incombe car nous aurions dû exiger de nos interlocuteurs une garantie écrite.

— Quelle pourrait être la réaction des Romains si nous attaquons Sagonte ?

— Ils nous laisseront faire même si les Sagontins se proclament officiellement alliés de la cité de Romulus et envoient une ambassade auprès de son Sénat pour solliciter une aide militaire. Ils seront abreuvés de belles promesses mais repartiront bredouilles. Rome n'a pas, n'a plus les ambitions de sa politique ni, ajouterais-je, la politique de ses ambitions.

— D'où tiens-tu cette science, Maharbal ? Je ne plaisante pas. Je suis séduit par ton analyse mais j'aimerais connaître tes sources et les arguments qui sous-tendent cette brillante démonstration.

— La source t'est plus proche que tu ne le supposes. Il s'agit de ton précepteur Sosylos que j'ai fait convoquer à cette réunion et qui attend ton ordre pour se présenter devant toi.

— Qu'il entre !

Sur un signe de Maharbal, un garde alla quérir le successeur d'Epicide. C'était un homme encore jeune — il n'avait pas plus de trente-cinq ans — aux cheveux noirs ceints d'un bandeau blanc, et au corps svelte. Vêtu d'une courte tunique retenue à la taille par une ceinture d'argent et chaussé de sandales de cuir, il avait fière allure. En apercevant son ancien élève, il ne s'inclina pas respectueusement mais lui fit un geste amical de la main, dénotant une complicité de longue date entre les deux hommes. Au milieu des dignitaires rassemblés, lui, né esclave et affranchi par la famille barcide, paraissait être dans son élément. Un nouveau venu l'aurait pris pour l'un de ces graves conseillers, issus d'un noble lignage carthaginois, qui pullulaient autour du fils d'Hamilcar. A ceci près qu'il portait à cet instant comme à l'accoutumée un regard distant et ironique sur les hommes et les choses, attitude bien peu compatible avec la dignité de ses fonctions présumées.

Hannibal se porta à sa rencontre et l'étreignit chaleureusement avant de lui demander :

— Je suis heureux de te revoir, mon vieux maître, encore que tu n'aies guère de cheveux blancs. On me dit que tu as délaissé l'enseignement pour des occupations plus sérieuses.

— J'y ai été contraint par la faute de tes frères, Magon et Hasdrubal, qui préfèrent guerroyer plutôt que de m'entendre discourir sur Homère ou Aristote. Je profite donc de ces loisirs forcés pour observer, lire et rencontrer beaucoup de gens, qu'ils soient grecs, romains, italiens, gaulois, carthaginois ou illyriens. Le vin délie bien des langues et il me suffit de recouper tout ce que j'apprends pour me faire une idée de la situation.

— D'où tiens-tu que Rome n'interviendra pas ?

— Les fils de la Louve ont d'autres sujets de préoccupation que les Sagontins. Ils viennent à peine de réduire, non sans mal, la révolte des Boïens[1], des Insubres[2] et des Gésates[3], des tribus gauloises du Nord, qui supportent mal la fondation de colonies romaines à Ariminium[4]. Lorsque les Boïens se sont avancés en direction du Tibre, la panique a été telle à Rome que, pour solliciter l'aide des dieux, les sénateurs ont fait enterrer vifs deux Grecs et deux Gaulois sur la place du marché aux bœufs.

— Et ils nous accusent de sacrifier des enfants à Baal Hammon, grinça Maharbal.

— Les Boïens, poursuivit Sosylos, ont échoué là où Brennus avait réussi en s'emparant de Rome et en lançant aux parlementaires venus implorer sa pitié : *Vae victis* (malheur aux vaincus !). Mais ils demeurent menaçants et ils peuvent espérer l'appui de leurs frères de Gaule transalpine dont les Pyrénées nous séparent et chez lesquels nous comptons de nombreux amis. Les Boïens ne sont pas la seule menace. De l'autre côté de la mer, les Illyriens sont entrés en dissidence et leur roi, Démétrios, serait prêt à s'allier à Philippe de Macédoine pour mettre un terme aux intrigues du Sénat en Grèce. Si forts qu'ils paraissent, les Romains ne peuvent lutter sur plusieurs fronts et les peuples italiens placés sous leur domination rêvent de secouer ce joug dès que l'occasion s'en présentera. Crois-moi, tes adversaires y réfléchiront à deux reprises avant de s'opposer à nous au sud de l'Ebre. Ce serait déclencher une nouvelle guerre qui ferait tomber dans notre camp tous leurs ennemis.

1. Habitants de Bologne et de sa région.
2. Habitants du bassin du Pô.
3. Habitants du Valais ainsi nommés car ils se servaient du pieu (*gaesum*) comme arme.
4. Actuelle Rimini.

A l'issue de la réunion, il fut décidé que les armées carthaginoises attaqueraient les Olcades, les Vaccéens et les Carpétans. Plusieurs milliers de soldats puniques et des centaines de cavaliers numides entreprirent de ravager les territoires de ces tribus dont les chefs se montrèrent incapables de s'entendre pour opposer à l'ennemi un front commun. En deux campagnes menées au printemps et à l'été, ces peuplades furent contraintes de se soumettre et de livrer leurs richesses. Hannibal géra habilement ces premiers succès. Il fit verser aux soldats leurs soldes ainsi qu'une généreuse prime. Puis il fit venir de Carthage quinze mille hommes de troupe, numides et libo-phéniciens, confiés au commandement de son frère Hasdrubal le jeune. Dans le même temps, il dépêcha dans sa ville natale quinze mille mercenaires ibères et baléares qui remplaceraient les soldats envoyés en Ibérie par la cité d'Elissa. Pour les recruter, il eut recours aux bons services de son beau-père. Ce dernier ne savait pas quoi faire pour se gagner la reconnaissance de son gendre tant par amitié pour lui que par calcul. Sa fille Imilcé était depuis peu enceinte et il rêvait pour son petit-fils d'une destinée exceptionnelle. Un jour, peut-être, Carthage devrait son salut au descendant d'un montagnard ibère et cette perspective le grisait agréablement. Quant à la future mère, elle était amoureuse de son mari comme aux premiers jours de leur rencontre et ne manquait pas de le retrouver chaque nuit. Elle exerçait sur lui une influence discrète mais réelle qui faisait grincer des dents à bien des officiers carthaginois.

L'heure était venue de s'attaquer à Sagonte dont les magistrats, comme prévu, envoyèrent une délégation à Rome pour se plaindre des agissements du fils d'Hamilcar. La ville fut assiégée par une armée considérable comprenant cinquante mille fantassins, six mille cavaliers et deux cents éléphants. Depuis longtemps, ceux-ci constituaient l'un des principaux atouts des armées carthaginoises en campagne. A l'origine, les Puniques, comme tous les Orientaux, se servaient pour enfoncer les lignes ennemies non pas d'éléphants mais de chars de combat traînés par deux chevaux et conduits par un cocher flanqué d'un archer. Mais, installés sur les côtes d'Afrique, ils avaient appris des Numides à utiliser ces pachydermes, particulièrement nombreux dans la région et de petite taille. Au fil des ans, leur importance dans les batailles n'avait cessé de croître et trois cents d'entre eux étaient stationnés en permanence dans les vastes écuries construites derrière l'enceinte de la cité. Aucun chef militaire digne de ce nom ne partait en expédition sans en emmener une vingtaine tant les ravages exercés par ces animaux dans les rangs ennemis pouvaient décider du sort d'une bataille.

Respectés et chéris, ils n'étaient jamais utilisés comme bêtes de somme ou de trait. Ils étaient placés en première ou seconde ligne pour enfoncer, le moment venu, les rangs adverses et y semer la confusion. A Sagonte, Hannibal repéra immédiatement l'endroit où ils lui seraient le plus utiles. Une partie de la muraille était construite au débouché d'une vallée plate et spacieuse où il pouvait disposer ses machines de siège et lancer ses béliers à l'assaut de l'enceinte, ainsi que ses éléphants. C'était le seul terrain par lequel les assiégés pourraient effectuer une sortie. Ailleurs, ravins et gorges créaient des obstacles infranchissables pour les deux parties. A chaque tentative des Sagontins de briser leur encerclement en lançant des charges furieuses, celles-ci étaient repoussées par les éléphants qui écrasaient les cohortes adverses, contraintes de laisser sur le sol des centaines de cadavres piétinés et réduits en bouillie.

Les assiégés, nonobstant ces revers, étaient décidés à résister jusqu'à leur dernier souffle et leurs guerriers faisaient preuve d'un courage remarquable. Ils se battaient comme de véritables lions avec une arme redoutable, la phalarique. C'était une lance se terminant par une pointe de fer et dont la base était entourée d'étoupe enduite de poix. Ils allumaient le brandon avant de lancer cette javeline, si bien que l'adversaire atteint par elle devait déposer ses armes pour l'éteindre et se trouvait ainsi être une cible idéale pour d'autres lanceurs de traits. L'une de ces armes blessa d'ailleurs grièvement à la cuisse Hannibal qui en fut quitte pour s'aliter quelques jours et diriger de sa couche les opérations. Bien qu'ils fussent démoralisés par la blessure de leur chef, les Carthaginois parvinrent à provoquer avec leurs béliers l'effondrement d'une partie de la muraille et de trois tours, mais furent délogés de cette brèche par une attaque surprise des assiégés qui effectuèrent des coupes sombres dans leurs rangs.

Quelques jours après ce revers qui avait refroidi l'ardeur des troupes puniques, une trirème se présenta au large de Sagonte avec, à son bord, deux envoyés du Sénat romain, Publius Valérius Flaccus et Quintus Baebius Tamphilius. Hannibal refusa de les recevoir, prétextant qu'il ne pouvait assurer leur sécurité. Son poste de commandement, qu'il ne devait pas quitter, était situé à portée de trait des Sagontins et il aurait été désespéré de voir un Romain être malencontreusement atteint par une phalarique. Quant à leur permettre d'entrer dans la ville, grâce à une trêve, c'était impossible. Voyant que leurs alliés avaient omis de venir avec une flotte et des renforts, les habitants de la cité seraient tentés de leur faire un mauvais parti. Seul, Publius Valérius Flaccus put s'entretenir avec Maharbal, délégué par Hannibal pour le rencontrer, mais leur discussion tourna vite court :

— Nous vous avions demandé, tonna le Romain, de ne pas franchir l'Ebre.

— Mais Sagonte est au sud de ce fleuve comme tu peux le constater. Nous nous sommes scrupuleusement conformés à votre recommandation en demeurant en deçà de la limite fixée.

— Tu finasses et je reconnais bien là la perfidie punique. Tu ergotes pour masquer l'essentiel : vous avez attaqué l'un de nos alliés.

— Pourquoi les prenez-vous dans les régions soumises à notre domination ? Est-ce un moyen de nous affaiblir encore un peu plus que d'interdire tout mouvement dans la zone que vous reconnaissez vous-mêmes nous appartenir après nous avoir arraché la Sardaigne en violant vos propres promesses ?

— Tu m'as bien compris. Vous ne devez pas bouger d'un pouce si ce n'est pour reculer loin des murs de Sagonte.

— Dans ces conditions, toute discussion entre nous est désormais inutile.

— Avec toi et Hannibal, oui. C'est pourquoi, avec mon collègue, je me rendrai à Carthage pour convaincre le Conseil des Cent Quatre de vous ramener à la raison. Je ne désespère pas d'y parvenir car plusieurs de vos magistrats sont des hommes sages et instruits, hostiles aux folles aventures du clan Barca. Reste à savoir si nous pourrons arriver à bon port car ton maître est si rusé qu'il serait bien capable de faire couler notre navire en haute mer.

— Je sais que vous l'accusez de pratiquer ce que tu appelais la *perfidia plus quam punica,* la fourberie plus que punique. Tu m'en faisais il y a peu le reproche. C'est un grief sans fondement. Pour te rassurer, vous serez accompagné de son jeune frère, Magon. Crois-tu le fils d'Hamilcar capable d'attenter à la vie de celui-ci ? A Carthage, vous serez reçus avec les honneurs dus à votre rang mais je doute que tu puisses convaincre une majorité de notre Sénat. Le camp pro-romain y est très minoritaire et le ton vindicatif que tu emploies ne contribuera pas à faire grossir ses effectifs.

Les craintes du Romain arrangeaient bien Hannibal. Son frère partit chargé d'instructions secrètes pour les dirigeants du parti barcide, les enjoignant de faire traîner en longueur les discussions et de réduire au silence Hannon le grand, le principal adversaire des Barca, et ses partisans. Durant le voyage, qui dura plusieurs jours, Magon se montra particulièrement prévenant envers ses compagnons de route, leur soustrayant quelques informations de taille. Contrairement à ce qu'ils laissaient entendre, ils ne disposaient pas des pouvoirs nécessaires pour traiter avec Carthage. Ils étaient chargés d'une simple mission d'information et le deuxième fils d'Hamilcar se promit d'utiliser ce renseignement pour les discréditer si le besoin s'en faisait sentir.

Dès leur arrivée dans la cité d'Elissa, les deux Romains furent conduits devant les sénateurs auxquels ils exposèrent leur point de vue, ajoutant qu'ils exigeaient le respect des traités signés et la livraison d'Hannibal et de Maharbal. Comme prévu, Hannon fut le seul à abonder en leur sens. Toujours aussi combatif, il se lança dans une violente diatribe contre le fils aîné d'Hamilcar :

— Je vous l'avais naguère prédit : le père d'Hannibal nous poursuit de sa vindicte depuis le séjour des morts. Il en sera ainsi tant qu'il restera en vie un seul membre de cette funeste lignée. Tant qu'il restera à Carthage un homme issu de cette famille, les traités solennels signés avec Rome ne seront pas respectés. Ce garçon est un soldat dans l'âme et il est depuis trop longtemps éloigné de notre cité pour se souvenir des plaisirs d'une vie simple et pacifique. Il lui tarde d'agrandir son autorité sur nous et le seul moyen qu'il a d'y parvenir est de provoquer guerre sur guerre. Il ne se sent bien qu'au milieu de ses armées et de ses nuées de mercenaires dont la solde ruine notre budget. Jadis, je l'avais comparé à une étincelle. Aujourd'hui, elle s'est transformée en torche qui sème la terreur et la désolation sur son passage. Vos armées, nos armées, assiègent Sagonte sans en avoir reçu mandat de notre part. Je crois pouvoir prédire ce qui se passera. Bientôt, des soldats établiront leur camp sous les remparts de notre cité. Ce ne seront pas les troupes couvertes de gloire d'Hannibal mais les légions romaines venues réclamer justice. Vous aurez beau implorer Tanit et Baal Hammon, l'expérience nous a appris que leurs dieux sont plus puissants que les nôtres.

— Mais, l'interrompit Itherbaal, l'un des chefs du parti barcide, tu oublies qu'Hannibal se bat pour nos droits en Ibérie et pour faire respecter le traité passé verbalement avec les Romains, qui place sous notre protection la région au sud de l'Ebre.

— La passion t'emporte et tu t'abstiens de mesurer les conséquences lointaines de son geste. Tu t'imagines que ce gringalet se bat contre nos ennemis, du moins ceux que tu désignes comme tels. Mais, en fait, c'est contre Carthage qu'Hannibal dresse ses tours de siège et ses balistes. Ce sont les murs de Carthage qu'il bat avec le bélier poussé par ses hommes. Les ruines de Sagonte — puissé-je être mauvais prophète ! — retomberont bientôt sur nos têtes et la guerre commencée avec cette ville, il nous faudra la poursuivre contre Rome.

— Admets, Hannon, que ces Romains ne manquent pas d'impudence. Ils poussent l'insolence jusqu'à nous demander de leur livrer, enchaînés, Hannibal et Maharbal. Bientôt, ce sera ta propre tête qu'ils réclameront si nous leur donnons satisfaction et tu seras alors bien embarrassé pour exiger que nous fassions une exception en ta faveur.

— Tu touches là un point sensible. Je suis mauvais juge en la matière et nul d'entre vous ne peut ignorer la haine féroce que je portais à son père, Hamilcar. Je le dis au risque de faire scandale : je me suis réjoui de sa mort car, s'il avait poursuivi son œuvre dévastatrice en Ibérie, Rome nous aurait déjà déclaré la guerre et infligé, sur terre comme sur mer, de cuisantes défaites. Un temps, j'ai cru qu'Hasdrubal, son gendre, se montrerait plus sage. En fait, l'élève a dépassé le maître. Mais il se pourrait bien que nous en venions à le regretter car Hannibal est cent fois plus nuisible qu'eux. Je l'exècre et vous verrez qu'il sera un jour la cause de la ruine de notre cité. C'est pour cette raison qu'il serait plus sage de le livrer aux Sagontins et aux Romains. Mais si ces derniers ne veulent pas de lui, montrons-nous plus courageux qu'eux et bannissons-le loin, très loin, de la colline de Byrsa, dans un endroit où sa renommée funeste s'éteindra dans la solitude et le désespoir. Carthage ne s'en portera que mieux.

— Honorables sénateurs, fit Itherbaal d'une voix tremblant d'indignation, méditez cette terrible menace. L'un de vos chefs, et pas l'un des moindres, trouve tout naturel de vouloir condamner au bannissement perpétuel le membre d'une des plus illustres familles de notre cité, le descendant de Melqart dans le corps duquel coule le sang de notre fondatrice, la grande Elissa. Puisse cette sinistre prédiction ne jamais se réaliser tant que notre ville ne sera pas tombée en des mains étrangères. Loin d'être sensible à nos propos et à notre volonté de conciliation, Hannon, à chacune de ses interventions, se montre de plus en plus intransigeant. Qu'il nous livre donc maintenant le fond de sa pensée.

— Eh bien voilà : uniquement mû par l'amour de Carthage et le souci de sa survie, je suis partisan de démontrer notre bonne volonté. Je suis favorable à l'envoi immédiat d'une première ambassade à Rome pour rassurer le Sénat, d'une deuxième pour ordonner à Hannibal de lever le siège de Sagonte, et d'une troisième pour offrir aux Sagontins les réparations financières qu'ils sont en droit d'exiger de nous.

Ces propos provoquèrent un véritable tumulte parmi les membres de l'assemblée. Un sénateur, Hadrubal le taciturne, surprit tout le monde en sortant de son légendaire mutisme pour résumer l'opinion générale :

— Hannon, tu n'es pas digne de siéger parmi nous. A ta place, je m'embarquerais pour Rome où tes complices récompenseront ta perfidie en te faisant citoyen de leur cité et, qui sait ?, en t'élisant comme consul. Tu parles peut-être le punique mais ton cœur est romain. Si tu veux un bon conseil, quitte la ville pour l'une de tes propriétés car ta sécurité n'est plus assurée dans nos murs. Des patriotes indignés pourraient vouloir punir les insultes que tu as proférées à l'encontre des Barca. Quant à vous, représentants du Sénat romain, êtes-vous porteurs de documents vous désignant comme des plénipotentiaires officiels avec lesquels nous pourrions conclure un traité en bonne et due forme.

— Non. Nous n'avons pas la faculté de le faire. Il nous faut d'abord en référer à nos collègues et seuls les consuls en exercice sont habilités à décider de la conduite à tenir à votre égard.

— Dans ce cas, mieux vaut que vous quittiez cette ville. Nos gardes vous raccompagneront jusqu'à votre navire et je compte sur vous pour que vous fassiez à vos collègues un rapport exact sur ce que vous avez entendu et pour les informer de notre détermination à ne pas céder à vos menaces infondées. Si votre Sénat veut réellement la paix, qu'il nous envoie des ambassadeurs officiellement mandatés par lui.

Après cette séance houleuse, Magon eut un long entretien avec Itherbaal, puis repartit pour Carthagène muni d'instructions enjoignant à Hannibal de s'emparer le plus rapidement possible de Sagonte.

A son arrivée en Ibérie, c'était déjà chose faite depuis quelques jours. Jusqu'au bout, les assiégés, du moins une partie d'entre eux, avaient combattu avec l'énergie du désespoir. D'autres, redoutant l'inéluctable issue, avaient tenté de négocier une reddition honorable en envoyant Alcon dans le camp carthaginois à la faveur de la nuit. Comptant au nombre des hommes les plus riches de la ville, Alcon s'était jeté aux pieds d'Hannibal et, en larmoyant comme une femmelette, avait tenté de l'émouvoir. Son interlocuteur resta de marbre et réitéra ses exigences impitoyables : les assiégés devaient déposer leurs armes, livrer tout l'or et l'argent et quitter la cité en emportant pour tout bagage un seul vêtement.

A l'énoncé de cette sentence, Alcon préféra rester comme déserteur dans le camp carthaginois, arguant que ses concitoyens l'égorgeraient s'il leur rapportait de tels propos. Plus courageux, un nommé Alorcus, un guerrier ibère, s'offrit à courir ce risque. Il combattait certes aux côtés d'Hannibal mais, jadis, il avait reçu le titre d'ami et d'hôte officiel du peuple sagontin. Il traversa donc les lignes ennemies et s'adressa aux Sagontins pour les inciter à sauver leur vie. Brossant un tableau saisissant de leur situation désespérée, il leur tint ce langage :

— Même si je sers dans l'armée ennemie, je suis l'un de vos protecteurs et c'est à ce titre que je vous demande de prêter attention à mes conseils. Vous n'avez plus rien à attendre de Rome qui vous a abandonnés. Vos voisins eux-mêmes, par crainte des représailles des Carthaginois, se refusent à vous fournir armes, vivres et renforts. En un mot, vous êtes perdus. Les propositions d'Hannibal peuvent vous paraître rigoureuses et elles le sont. Mais elles sont préférables à la mort qui vous attend si vous les refusez.

« Tout n'est pas perdu pour vous. Certes, vous devrez quitter votre vénérable cité en abandonnant toutes vos richesses. Mais il vous laisse la plus importante d'entre elles : la vie sauve pour vous, vos femmes, vos parents et vos enfants. Il vous accorde le droit de rebâtir une ville en un autre endroit qu'il vous désignera et je vous sais assez travailleurs pour qu'en quelques années cette nouvelle Sagonte dépasse en beauté et en luxe l'ancienne. Je connais aussi la générosité d'Hannibal. Contrairement à ce que l'on vous fait croire, il est accessible à la pitié lorsqu'elle peut être l'instrument de sa politique. Il ne manquera pas d'être apitoyé par la foule des bannis, porteurs d'un seul vêtement, et cela le poussera sans doute à revenir sur sa funeste et cruelle décision. Pour ma part, je ne cesserai de l'exhorter à agir de la sorte. Si vous choisissez un autre parti, vous, les hommes, vous serez massacrés et passés au fil de l'épée après avoir vu vos femmes et vos filles être violées puis emmenées pour être vendues comme esclaves selon les dures lois de la guerre. J'ai cependant bon espoir que, lorsque tout sera en sa possession, il adoucira quelque peu ses conditions ; mais, à mon avis, mieux vaudrait encore les accepter que vous faire massacrer. Il sera alors trop tard pour implorer la clémence du vainqueur.

Ces paroles avaient visiblement ébranlé une partie de l'assistance mais provoqué la colère grandissante des membres du Sénat local. Ceux-ci, artisans de l'élimination des partisans de Carthage, craignaient d'avoir des comptes à rendre et redoutaient de ne pouvoir bénéficier de la maigre clémence du vainqueur. Aussi, jouant le tout pour le tout, ils ordonnèrent à leurs soldats de fouiller les maisons privées et tous les bâtiments publics de la ville pour s'y emparer de l'or et de l'argent qui s'y trouvaient. Les hommes de troupe étaient autorisés à perquisitionner les moindres recoins des demeures et à obtenir, au besoin par la torture, des récalcitrants qu'ils livrent l'emplacement des cachettes dissimulant leur fortune. Bientôt, de lourds chariots conduisirent le butin récolté sur la grande place où un immense bûcher avait été allumé. L'on y lança tout d'abord vases, coupes, sacs de pièces d'or et d'argent, meubles précieux et statues de bronze. Puis, les principaux dirigeants se jetèrent dans le brasier, leurs corps étant aussitôt réduits en cendres par la masse incandescente de métal fondu. Une odeur insupportable de chair brûlée s'éleva dans les airs, faisant reculer les assistants dont beaucoup se couvrirent le visage d'un linge pour ne pas respirer ces miasmes pestilentiels.

Les familles des victimes de ce singulier holocauste n'eurent même pas le temps de les pleurer. Car, alors que le feu consumait les derniers vestiges de la fortune de Sagonte, un bruit terrible se fit entendre. La tour défendant l'enceinte intérieure venait de s'écrouler tuant dans sa chute tous ses défenseurs. Par la brèche ainsi ouverte, soldats carthaginois, mercenaires ibères et cavaliers numides s'engouffrèrent, semant l'horreur et la désolation sur leur passage. S'accomplit alors ce qu'avait prédit Alorcus. Chaque maison était évacuée de force et incendiée. Ses occupants, hagards et gémissant, étaient séparés en deux groupes : d'un côté, les vieillards des deux sexes, les hommes et les adolescents ; de l'autre, les femmes et les enfants. Les premiers étaient passés au fil du glaive, les autres enchaînés et conduits hors de la cité. Les femmes qui résistaient ou tentaient de s'agripper à leurs maris ou à leurs fils étaient violées par une soldatesque ivre de sang. Quand le soir tomba, Sagonte avait cessé d'exister et, dès le lendemain, de lourds chariots chargés de butin prirent la route de Carthagène.

*
* *

Dans son nouveau rôle de stratège, Sosylos n'avait eu qu'à moitié raison. Certes, les Romains n'avaient pas envoyé de légions et de flottes au secours de leurs alliés mais ils considérèrent la prise de la ville comme un *casus belli*. La cité aux sept collines fut saisie d'une véritable fièvre guerrière alors que les deux nouveaux consuls, Publius Cornelius Scipion et Tiberius Sempronius Longus, prenaient leurs fonctions. Six légions furent levées à la hâte et les alliés italiens durent fournir quatre mille quatre cents cavaliers s'ajoutant aux vingt-quatre mille fantassins et huit cents cavaliers citoyens romains. Restait une dernière formalité : tenter une ultime conciliation avant de déclarer ouvertes les hostilités. L'ambassade envoyée à Carthage fut choisie parmi les membres les plus modérés du Sénat : Quintus Fabius Maximus, Marcus Livius Salinator, Gaïus Licinius et Quintus Baebius. Ils s'embarquèrent à Ostie à bord d'une quinquérème et, après une courte escale en Sicile, parvinrent en vue de la cité d'Elissa. Deux trirèmes vinrent les escorter jusqu'au cothôn, le port militaire, d'où ils furent conduits, nuitamment, dans des litières aux lourdes tentures les protégeant des regards, jusqu'au Sénat. Tout au long du chemin, des gardes numides avaient pris position, ordonnant aux habitants de demeurer cloîtrés chez eux. L'annonce de l'arrivée de la délégation avait suscité une vive agitation en ville et les partisans des Barcides menaçaient de s'en prendre aux émissaires et de les lapider. Hannon le grand, averti, convainquit ses collègues que les ambassadeurs étaient peut-être porteurs de paroles d'apaisement et qu'il convenait de les écouter et de tenter une ultime conciliation.

Ces précautions se révélèrent bien inutiles. Dès qu'ils furent introduits dans l'enceinte du Sénat, les émissaires romains prouvèrent, par leur conduite arrogante et par le ton qu'ils employaient, qu'ils venaient porteurs de mauvaises nouvelles. Sans attendre la fin du discours de bienvenue prononcé par Hannon, Quintus Fabius Maximus tonna :

— Vos belles paroles ne nous intéressent pas et nous n'avons pas fait un si long voyage pour nous repaître de vos propos mielleux. Venons-en rapidement aux faits. Hannibal, en attaquant Sagonte, a-t-il agi avec l'accord du Conseil des Cent Quatre ?

Outré par la grossièreté de cette entrée en matière, Azeerbaal le rusé, pourtant considéré comme un modéré, coupa sèchement son interlocuteur :

— Vous, Romains, l'on ne saurait vous accuser de manquer d'audace. Lors de votre première ambassade, vous réclamiez des sanctions contre Hannibal parce qu'il guerroyait dans des territoires relevant de sa juridiction. Pour ne pas nous indisposer, vous laissiez entendre qu'il agissait de son propre chef et vous cherchiez dans notre assemblée des complices et des soutiens. Aujourd'hui, vous vous dispensez de ces précautions de langage. Vous n'avez qu'une seule idée en tête, nous faire endosser la responsabilité de la guerre et nous demander des réparations comme si nous avions déjà reconnu notre responsabilité.

« A vrai dire, les augustes membres de cette assemblée n'ont pas à répondre à la question insidieuse que vous leur posez : « L'attaque de Sagonte a-t-elle été décidée par un particulier ou par l'Etat ? » Est-ce que nous vous avons demandé les raisons qui vous poussèrent à faire la guerre aux Boïens dont beaucoup ont servi comme mercenaires sous nos ordres et qui pourraient, eux aussi, revendiquer leur statut d'alliés de Carthage ? La seule question, s'agissant de Sagonte, est la suivante : « Cette attaque était-elle juste ou injuste ? Etait-elle autorisée ou interdite par les traités passés entre nos deux cités ? » Quant à savoir si un citoyen de chez nous a agi par ordre ou de son propre chef, ou encore quelle sera sa punition, cela ne regarde que nous. Nous ne jugeons pas les citoyens romains. De quel droit voulez-vous juger l'un des nôtres ?

« A vrai dire, vous êtes, honorables sénateurs, bien mal placés pour distinguer entre les actes officiels et les initiatives privées des généraux. Faut-il vous rafraîchir la mémoire. Lors de la défaite de nos troupes en Sicile, nous avons signé avec le consul Gaïus Lutatius un traité par lequel chacun d'entre nous s'engageait à ne pas attaquer les alliés de l'autre. Mais cette clause ne concernait pas les Sagontins qui ne se revendiquaient pas de votre protection. Lorsque vous nous avez imposé, peu après, un autre pacte, nous dépossédant de la Sardaigne, vous n'avez là pas davantage mentionné les Sagontins encore rétifs à votre amitié.

Pour tourner la difficulté, vous invoquez l'autorité d'un accord conclu verbalement entre vous et Hasdrubal sans que nous ayons été saisis de sa ratification. Dois-je vous rappeler que vous avez fait casser le premier traité signé par le consul Lutatius avec nous sous prétexte que votre Sénat et vos Comices n'avaient pas été consultés. C'est pour cela que vous nous avez imposé un autre texte, plus rigoureux et que nous avons accepté. Si donc vous n'êtes tenus que par les traités qui ont reçu votre approbation et que le peuple a ratifiés, le traité d'Hasdrubal, qu'il a signé sans que nous soyons au courant, ne saurait nous lier. En agissant de la sorte, nous ne faisons que vous imiter. Cessons de parler de Sagonte et de l'Ebre et venons-en à l'essentiel. Que voulez-vous au juste ?

— Romains, ajouta un autre sénateur, je n'aime pas vous entendre vous repaître du respect des traités et de la parole donnée. Vous aviez juré que la Sardaigne demeurerait en notre possession et vous nous l'avez prise au mépris de vos promesses. Est-ce là un acte compatible avec l'honneur ?

Quintus Fabius Maximus paraissait contrarié par ces accusations. En son for intérieur, il savait que ses interlocuteurs n'avaient pas entièrement tort même s'il ne pouvait leur donner raison. Aussi, faute d'arguments à développer longuement, il se dressa et, d'un geste théâtral, forma un pli d'un morceau de sa toge de lin tissée des propres mains de sa femme.

— Dans ce pli, nous vous apportons la guerre et la paix. Choisissez ce que vous voulez.

— C'est à toi de choisir car nous ne sommes pas responsables de cette situation, lui rétorqua Itherbaal.

— Ce sera donc la guerre.

— Soit. Nous la ferons et vos mères et épouses

n'auront pas assez de larmes pour pleurer leurs morts et vous accabler de leurs reproches.

Un lourd silence se fit. Chacun mesurait la portée de la décision qui venait d'être prise et entendait donner une certaine solennité à l'événement. Puis les amassadeurs quittèrent l'enceinte du Sénat, accompagnés d'Itherbaal. Celui-ci, redoutant la colère de ses concitoyens, les supplia de rassembler leurs compatriotes présents dans la ville et de leur suggérer de partir. Le Conseil des Cent Quatre mettrait à leur disposition les bateaux nécessaires et les Romains seraient libres d'emporter avec eux leurs richesses et leurs esclaves. Il offrit même de leur verser une indemnité forfaitaire pour les créances qu'ils pouvaient détenir sur des commerçants locaux mais sa proposition fut rejetée par Gaïus Licinius :

— Je préfère qu'ils aient un motif de rancune à votre égard.

— Soit mais n'oublie pas de rapporter à tes collègues que tes semblables ont été spoliés par le Sénat de Rome et non par celui de Carthage.

Deux jours suffirent pour organiser l'évacuation des Romains de Carthage, à l'exception d'une poignée d'entre eux mariés à des femmes puniques et peu désireux d'abandonner leurs familles en dépit des objurgations des ambassadeurs. La flotte appareilla au petit jour. A la sortie de la baie, un navire s'en détacha. Lui cinglait vers Carthagène avec Magon à son bord pour prévenir Hannibal des derniers événements. Dès qu'il en fut informé, une activité fébrile s'empara du fils d'Hamilcar. Des courriers, munis d'instructions et de fortes sommes d'argent, partirent pour la Gaule cisalpine et pour la Gaule transalpine. Ils avaient pour mission de renforcer les liens noués depuis longtemps avec les chefs gaulois et les informer que, bientôt, l'armée carthaginoise traverserait leurs régions pour aller à la rencontre des légions romaines. Dans ces missives, Hannibal les assurait que leurs biens et leur liberté seraient scrupuleusement respectés et qu'il serait heureux de rencontrer certains de leurs émissaires dans sa capitale, Carthagène.

Ceux-ci traversèrent à la hâte les Pyrénées. Sur leur route, ils croisèrent des Romains venus solliciter l'aide des tribus ibères et qui revenaient bredouilles de cette mission. Car ils avaient été reçus froidement par les roitelets espagnols, peu soucieux de voir leurs domaines subir le sort de Sagonte. Marcus Lucius Lépidus avait dû quitter en hâte le territoire des Bargusiens[1] dont le chef l'avait tancé d'importance :

— Romains, vous sollicitez notre aide contre Carthage. Si nous accédions à cette requête, quel serait notre sort si Hannibal prenait les armes contre nous ? Celui de Sagonte ! Ses défenseurs ont attendu en vain l'arrivée de vos légions et ont expiré en maudissant votre nom et vos promesses. Si vous cherchez des alliés, parcourez des régions où le désastre de Sagonte n'est pas connu. Car les ruines de cette ville sont pour tous les Ibères la preuve, tragique mais irréfutable, qu'il ne faut pas se fier à l'amitié de Rome.

Les Romains se heurtèrent à une déconvenue identique en Gaule cisalpine. Les seuls à leur promettre leur appui furent les Grecs de Massalia, auxquels leurs voisins vouaient une exécration mortelle. Sans que les hostilités aient commencé, les fils de la Louve essuyaient leurs premiers revers. Hannibal, lui, était courtisé par les Brenns, les chefs gaulois, venus à Carthagène négocier les conditions de leur ralliement. Dans la ville, leur haute stature, leurs longs cheveux et moustaches bien fournies ainsi que leur tenue — un pantalon fixé à la taille par une corde, le torse demeurant dénudé — suscitaient de nombreux commentaires. Au passage de ces guerriers

1. Peuple de l'actuelle Catalogne.

farouches, le silence se faisait car on les savait ombrageux et susceptibles. Les émissaires gaulois, couverts de cadeaux, furent impressionnés par la froide détermination du jeune général punique. Pour bien montrer qu'il contrôlait quasiment toute l'Ibérie, il avait jugé opportun de renvoyer dans leurs foyers ses mercenaires ibères afin qu'ils prissent du repos avant de repartir pour de nouvelles expéditions. Il leur avait annoncé leur congé provisoire en ces termes :

— Mes amis, vous avez toujours loyalement combattu à nos côtés et je suis certain que vous serez encore avec nous lorsque, bientôt, mes troupes iront chercher dans la lointaine Italie le butin et la gloire. Pendant des années, nous nous battrons loin de nos foyers et je sais qu'il vous tarde de retrouver vos familles avant cette grande expédition qui suscitera l'admiration et l'envie. Je comprends ce sentiment et je vous autorise donc à regagner vos montagnes et vos villages pour y passer l'hiver. Au retour du printemps, je vous attendrai à Carthagène pour faire, avec l'aide des dieux, une guerre qui nous apportera la gloire et la fortune.

Au début des beaux jours, les guerriers ibères étaient de retour et Hannibal se trouva alors à la tête d'une formidable armée de cent deux mille hommes, la plus grande jamais levée par Carthage dans son histoire. Une partie de ces unités était destinée à demeurer sur place sous le commandement d'Hasdrubal le beau. Ce dernier se fit attribuer onze mille huit cent cinquante fantassins, trois cents mercenaires ligures et cinq cents frondeurs baléares ainsi que deux mille six cents cavaliers numides ou maures et vingt et un éléphants. A cela, il fallait ajouter une flotte de trente-deux quinquérèmes et de cinq trirèmes chargés de surveiller le littoral ibère. Plus de quatre-vingt mille soldats constituèrent l'ossature du futur corps expéditionnaire.

En apparence, c'était une coalition hétéroclite que

seule unissait une farouche détestation du nom romain. Quatre mille jeunes Carthaginois, arrachés à leur terre natale, formaient une sorte de bataillon sacré. La moitié était des fantassins, l'autre appartenait à la cavalerie lourde, équipée d'un casque, d'une cuirasse, d'une épée et d'une lance. La cavalerie légère se composait d'Ibères et de Numides. Les premiers étaient armés d'un glaive, les autres de javelots qu'ils lançaient avec une précision redoutable. L'infanterie légère était constituée par des montagnards ibères, munis d'un petit écu de cuir et d'un glaive, et de Gaulois reconnaissables aux torques, aux bracelets enserrant leurs bras vigoureux, habiles à manier de lourdes et longues épées ou de pesantes haches. L'infanterie lourde comptait en ses rangs des Libo-Phéniciens venus d'Afrique, équipés comme les hoplites grecs d'un casque à panache, d'une lance, d'une épée et d'un bouclier rond, le corps protégé par des jambières et une cuirasse fabriquée dans les arsenaux de Carthagène. Quant aux montagnards ibères servant à leurs côtés, ils étaient identifiables à leur cotte de mailles, à leur sabre recourbé et à leur imposant bouclier rectangulaire derrière lequel ils prétendaient être invincibles.

Hannibal n'avait négligé aucune précaution avant de se mettre en marche. Il s'était rendu dans le sanctuaire de Melqart à Gadès, là où Azerbaal le prêtre lui avait jadis prédit un brillant avenir. Sur la route du retour, il avait un soir festoyé en compagnie de ses officiers et dérogé à ses habitudes en buvant plus que de raison. Durant la nuit agitée qui suivit, il vit en rêve lui apparaître un jeune dieu chargé de l'accompagner jusqu'en Italie. Dans son songe, le fils d'Hamilcar se vit suivre ce messager de Melqart qui lui avait intimé l'ordre de ne pas regarder autour de lui et de ne pas se retourner. Tel Orphée, le jeune général ne tarda pas à désobéir à cette injonction et se trouva — du moins c'était ce qu'il se rappelait — face à un dragon détruisant sur son passage les arbres et la végétation cependant que le tonnerre rugissait et qu'une pluie abondante tombait d'un ciel zébré par des éclairs menaçants. Quand il interrogea Sosylos sur la signification de ce cauchemar, son précepteur le rassura. Non, ce n'était pas une répétition de l'aventure arrivée à Orphée après sa descente aux enfers pour y chercher la belle Eurydice. Le dragon symbolisait l'armée carthaginoise et sa furie destructrice les ravages que celle-ci porterait à l'insolente puissance romaine. Hannibal en éprouva une joie intense et, dans son impétuosité, demanda sur-le-champ à Sosylos de l'accompagner pour écrire, au jour le jour, le récit de ses exploits. Prudent, le précepteur ne déclina pas la proposition de suivre son élève mais, s'agissant de la rédaction du texte suggéré, préféra confier cette tâche à l'un de ses compatriotes, Silénos, un transfuge de Massalia venu offrir ses services au maître de Carthagène.

Le fils d'Hamilcar accéda à cette requête mais voulut, au préalable, rencontrer le futur chroniqueur de ses exploits. L'homme se présenta au palais de Carthagène où il fut reçu en audience. Il était jeune, parlait grec et punique couramment. Il avait la mine avenante et l'air malicieux, avec une pointe d'insolence dans la voix. Hannibal l'observa longuement, puis lui dit :

— Ainsi, tu t'es proposé pour écrire l'histoire de mon expédition.

— Ta renommée s'est étendue jusqu'à ma ville natale où je me sentais à l'étroit. Mes compatriotes sont des commerçants uniquement préoccupés par l'accroissement de leurs gains, et écrire des poèmes à la gloire de marchands d'huile et de vin n'a rien de très glorieux.

— Carthage compte beaucoup d'individus de ce genre. Tu ne risques pas de gagner au change.

— Peut-être mais tu es différent de tes compatriotes tout comme l'était ton père. Tes exploits en Ibérie indiquent que tu as l'étoffe d'un grand capitaine comme il en apparaît un ou deux par génération. Aussi est-ce là une chance que je ne veux point laisser échapper.

— Aimes-tu la vérité ?

— C'est un terme que j'ai banni de mon langage. Les hommes ont besoin de légendes et de hauts faits. Il faut satisfaire leur goût pour cela, en trichant parfois avec la réalité.

— C'est précisément ce que je t'interdis de faire. Je veux que tu consignes scrupuleusement le moindre détail de mon expédition, en n'omettant jamais de signaler mes faiblesses et mes erreurs.

— Tout dépend de la manière dont on les présente.

— Je vois que tu sauras tourner les difficultés. Je t'attache à mon état-major et tu me suivras partout où j'irai. Autant te prévenir : ce ne sera pas une partie de plaisir et ne t'imagine pas que tu vivras dans des conditions luxueuses. Il est même possible que tu sois obligé de te battre les armes à la main.

— Je préfère le stylet ou le calame mais je saurais me montrer à la hauteur des circonstances quand elles se présenteront.

— Crois-tu au succès de mes armées ?

— Pour cela, consulte les prêtres et les devins. A vrai dire, je ne suis pas sûr que tu sortiras vainqueur de cette guerre. Mais l'histoire retiendra ton nom plus que celui des généraux qui t'infligeront des revers ou des défaites. Eux ne pensent qu'aux postes qu'ils obtiendront en récompense de leurs exploits. Toi, je pressens que tu te bats pour une certaine idée que tu te fais de l'être humain même si tu ne te préoccupes guère de philosophie. Certains militaires sont de vulgaires marchands, à leur manière, et je préfère les têtes brûlées et les aventuriers. C'est pour cela que tu es mon homme et que je suis prêt à te suivre.

— Ta franchise me plaît. Tu prends tes fonctions

dès aujourd'hui. Tous les dix jours, tu viendras me voir pour me lire ce que tu auras écrit.

— Ai-je l'assurance de ta part de ne pas avoir à subir ton courroux si certains passages te déplaisent ?

— Je te ferai remettre un sauf-conduit qui te permettra de quitter mon camp quand tu le souhaiteras et je jure par Melqart de tenir cette promesse, quoi qu'il puisse m'en coûter.

— Un homme qui n'a pas peur de son avenir est assuré d'avoir un passé glorieux. Le tien, au regard de l'histoire, le sera.

CHAPITRE 2

Avant de partir à la conquête de l'Italie, Hannibal eut à affronter un adversaire infiniment plus redoutable que Publius Cornélius Scipion, et contre lequel il était désarmé : Imilcé. Son épouse, qui lui avait donné un fils au début de l'hiver, l'avait laissé néanmoins accomplir tous ses préparatifs sans dire mot. Ce mutisme n'annonçait rien de bon. Ce n'était pas la soumission résignée propre aux femmes de l'aristocratie carthaginoise cloîtrées à l'intérieur de leurs riches demeures, tenues soigneusement à l'écart des affaires de la cité. C'était plutôt une froide colère qui attendait l'occasion propice pour éclater et s'abattre sur le coupable. Car le fils d'Hamilcar, il le pressentait, était fautif aux yeux de sa compagne. Son crime : se lancer dans une aventure appelée à durer des mois voire des années, sans chercher à l'y associer ou à lui proposer de le suivre alors qu'elle était de taille à affronter tous les dangers. À plusieurs reprises, Imilcé avait espéré que le père de son enfant lui ordonnerait de prendre ses dispositions et de choisir des servantes assez robustes pour endurer la vie de camp et les marches forcées. Un mot, un seul, l'aurait plongée dans des délices de joie. Mais cette phrase, il ne l'avait jamais prononcée, pas plus qu'il n'avait eu la témérité de lui avouer, la mine penaude, qu'elle ne ferait peut-être pas partie de l'expédition. Visiblement, le jeune général cherchait à gagner du temps et à reculer le plus possible le moment fatidique de leur explication. Les deux époux taisaient la question à ne pas aborder et leurs joutes amoureuses ne pâtissaient pas de cette ambiguïté, bien au contraire. Imilcé, à peine sortie de la période des relevailles, rivalisait d'imagination pour prodiguer à son mari des plaisirs nouveaux et raffinés dans le secret espoir de le retenir et, lui, afin de ne pas éveiller ses soupçons, se montrait un amant empressé et insatiable.

A son retour de Gadès, alors que les premières colonnes de son armée avaient déjà abandonné leurs casernements, Hannibal fut bien forcé d'aborder le sujet tant redouté. Il avait dans le plus grand secret confié à ses officiers qu'il quitterait la ville au petit matin, par la porte du Nord. Tard dans la nuit, il regagna sa chambre où Imilcé l'attendait. Elle était vêtue d'une longue robe faite d'un voile vaporeux qui dissimulait à peine ses formes sculpturales. Ses longs cheveux noirs torsadés entouraient son visage aux traits d'une étonnante finesse. Contrairement aux femmes de sa suite, elle n'était pas fardée car sa peau laiteuse constituait l'un de ses plus grands charmes. Elle n'ignorait rien de sa beauté et savait en jouer à merveille. Follement épris d'elle, le fils d'Hamilcar n'était pas jaloux des regards lourds de convoitise qu'elle suscitait chez ses officiers et chez les princes ibères invités à sa table. Il en était plutôt flatté car il mesurait ainsi l'exceptionnelle chance qu'il avait eue de plaire à une créature aussi splendide. Sa récente maternité n'avait pas déformé Imilcé mais, au contraire, l'avait épanouie. Elle était devenue encore plus féminine et sûre d'elle-même sans avoir rien perdu de sa jeunesse. Son fils, âgé de quelques mois, dormait non loin de là, surveillé nuit et jour par un véritable essaim d'esclaves grecques et ibères. Par un reste de superstition, elle ne lui avait pas encore donné de nom afin de détourner de son berceau les génies malfaisants. Caché derrière une tenture, Hannibal demeura un long moment à contempler son épouse qui arpentait la pièce en bouillant d'impatience. Finalement, il toussota légèrement pour signaler sa présence et s'enquit d'un ton badin auprès de la jeune femme :

— Ta journée fut-elle bonne ?

— Aussi agréable que possible. Quel magnifique spectacle que ces colonnes de fantassins marchant d'un pas martial, et ces lourds chariots traînés par des bœufs ou des chevaux. Je ne voulais pas en perdre une seule miette, de peur de rater ton passage à la tête de tes hommes, pour te faire mes adieux comme il sied à une épouse aimante.

— Ton ironie me transperce le cœur.

— Te parlerais-je du mien ? Tu fais un singulier guerrier, Hannibal. Tu n'as pas ton pareil pour haranguer tes hommes et leur tenir de beaux discours sur la gloire et la grandeur de Carthage. Tu es capable de déployer des trésors d'ingéniosité pour négocier avec les Romains, leur tenir le langage qu'ils veulent entendre et, dans le même temps, faire le contraire de ce que tu affirmes. Mais parler avec ta femme de son sort est au-dessus de tes forces !

— C'est faux.

— Tu mens mal.

— Je t'assure que jusqu'à ce soir, je n'avais rien encore décidé te concernant. S'il ne tenait qu'à moi, tu ferais partie, avec mon fils, de cette expédition.

— Prétendrais-tu que le Sénat de Carthage s'y oppose ? Lui as-tu seulement envoyé un émissaire à ce sujet ? Crois-tu qu'il pourrait te refuser cette faveur ?

— Les choses ne sont pas aussi simples. J'ai besoin de toi.

— Donc je pars.

— Tu ne m'as pas laissé te dire l'endroit où ta présence me sera le plus utile. C'est à Carthage et non au milieu de mes hommes.

— Pourquoi ?

— Voilà près de dix ans que je suis loin de ma patrie, coupé de mes partisans au sein du Conseil des Cent Quatre. Jusqu'à présent, lorsque le besoin s'en faisait sentir, je pouvais ordonner à l'un de mes frères de se rendre dans notre cité pour y plaider ma cause. Ce n'est plus le cas aujourd'hui. L'un d'entre eux, Hasdrubal, restera ici pour veiller au calme de cette province. L'autre, Magon, doit me suivre. La partie qui s'engage est décisive et mes ennemis au sein du Sénat guettent avec impatience mes premiers faux pas et une éventuelle défaite. Bien sûr, je puis compter sur Itherbaal, le chef du parti barcide, encore que je ne me fasse aucune illusion sur l'être humain. Il m'est dévoué, mais, je le sais, soit par conviction, soit par goût de l'intrigue, il pourrait me trahir. J'ai besoin d'une personne qui soit totalement fidèle à notre famille parce qu'elle y appartient et parce que notre perte signifierait la sienne. Je n'en connais qu'une : toi. Tu n'as jamais cessé de me prodiguer de très sages conseils. Tu es habile et assez retorse pour déjouer les ruses de nos adversaires. Tu sauras te faire respecter de nos partisans et ils sauront que tu parles en mon nom et que ton avis primera sur le leur. Ils n'agiront pas de même si je leur envoie l'un de mes conseillers.

— Tu oublies que je ne suis pas carthaginoise.

— C'est au contraire un atout précieux. Une Punique a les défauts de sa race : elle est tantôt cupide, tantôt calculatrice et avare, prête à toutes les lâchetés pour conserver sa fortune. Toi, même si ta grand-mère est l'une des nôtres, tu appartiens à un peuple qui connaît le prix de l'indépendance pour l'avoir perdue. C'est de là que te vient ta fierté ; aussi, je suis persuadé que tu sauras faire les choix qui s'imposent. Je sais ce que te coûte cette séparation et, par Melqart, je jure qu'elle me pèse aussi, bien que je doive n'en rien laisser paraître devant mes hommes. Après tout, eux aussi doivent abandonner leurs familles. Mais la mission que je te confie en dit long sur l'amour que je te porte. C'est désormais entre tes mains et tes mains seules que réside la préservation, à Carthage, des intérêts de la famille Barca.

Imilcé porta machinalement la main à son collier d'onyx. Puis elle répondit, le visage soudain plus grave :

— En t'épousant, j'ai choisi de lier mon destin à celui de ta lignée. Je ne faillirai pas à cet engagement solennel contracté devant l'autel de Baal Hammon. Tu as su me rappeler à mes devoirs et je t'en remercie. Sitôt mes préparatifs achevés, je m'embarquerai à bord d'une quinquérème pour ta demeure de Mégara dont tu m'as tant parlé. Notre fils, j'en suis sûr, sera ravi d'explorer le moindre recoin de ses jardins et de retrouver les endroits où son père, alors petit garçon, commettait les pires excentricités. Quant à moi, j'observerai et te tiendrai au courant par des émissaires de ce qui se trame dans la cité d'Elissa. Je n'exige qu'une chose de toi.

— Laquelle ?

— Que mon honneur ne soit jamais sali par certaines rumeurs.

— Tu peux être assuré de ma fidélité. Aucune femme ne te remplacera dans ma couche.

— Ce n'est point ce que je te demande. Un guerrier a besoin de certaines distractions et tu n'es pas au-dessus des autres hommes pour ne jamais être tenté par les plaisirs de la chair. La politique exigera même peut-être que tu honores de tes ardeurs la fille de tel ou tel chef gaulois afin qu'il consente à ravitailler ton armée.

— Comment peux-tu penser cela ?

— Je n'y vois aucun mal. Je sais que tu m'as épousée par amour alors que ton beau-frère Hasdrubal s'est marié pour se concilier les bonnes grâces de son beau-père, dont l'autorité s'étendait sur tous les peuples au sud de l'Ebre. Sache que je ne me formaliserai pas si j'apprends que tu as une liaison passagère avec une fille de chef ou avec une captive. Mais que nulle d'entre elles ne tienne à tes côtés la place qui est la mienne. Dans ce cas, ma rancune te poursuivrait partout où tu te trouveras et tu sauras alors ce qu'une femme peut accomplir.

Hannibal renversa Imilcé sur son lit pour lui prouver quelle ne risquait pas d'avoir à subir un pareil affront. Jusqu'au petit matin, il caressa longuement le corps de son épouse, explorant tous les recoins de son anatomie, enfouissant sa tête entre ses seins et dans la courbure de ses reins, la chevauchant et la faisant hurler de désir et de plaisir à plusieurs reprises. Lorsqu'il la sentait défaillir et prête à s'assoupir, il rallumait ses désirs par de fougueux baisers et guidait sa main vers son sexe qu'aucune caresse ne pouvait apaiser. Finalement, Imilcé demanda grâce et, sa tête nichée au creux de l'épaule de son mari, sombra dans le sommeil. Quand elle se réveilla, la place à ses côtés était déjà froide depuis longtemps. Un scarabée s'y trouvait, sculpté dans un ivoire de prix, représentant l'effigie d'Hannibal. L'artiste avait su parfaitement rendre la finesse de ses traits et la grâce de ses cheveux bouclés ainsi que le pli sensuel de ses lèvres. Durant deux jours, elle ne quitta pas sa chambre, refusant toute nourriture et toute compagnie. Puis on la vit réapparaître, intimant l'ordre à ses servantes de rassembler toutes ses affaires et de les faire transporter à bord d'un navire ancré dans le port. Deux semaines plus tard, elle était installée à Mégara et semblait y avoir passé toute son existence tant elle connaissait les moindres recoins de la maison.

A peine fut-elle arrivée qu'Itherbaal et les principaux dirigeants du parti barcide vinrent lui présenter leurs respects et s'enquérir de ses souhaits. Elle leur fit bon accueil et ne manqua pas d'avoir un mot aimable pour chacun d'entre eux tout en faisant clairement sentir qu'elle seule pouvait parler au nom de son époux. Quand ils furent de retour à Carthage, Itherbaal dit à ses compagnons :

— Je me suis souvent plaint de l'absence d'Hamilcar et d'Hasdrubal et je regrette de n'avoir pu voir Hannibal depuis son départ de cette cité. Mais je ne suis pas sûr que nous ayons à nous réjouir toujours de la présence d'Imilcé. Bien que le sang des Barca ne coule pas dans son corps, elle a toutes les qualités mais aussi tous les défauts de cette lignée. Avec elle, nous devons nous attendre à tout, au meilleur comme au pire.

*

* *

L'armée d'Hannibal avait quitté en bon ordre Carthagène, la capitale de l'Ibérie barcide. Après avoir parcouru quelques stades, la colonne s'était scindée en trois groupes et avait pris la direction de l'Ebre qu'ils atteignirent au terme de dix jours de marche. Chaque contingent soulevait sur son passage un véritable nuage de poussière qui avertissait les habitants des environs de sa progression. Les plus timorés faisaient immédiatement partir, dans les forêts et dans les montagnes, leurs familles et leur bétail, par crainte des pillages et des exactions des hommes de troupe. La nouvelle se répandit bien vite que ces prétendus soudards s'abstenaient curieusement de toute rapine. Sous la surveillance tatillonne de leurs officiers et des agents comptables, ils payaient scrupuleusement les vivres réquisitionnés. Réputés jadis pour leur indiscipline et leur passion effrénée du pillage, les Numides n'étaient pas les moins empressés à s'acquitter sans rechigner de leur écot. L'on eut juste à déplorer une seule infraction aux ordres donnés : le viol d'une montagnarde par un jeune aristocrate carthaginois pris de boisson. Il fut aussitôt condamné à périr sur la croix en présence de ses soldats, et les supplications de ses compagnons ne parvinrent pas à émouvoir Hannibal. Il était décidé à faire un exemple afin d'empêcher les têtes brûlées de l'expédition d'enfreindre les consignes désormais répétées quotidiennement par des hérauts.

Le passage de l'Ebre se fit sans difficulté. Les éclaireurs ibères avaient repéré trois gués que traversèrent, comme s'ils marchaient à pied sec, fantassins, cavaliers et éléphants lourdement caparaçonnés. A partir de ce moment, laissant derrière elles les ruines de Sagonte, les trois colonnes pénétraient en territoire hostile. Les différentes tribus et peuplades locales hésitaient sur la conduite à tenir. Les unes, auxquelles avaient rendu visite des émissaires des Grecs massaliotes, rêvaient de prendre les armes et d'attaquer les détachements isolés de l'arrière-garde. Les autres, terrorisées par le souvenir des terribles malheurs des Sagontins, n'avaient qu'un seul souci : faire leur soumission et offrir au jeune général de somptueux cadeaux pour s'attirer ses faveurs. Bien leur en prit car les bandes rebelles qui s'abattirent sur les traînards carthaginois furent rattrapées et massacrées sans pitié par la cavalerie numide. Quant à leurs villages, ils furent incendiés et leurs habitants envoyés sur le marché aux esclaves de Carthagène où leur nombre provoqua, au grand désespoir des marchands, une baisse des cours de la main-d'œuvre servile. Ces modestes escarmouches attristèrent les esprits des jeunes officiers de l'état-major, convaincus qu'ils ne se heurteraient à aucune résistance de taille avant leur arrivée en Italie. Certains, ne dissimulant pas leur dépit, pestaient contre la prudence exagérée de leur chef et contre ce simulacre de campagne qui ne leur vaudrait aucune distinction.

Ayant eu vent de leurs commentaires acides, Hannibal réunit les mécontents et, sans préambule inutile, les apostropha durement :

— Voilà donc nos jeunes gens qui regrettent de ne pouvoir en découdre avec nos ennemis et me reprochent de les priver de ne pas verser un sang dont ils sont assoiffés comme s'il s'agissait d'un nectar divin. Nous sommes à peine au début d'un long périple et ils voudraient que chaque stade franchi le soit au prix de batailles sans pitié et d'affrontements dignes des combats menés jadis par Alexandre ou par Pyrrhus. S'il ne tenait qu'à moi, je renverrais volontiers ces écervelés à Carthagène ou à Carthage car ils sont plus dangereux pour la fortune de nos armées qu'une nuée d'espions stipendiés par Rome. Je ne le ferai pas car ils ont l'excuse de leur jeunesse et leur stupide impétuosité me rappelle les égarements d'un jeune homme, il y a à peine quelques années de cela, furieux de devoir consacrer ses jours et ses nuits à la construction d'une ville alors qu'il rêvait de trancher les têtes et les bras de ses ennemis. Ce jeune chiot stupide, vous l'avez compris, c'était moi et j'aurai donc envers vous la patience et l'indulgence dont fit preuve alors à mon égard Hasdrubal, mon beau-frère. Sachez-le, un bon chef militaire est toujours économe de la vie de ses hommes et certaines victoires ne se remportent pas nécessairement sur un champ de bataille. Les quelques engagements qui ont eu lieu ne vous satisfont pas. Moi, ils m'inquiètent au plus haut point. Ils signifient que, sitôt que nous aurons franchi les Pyrénées sans espoir de retour, ces tribus chercheront à prendre leur revanche et à attaquer nos cités et nos garnisons à la sécurité desquelles je dois veiller. Aussi me faut-il dès maintenant confier à Hannon le taciturne le commandement de dix mille fantassins et de quelques centaines de cavaliers afin de pacifier complètement ces régions. Ce sont autant de soldats qui nous feront cruellement défaut plus tard. Aussi, Hannon, fit-il en désignant à ses collègues ce jeune officier, j'espère que tu agiras assez vite pour pouvoir, sitôt l'ordre rétabli, nous rejoindre.

— J'essaierai de faire de mon mieux, fils d'Hamilcar, et je te remercie de ta confiance. Qu'il me soit cependant permis de te faire part de l'un de mes soucis. J'ai sous mes ordres, en plus des troupes que tu as mentionnées, des mercenaires carpétans, au nombre d'environ trois mille. Ils appartiennent à une tribu récemment soumise et ne font pas preuve d'hostilité envers nous. Ils sont loyaux et je réponds d'eux sur ma tête. Mais ils ne sont pas prêts à nous suivre loin de leurs foyers et à nous accompagner jusqu'en Italie. Si nous les y obligeons, les désertions dans leurs rangs se multiplieront et nuiront au moral des autres soldats.

— Il vaut mieux se séparer d'eux. Dis-leur que, par une insigne faveur, je leur accorde l'autorisation de rebrousser chemin à condition qu'ils assurent la protection des territoires sous notre contrôle au sud de l'Ebre. Chaque hiver, ils pourront retourner dans leurs foyers.

— Tu fais là un choix judicieux. Leur reconnaissance t'est assurée et ils sauront te prouver leur loyauté.

Le passage des Pyrénées, en pleine belle saison, ne posa aucun problème. Souhaitant éviter les villes du littoral, alliées de Massalia, Hannibal fit cheminer ses troupes par quelques cols situés à faible altitude et descendant en pente douce vers l'autre versant de la montagne. Ces régions étaient quasiment désertes et suffisamment verdoyantes pour offrir aux éléphants et aux chevaux la nourriture dont ils avaient besoin. Il fallut attendre quelques jours l'arrivée de l'arrière-garde pour reprendre la route.

Quand ils parvinrent dans la plaine côtière, les Carthaginois installèrent leur camp près d'Illiberis[1]. Par précaution, Hannibal fit creuser un large fossé et édifier une palissade de bois mais la plupart de ses hommes stationnèrent en dehors de cette enceinte. Chaque jour, quelques patrouilles parcouraient la

1. Actuelle Elne près de Perpignan.

campagne environnante. Elles avaient pour mission d'attendre et d'escorter les délégués des roitelets gaulois appartenant à la confédération des Volsques Arécomiques. Leur installation dans cette région remontait à quelques dizaines d'années à peine et ils s'étaient jusque-là tenus soigneusement à l'écart de tout conflit, repoussant aussi bien les avances des Puniques que celles des Romains et des Grecs.

A l'annonce de l'intrusion sur leur territoire des troupes carthaginoises, les villageois des environs avaient été saisis de panique et leur peur redoubla quand ils aperçurent, pour la première fois de leur vie, les éléphants cheminant en tête de l'armée. Pourtant, ces êtres rudes étaient habitués à vivre au milieu des bêtes sauvages : l'hiver, ours et loups rôdaient autour des agglomérations et attaquaient les voyageurs isolés. Ils étaient redoutés mais n'avaient rien de véritablement effrayant. Ce n'était pas le cas des éléphants. En les observant, les Gaulois croyaient contempler les monstres horribles dont faisaient mention leurs légendes les plus anciennes. A la manière dont les pachydermes se mouvaient, écrasant l'herbe et les broussailles sur leur passage, il était facile d'imaginer les ravages terribles qu'ils exerceraient si on leur ordonnait de charger.

Précédés par les fuyards, les roitelets volsques s'étaient précipitamment réunis dans la cité fortifiée de Ruscino[1] pour y tenir d'interminables palabres entrecoupées de banquets et de beuveries. Les émissaires envoyés par Hannibal durent se morfondre d'ennui, désespérant d'obtenir une audience de ces êtres frustes, grands amateurs de bonne chère et de boissons. En fait, c'était là une ruse des Volsques. Ils savaient que le général punique ne pouvait s'attarder longuement dans ces parages s'il souhaitait franchir

1. Actuel Castel-Roussillon.

les Alpes avant le début de l'hiver et ils entendaient donc monnayer un bon prix l'octroi d'un droit de passage. Pressé par le temps, le chef punique serait contraint de se plier à leurs exigences à moins d'engager le combat et d'immobiliser durant de nombreuses semaines son corps expéditionnaire. Leur ruse fonctionna à merveille et, à la grande colère d'Hannibal, leurs chefs obtinrent une forte indemnité et la promesse que les troupes puniques passeraient à bonne distance de leurs cités. Seule concession : ils s'engageaient à fournir des guides connaissant les chemins les plus rapides pour parvenir jusqu'au Rhône en évitant l'embouchure marécageuse de ce fleuve.

Sous un soleil de plomb, les soldats traversèrent un paysage rocailleux, parsemé, çà et là, de collines et de gorges encaissées où coulaient des torrents à l'eau claire et rafraîchissante. Un soir, Hannibal fit étape sur les berges d'une rivière dominée par une colline plantée d'arbres multiséculaires. Du haut de l'escarpement, il pouvait apercevoir la bande de terre séparant cet endroit du Rhône dont les eaux majestueuses s'écoulaient avec une sage lenteur.

Le fils d'Hamilcar savoura d'autant plus cette halte qu'il reçut la visite d'envoyés des tribus de Gaule cisalpine, porteurs d'excellentes nouvelles. Irrités par la fondation de nouvelles colonies à Placentia[1]et Crémona[2], les Boïens s'étaient soulevés et avaient contraint les paysans romains à chercher refuge derrière l'enceinte fortifiée de Mutina[3]. Le représentant de Rome dans cette région, Gaïus Lutatius, avait été fait prisonnier par les rebelles et cette nouvelle fit sourire le fils d'Hamilcar. Ce Lutatius était en effet ce consul qui, trente ans plus tôt, avait contraint Carthage à signer un dur traité par lequel elle perdait la

1. Actuelle Plaisance
2. Actuelle Crémone.
3. Actuelle Modène.

Sicile. Envoyé à son secours, le préteur Lucius Mantius Vulso était, à son tour, tombé dans une embuscade et, laissant de nombreux morts sur le terrain, avait battu en retraite vers Mutina. Cédant à la panique, le Sénat avait confié au préteur Caïus Atilius Romanus l'une des deux légions précédemment attribuées à Publius Cornélius Scipion avec pour mission de châtier les insurgés. Le consul dépossédé de ses troupes avait dû lever en hâte et non sans difficulté une nouvelle légion, composée de jeunes recrues inexpérimentées, incapables de livrer combat. Finalement, plutôt que d'emprunter la voie terrestre, il avait dû acheminer par bateau — en tout soixante navires — ses hommes jusqu'à Massalia dans les environs de laquelle il avait édifié un camp retranché.

Le choix de cet emplacement en disait long sur les calculs du Romain. Il supputait qu'Hannibal, pour gagner l'Italie, emprunterait la route du littoral, nonobstant la présence des comptoirs massaliotes d'Olbia[1], Antipolis[2] et Nikaia[3]. C'était le trajet le plus facile, abondamment fourni en points d'eau. Mais le fils d'Hamilcar n'entendait pas tomber dans un piège aussi grossier et céder à l'attrait de la facilité. Depuis plusieurs semaines, il mûrissait dans sa tête un autre projet, emprunter la voie hérakléienne, à savoir la voie escarpée et sinueuse traversant les Alpes par une succession de vallées encaissées et de cols élevés. La légende voulait que Hercule ait jadis ouvert ce passage de ses bras puissants. Pour Hannibal, c'était plus qu'un symbole puisque Héraklès, Melqart chez les Phéniciens, était la divinité tutélaire de sa famille. Les Romains étaient bien trop pleutres pour croire que leur adversaire se hasarderait à suivre cet itinéraire réputé infranchissable. Aussi leurs légions res-

1. Actuelle Hyères.
2. Actuelle Antibes.
3. Actuelle Nice.

taient-elles cantonnées le long du littoral, attendant l'arrivée des troupes carthaginoises.

Celles-ci se trouvaient pour l'heure sur les berges du Rhône, contrôlées des deux côtés par des tribus volsques divisées sur la conduite à tenir. Leurs chefs se partageaient en deux camps : l'un favorable à Hannibal, l'autre aux Romains. Le dernier parti avait envoyé des émissaires auprès de Publius Cornélius Scipion pour l'avertir de l'imminence du franchissement du fleuve par les Carthaginois. Le consul s'était contenté d'ordonner à trois cents cavaliers romains, assistés d'auxiliaires gaulois, de patrouiller le long du fleuve, leur interdisant toutefois d'engager le combat avec l'ennemi. Ils devaient seulement l'observer et surveiller ses mouvements, le consul étant persuadé que ses adversaires finiraient par infléchir leur route vers le sud.

Pendant ce temps, Hannibal déployait une énergie sans pareille. Plusieurs milliers de fantassins avaient troqué leurs lances et leurs glaives pour la hache et abattirent des centaines et des centaines d'arbres des forêts environnantes pour confectionner radeaux et barques. A chaque instant de la journée, l'on entendait le bruit sourd des arbres s'écrasant sur le sol pour y être dépouillés de leurs branches et de leurs feuillages. Les troncs, traînés jusqu'au bord du fleuve, étaient tantôt attachés, dix par dix, par de solides cordages, tantôt creusés avec des torches. En une semaine, une véritable flottille de radeaux et de frêles esquifs fut constituée.

De l'autre côté du fleuve, les Volsques partisans des Romains observaient ces préparatifs tout en poussant des cris hostiles et en multipliant les gestes menaçants. Chaque jour, ils étaient rejoints par de nouveaux contingents de cavaliers et de fantassins, bien décidés à en découdre avec l'ennemi. Hannibal se rendit compte qu'à moins de les écraser par la ruse les Volsques risquaient d'infliger à ses troupes de lourdes pertes lors du passage du fleuve. Dans le plus grand secret, il confia à l'un de ses officiers, Hannon, fils du suffète Bomilcar, le soin de remonter la berge du fleuve sur une distance de deux cents stades[1]. Selon les guides gaulois, il devait trouver là une île située à mi-chemin de l'une et l'autre rive, ce qui lui permettrait de faire traverser sans risque plusieurs milliers de mercenaires ibères, habitués aux longues marches forcées de jour et de nuit. Ils n'auraient alors plus qu'à revenir sur leurs pas et à prévenir, par des feux, le fils d'Hamilcar de leur arrivée afin que les Volsques hostiles soient pris en tenailles et massacrés sans pitié.

Les guides gaulois n'avaient pas menti. Hannon trouva le fameux passage et ses troupes le franchirent à bord de radeaux fabriqués en toute hâte. Certains mercenaires préférèrent bourrer quelques outres de peau avec leurs vêtements et, plaçant au-dessus leurs longs boucliers, traversèrent le fleuve à la nage sous les hourras joyeux de leurs compagnons. Quatre jours après leur départ, Hannon et ses soldats étaient à la hauteur du camp carthaginois mais de l'autre côté du fleuve, bien cachés dans la forêt. Les signaux convenus furent échangés et, au petit matin, Hannibal donna l'ordre à son armée de s'ébranler. En avant du fleuve, une rangée de radeaux avait été disposée pour briser la force du courant. Les fantassins s'entassèrent sur les barques cependant que les cavaliers se lançaient à l'eau avec leurs montures qui faisaient des efforts désespérés pour maintenir la tête hors des flots et progresser vers l'autre rive. Les Volsques alliés des Romains avaient observé ces opérations, l'air narquois. Ils s'étaient tous rassemblés sur une vaste esplanade bordant le fleuve, prêts à repousser leurs assaillants. Ils avaient entonné leurs chants de guerre, aux rauques sonorités, et brandissaient au-dessus de leurs têtes leurs

1. Environ quarante kilomètres.

glaives et leurs boucliers, les entrechoquant pour couvrir les cris des soldats carthaginois. Leurs sentinelles avaient abandonné leurs postes si bien que nul ne put donner l'alerte quand les troupes d'Hannon sortirent de la forêt.

Elles prirent à revers les Gaulois, contraints bientôt de reculer jusqu'aux rives du Rhône où les premiers soldats d'Hannibal avaient déjà débarqué. Cernés de toutes parts, les guerriers se battirent comme des lions, maniant avec habileté leurs longues épées. Le torse nu ruisselant de sueur, ils s'élançaient sur l'adversaire en poussant des cris terrifiants. Leurs rangs s'éclaircirent quand les frondeurs baléares entrèrent en action. Leurs balles d'argile, projetées dans les airs, firent éclater le crâne des combattants dépourvus de casques. Ils cédèrent rapidement la place aux archers carthaginois qui criblèrent de flèches l'ennemi. Les derniers survivants jetèrent leurs armes et, à genoux, implorèrent mais en vain la clémence du vainqueur. Rassemblés, ils furent taillés en pièces par les cavaliers numides. Bientôt, l'on n'entendit plus que la sourde plainte des agonisants, gisant à même le sol et se vidant lentement de leur sang.

Le vacarme du combat avait toutefois eu une conséquence inattendue. De l'autre côté du fleuve, rendus inquiets par les cris des soldats et le choc des épées contre les boucliers, les éléphants, jusque-là sagement alignés, échappèrent au contrôle de leurs cornacs et se dispersèrent dans les environs. Il fallut partir à leur recherche et attendre que les bêtes, auxquelles on distribua une double ration de fourrage, retrouvent leur calme. On en profita pour perfectionner les radeaux recouverts de mousse destinés à convoyer les pachydermes par groupes de trois : deux mâles précédés d'une femelle. On maintint le principe des robustes embarcadères longs d'environ quinze mètres, prolongés par deux gigantesques ponts de bateaux, de part et d'autre du fleuve, reliés à la terre ferme par de solides cordages. Entre ces deux éléments fixes d'une soixantaine de mètres, l'on disposa deux radeaux solidement attachés l'un à l'autre. Remorqués par des bateaux à rames, ils furent détachés du premier pont improvisé et halés de l'autre côté du fleuve. C'était le moment le plus délicat de l'opération car les bêtes, craignant d'être abandonnées, remuaient dans tous les sens, au risque de faire chavirer l'embarcation. A trois ou quatre reprises, l'on vit d'ailleurs quelques pachydermes se jeter à l'eau et nager, la trompe dressée au-dessus de l'eau. Quand ils atteignaient enfin la berge, ils poussaient de longs barrissements et se hâtaient de retrouver leurs compagnons contre lesquels ils se serraient, apeurés. Quand ils étaient apaisés, leurs cornacs s'approchaient d'eux et les nourrissaient tout en les caressant et en leur murmurant des paroles chaleureuses et réconfortantes. La manœuvre fut répétée des dizaines de fois afin que les quatre-vingts éléphants puissent gagner la berge opposée. Quand le soir tomba, toute l'armée carthaginoise avait désormais franchi le Rhône. Elle n'avait eu à déplorer que la perte de quelques dizaines d'hommes, le plus souvent des éléments indisciplinés. Certains soldats, inconscients du danger, avaient en effet refusé d'embarquer à bord des radeaux ou des barques et parié une partie de leur solde qu'ils nageraient d'une rive à l'autre à la seule force de leurs bras. Tous périrent, soit qu'ils aient été emportés par des tourbillons, soit qu'ils aient coulé, épuisés par l'effort qu'ils avaient fourni.

Les cavaliers romains envoyés en éclaireurs avaient observé le franchissement du Rhône par cette formidable masse d'hommes et d'animaux. Saisis d'admiration et de terreur, leurs officiers préférèrent prendre la fuite lorsque plusieurs patrouilles numides se lancèrent à leur poursuite. A vrai dire, la peur n'était pas leur seule inspiratrice. Pour eux, il fallait à tout prix éviter la capture ou la mort, retourner à la hâte au camp de Publius Cornélius pour l'avertir de l'exploit réalisé par Hannibal et lui conseiller de regagner par voie de mer l'Italie.

Certains jeunes cavaliers romains, issus de l'aristocratie, ne l'avaient pas entendu ainsi et avaient, en désobéissant aux ordres donnés, courageusement affronté les Numides, laissant deux cents d'entre eux gisant sur le sol. Les Romains avaient eux-mêmes perdu cent quarante hommes et parvinrent, couverts de blessures, jusqu'aux retranchements de la légion commandée par Scipion. Celui-ci prit rapidement les mesures qui s'imposaient : cet événement sans précédent le prouvait, Hannibal se sentait assez fort pour dédaigner la route du littoral et emprunter la voie hérakléienne. Ce n'était pas là une simple supputation. Un espion, infiltré dans le camp carthaginois qu'il avait pu quitter à la faveur de l'obscurité, avait été le témoin du discours tenu par le général carthaginois à ses hommes, peu avant qu'ils ne reprennent leur marche en direction du nord. Soucieux de rassurer ses soldats sur l'accueil qu'on leur réserverait de l'autre côté des Alpes, il leur avait présenté Magilos, ambassadeur des Gaulois de Cisalpine, délégué par ses frères boïens dont la révolte gagnait du terrain de jour en jour. Puis Hannibal avait pris la parole, pesant soigneusement chacun de ses mots. Il savait que, le soir, autour des feux, ses soldats, montrant du doigt les hauteurs escarpées qu'ils devraient escalader, laissaient éclater leur colère. Ils maudissaient leur chef et l'accusaient de ne pas se soucier de la vie de ses hommes. Jamais, disaient les plus audacieux, Hamilcar se serait comporté de la sorte. Lui aurait fait venir de Carthage des quinquérèmes et des trirèmes pour transporter ses troupes jusqu'aux ports ligures. Il n'aurait pas défié la colère des dieux en tentant de violer les cimes enneigées conduisant à leur domaine.

Bien décidé à prévenir toute mutinerie et les inévitables désertions, Hannibal rivalisa d'éloquence pour rassurer ses troupes. D'une voix tantôt cajoleuse, tantôt irritée, il leur dit :

— Soldats et mercenaires, j'ai peine à croire les propos apeurés que vous tiendriez à l'idée de franchir les Alpes et ce sont sans doute de fausses rumeurs colportées par des intrigants qui souhaitent vous nuire et me faire renoncer à la confiance absolue que j'ai en vous. Depuis que le regretté Hasdrubal m'a appelé à ses côtés, j'ai été le témoin de votre vaillance et de vos exploits innombrables. Vous avez soumis à la bienveillante autorité de Carthage des dizaines de tribus dont les guerriers combattent désormais dans nos rangs et se sont illustrés lors de la traversée du Rhône. Quand Rome vous a reproché d'avoir assiégé Sagonte et a exigé que notre Sénat me juge, vous avez été blessés dans votre orgueil et dans votre honneur. Votre réaction a été unanime : la justice commandait de châtier ces impudents, ennemis mortels de la gloire de notre cité ; vous avez franchi l'Ebre et déjà parcouru plus de la moitié du chemin qui nous sépare de l'Italie en marchant sous un soleil de plomb ou sous les orages de l'été. Pas une plainte n'est sortie de vos lèvres pas plus que vous n'avez rechigné à monter dans les barques et les radeaux faisant la navette entre les deux berges du Rhône. Mieux, à peine débarqués, vous avez, avec l'aide des troupes d'Hannon, mis en déroute les Volsques. Cet exploit, soyez-en sûrs, est déjà commenté à Massalia, à Carthage et dans tous les ports de la grande mer. Ceux qui en parlent ne tarissent pas d'éloges à votre sujet. Bientôt, de notre mère patrie, arriveront des émissaires chargés de distribuer aux plus méritants d'entre vous récompenses et distinctions.

« Imaginez leur déception s'ils apprenaient que les hommes dont ils sont si fiers sont immobilisés par la crainte que leur inspirent les Alpes. Certes, je l'avoue, ces montagnes sont plus hautes que les Pyrénées. Mais, contrairement à ce que l'on veut vous faire croire, elles ne touchent pas le ciel et nul d'entre vous ne risque de pénétrer par effraction dans le domaine des dieux. Ces hauteurs prétendues terrifiantes sont habitées et cultivées par des tribus qui ne redoutent pas d'y séjourner toute l'année, en été comme en hiver. Croyez-vous que Magelos, l'envoyé des Boïens, soit venu en volant de Cisalpine ? Jadis, ses ancêtres, avec leurs femmes, leurs enfants, leurs troupeaux et leurs chariots ont franchi ce massif. Etait-ce à dos d'oiseaux gigantesques ? Vous montreriez-vous incapables de les imiter, vous qui êtes les meilleurs soldats du monde ?

— Mais nous pourrions prendre la route du littoral, fit une voix perdue dans la foule.

— En effet. C'est là que ces maudits Romains nous attendent et je n'entends pas leur offrir ce plaisir. Je ne veux pas affronter leurs légions tant que nous ne serons pas sur le sol italien. Nous devons consacrer toute notre énergie à les surprendre dans la plaine du Pô. C'est là que nous balaierons les hommes de Publius Cornélius Scipion et la route de Rome sera alors ouverte devant nous. Pour cela, il faut franchir les cols des Alpes et je sais que vous le pouvez, au prix de multiples sacrifices. Que cessent donc les vains murmures et les récriminations ! N'ayez plus qu'un seul objectif en tête : la cité de Romulus et faites confiance à votre chef qui ne vous a jamais déçus.

Une ovation formidable salua ses propos. Les soldats placés aux premiers rangs rompirent l'alignement et, dans une bousculade joyeuse, entourèrent leur général. A leur tour, les autres hommes de troupe se dispersèrent, scandant le nom d'Hannibal tout en frappant leurs boucliers avec leurs épées. Ibères et Baléares entonnèrent des chants martiaux. Les cavaliers, eux, se séparèrent en petits groupes et improvisèrent des simulacres de charges. Une pagaille fébrile s'empara de toute la troupe et le fils d'Hamilcar laissa faire. Il s'était assuré que ses unités d'élite avaient été disposées en sentinelles à quelques stades de là pour prévenir toute attaque ennemie. La précaution était inutile. Informé par l'un de ses espions des propos tenus par le chef carthaginois, Publius Cornélius Scipion avait précipitamment quitté son camp aux alentours de Massalia et s'était embarqué pour la Ligurie. Toutefois, une partie de ses hommes fut dirigée, sous le commandement de son frère Cnaeus, vers l'Ibérie avec pour mission d'assiéger les garnisons carthaginoises confiées par son aîné à la garde d'Hasdrubal le jeune.

*
* *

Après quelques jours de repos, Hannibal se remit en route, pénétrant dans le territoire des Allobroges alors en proie à une guerre civile larvée. Celle-ci opposait leur souverain, Braénus, à l'un de ses frères. Ayant écouté chacune des parties en cause, le fils d'Hamilcar se prononça en faveur du premier, non pas parce qu'il était l'héritier légitime du trône, mais parce qu'il vouait aux Romains une haine inexpiable. Il n'eut qu'à se féliciter de cette décision car le roi des Allobroges lui fournit des vivres en abondance ainsi que des centaines de pelisses en fourrure pour ses soldats. C'était là un cadeau approprié. L'on était déjà au mois d'octobre et les premières neiges avaient commencé à tomber sur les hauteurs, recouvrant le sol d'un mince tapis blanc.

Braénus mit aussi à la disposition du général punique des guides réputés connaître les défilés et entretenir des relations amicales avec les tribus montagnardes, elles aussi allobroges, mais qui ne reconnaissaient pas son autorité. Sous une pluie glaciale d'automne, l'immense colonne se mit en route, longeant un fleuve aux eaux tumultueuses. La cavalerie et les éléphants marchaient en tête, suivis par les chariots de bagages et par l'infanterie lourde. Çà et là, on apercevait quelques villages, en fait de misérables maisons de pierre d'où s'échappaient de minuscules volutes de fumée. Trempés jusqu'aux os, pataugeant dans la boue, les soldats avançaient sans dire un mot, attendant avec impatience la halte du soir pour dresser des huttes de feuillage. Par chance, la pluie cessa lorsqu'ils commencèrent à escalader les premières pentes déjà enneigées. Devant eux s'étendait un paysage désolé et sauvage, où l'on pouvait distinguer, nichées sur des pitons, des cabanes sordides. Là, hommes et bêtes vivaient dans la pire des promiscuités. Vêtus de grossières peaux de bêtes, les habitants, d'une saleté repoussante, affligés souvent de difformités monstrueuses, prenaient la fuite dès qu'ils apercevaient les soldats. Ils refusaient le moindre contact avec les guides gaulois envoyés à leur rencontre par Hannibal.

Après deux journées de marche, l'armée arriva à l'entrée d'un défilé et fit halte pour la nuit. Tandis que les hommes préparaient les bivouacs, le général réunit sous sa tente ses principaux officiers pour décider de la conduite à tenir. Selon les informations rapportées par les éclaireurs, l'étroite route traversant la passe était bordée d'un côté par la montagne, de l'autre par des ravins et des précipices. Les montagnards, perchés sur les hauteurs, pouvaient à tout moment faire rouler des blocs de pierre et désorganiser la progression de la colonne. Il fallait donc impérativement soit négocier avec eux leur collaboration, soit leur infliger une défaite cuisante. Les pourparlers engagés le lendemain se soldèrent par un échec. Les guerriers acheminés jusqu'au camp par les guides gaulois avaient dédaigneusement refusé l'or et l'argent qu'on leur offrait. Ils quittaient rarement leurs repaires et produisaient tout ce dont ils avaient besoin. Ils n'avaient que faire de ces richesses et expliquèrent, par le truchement des interprètes, à Hannibal que lui et les siens devaient rebrousser chemin. S'ils réussissaient à franchir le défilé, c'en était fini de la vie rude et simple que menaient ces populations primitives, plus proches de la bête que de l'homme. Après les soldats, viendraient les commerçants et des paysans en quête de terres ou de la liberté. C'était là un risque qu'ils ne voulaient pas prendre. Le chef punique les écouta sans montrer ses sentiments. Il n'y avait rien à obtenir de ces êtres bornés et stupides qui pouvaient infliger de lourdes pertes à ses troupes. Après avoir renvoyé les porte-parole des montagnards, il ordonna à quelques espions d'observer les mouvements de l'ennemi. Ceux-ci constatèrent que leurs adversaires, perchés sur des promontoires, montaient la garde durant la journée mais regagnaient leurs cabanes à la tombée de la nuit sans poster de sentinelles ou établir de patrouilles. Le fils d'Hamilcar décida donc d'avoir recours à un stratagème.

Dès que la nuit enveloppa ce paysage désolé, il fit partir ses meilleurs soldats, principalement des mercenaires ibères, et leur ordonna de gravir en silence les pentes et d'occuper les hauteurs situées au-dessus des postes d'observation des Allobroges. Au petit matin, les trompettes sonnèrent dans le camp carthaginois. Plusieurs centaines de fantassins et de cavaliers, au milieu desquels avaient pris place des chariots, s'ébranlèrent et pénétrèrent dans le défilé. Aussitôt, les montagnards firent rouler des blocs de pierre le long des pentes, semant la terreur dans les rangs puniques. Hommes, chevaux et chariots étaient précipités dans les ravins ou fuyaient en désordre, écrasant sur leur passage les blessés et les traînards. Persuadés d'avoir obtenu la victoire, les agresseurs quittèrent leurs positions, et en descendirent en empruntant des sentiers étroits connus d'eux seuls pour achever les mourants et s'emparer de leurs armes. C'est alors que les mercenaires ibères, demeurés jusque-là invisibles, se mirent en mouvement en poussant leurs cris de guerre traditionnels. Ils fondirent sur les Allobroges cependant que les fantassins qui avaient échappé aux pierres revenaient en hâte sur leurs pas et vengeaient leurs camarades moins chanceux. Dédaignant les conseils de prudence de ses capitaines, Hannibal se jeta dans la mêlée, tuant ou blessant tous les ennemis qui avaient le malheur de se trouver à sa portée. Les survivants furent achevés par des soldats ivres de sang et insensibles aux supplications des blessés. Sans prendre le temps d'enterrer ses morts, le général ordonna aux troupes de franchir le défilé. Oiseaux de proie et bêtes sauvages purent ainsi se repaître des cadavres des combattants et des chevaux gisant au fond des ravins. Partis en avant de la colonne, les cavaliers numides s'emparèrent d'une bourgade désertée à la hâte par ses habitants. L'armée y fit halte durant trois jours, se nourrissant des vivres trouvés dans les caves et les greniers des maisons. Par chance, les villageois n'avaient pas emmené avec eux leur bétail et les Carthaginois purent de la sorte remplacer la quasi-totalité des bêtes perdues lors de l'embuscade.

Quittant le territoire des Allobroges, le fils d'Hamilcar poursuivit sa route. Avertis de ce qui s'était passé, les chefs locaux vinrent à sa rencontre, lui proposant leurs services et lui offrant des otages en garantie de leur loyauté. Pourtant habitué à la ruse et à la cautèle, deux arts dans lesquels il excellait, le jeune général se laissa abuser par ces manifestations d'amitié. Il omit de vérifier l'identité des captifs qu'on lui offrait. Pour lui, c'étaient les fils ou les neveux des roitelets gaulois. En fait, il s'agissait d'enfants de familles misérables, livrés par leurs parents pour quelques mesures de blé, et dont nul ne pleurerait la mort s'ils devaient expier la trahison de leurs maîtres. Les guides gaulois procurés par Braénus, qui avaient deviné le subterfuge, se gardèrent bien d'en avertir les Carthaginois. Arriva ce qui devait arriver : alors qu'elle franchissait un défilé, la tête et la queue de la colonne punique furent attaquées. Les Numides se portèrent au secours des chariots cependant que les fantassins formant l'arrière-garde repoussaient les assauts furieux de centaines de guerriers à l'armement rudimentaire mais animés d'une véritable folie meurtrière. Maniant des pieux et des glaives, frappant d'estoc et de taille, ils réussirent à couper en deux l'armée d'Hannibal à laquelle la tombée de la nuit apporta un répit salvateur. Au petit matin, profitant de ce que les montagnards dormaient encore, l'époux d'Imilcé fit sortir ses hommes du défilé. Il perdit en chemin de nombreuses bêtes de somme, que leurs conducteurs faisaient galoper au mépris de toute prudence, et qui, trébuchant sur des ornières, étaient précipités dans les crevasses bordant la route, s'écrasant avec un bruit mat sur le sol pierreux.

Hannibal avait toutefois tiré de cette embuscade une leçon précieuse : les montagnards ne s'attaquaient pas aux éléphants dont la seule vue les faisait fuir. Aussi répartit-il les pachydermes tout le long du convoi, ce qui parut décourager les guerriers ennemis. A moins que ceux-ci n'aient été sensibles à un geste conscient de sa part : il avait libéré les otages remis à sa garde dès qu'il s'était rendu compte qu'ils étaient de très basse extraction. Ils étaient repartis, porteurs de quelques cadeaux, mais surtout de récits sur la vaillance des Carthaginois et leur quasi-invincibilité. Il avait chargé les captifs libérés d'un message pour ceux qui avaient tenté d'entraver sa progression. Il comprenait leur souci de conserver leur indépendance dans leurs solitudes glacées et il doutait fort que d'autres, par la suite, imitassent son exemple.

Il ne ressentait nulle rancune des pertes cruelles qu'ils lui avaient infligées. En fait, sa vindicte était essentiellement dirigée contre ses guides gaulois dont il avait percé le manège. Outre le fait qu'ils n'avaient pas dénoncé la ruse ourdie par leurs compatriotes, ils n'avaient ensuite cessé de lui indiquer de fausses routes, conduisant l'armée dans des vallées se terminant en culs-de-sac, et l'obligeant à revenir sur ses pas. Les soldats, fatigués par ces marches sans fin, grognaient et se montraient, non sans bonnes raisons, de plus en plus indisciplinés. Voulant donner satisfaction à ses hommes, le fils d'Hamilcar convoqua donc tous les guides afin, affirma-t-il, de les tancer d'importance. En fait, sitôt qu'ils eurent pénétré sous sa tente, ils furent désarmés et un tiers d'entre eux poignardés par des gardes numides. Les autres furent avertis qu'un sort identique les attendait s'ils s'obstinaient à faire preuve de déloyauté.

*

* *

La leçon porta ses fruits et les Gaulois conduisirent Hannibal et ses hommes au pied d'un col derrière lequel, prétendaient-ils, se trouvait l'Italie. Un camp fut rapidement édifié et, durant deux jours, les hommes purent se reposer et panser leurs blessures. Peu à peu, l'on vit arriver des escouades entières de fantassins qu'on avait cru perdus mais qui, au plus fort des combats, s'étaient enfoncés dans les forêts et avaient erré, gardant l'espoir qu'en marchant en direction du sud-est ils finiraient par retrouver le gros de l'armée. Tout au long de leurs pérégrinations hasardeuses, ils avaient récupéré chevaux et bêtes de somme abandonnés par leurs cavaliers et leurs conducteurs. Ces renforts n'étaient pas négligeables car, depuis le franchissement du Rhône, Hannibal avait perdu plus de quinze mille hommes, parmi lesquels bon nombre de mercenaires ibères dont l'absence se ferait cruellement sentir dans les batailles à venir.

Au matin du troisième jour, la neige commença à tomber en flocons épais. Pour beaucoup, c'était là un mauvais présage car ce changement de temps coïncidait avec la disparition dans le ciel de la constellation des Pléiades, particulièrement vénérée par les Phéniciens. Pour Hannibal, qui, en privé, se moquait de ces sottes superstitions mais ne laissait rien transparaître de ces sentiments en public, le moment était décisif. Il devait passer coûte que coûte. Deux ou trois semaines plus tard, le col serait enfoui sous d'épaisses couches de neige et serait infranchissable. A l'idée d'imposer à ses soldats une retraite au milieu des tribus hostiles, il frémit de crainte. Non, il ne pouvait plus reculer. Il ne parvint pas à trouver le sommeil de la nuit. Pour la première fois de sa vie, il avait un rendez-vous d'importance avec le destin et sentait peser sur ses épaules un lourd fardeau. De sa réussite dépendait l'avenir de sa cité, Carthage, dont il revoyait les rues et les champs verdoyants, contrastant avec les cimes enneigées qui se dressaient vers le ciel. Au petit matin, quand il se présenta devant ses hommes, il n'eut pas besoin de prononcer de discours. En le voyant, chacun devinait l'enjeu de cette journée.

Pour escalader la pente tantôt verglacée, tantôt boueuse, les cavaliers avaient mis pied à terre, flattant l'encolure de leurs montures et guidant précautionneusement leurs pas. Les fantassins, eux, avaient été rassemblés par petits groupes de deux cents individus. Les officiers circulaient dans leurs rangs et repéraient les hommes les plus robustes. Outre leur équipement, ces derniers devaient porter ceux de deux ou trois de leurs compagnons. Ceux-ci, délivrés de leur fardeau, étaient conduits auprès des chariots de bagages et de vivres pour les pousser lorsque leurs roues s'enfonçaient dans le sol détrempé après la disparition de la mince couche de glace. Les éléphants, eux, cheminaient lentement, encouragés par leurs cornacs, qui avaient reçu pour consigne de ménager les forces des animaux. Les rations de fourrage étaient presque toutes épuisées et l'on n'en trouverait pas avant l'Italie. En route, il ne fallait pas compter sur l'herbe des prairies devenue rare ou cachée par la neige, ni sur les feuillages des rares arbres poussant sur ces hauteurs inaccessibles. Dès que la colonne s'ébranla, gravissant peu à peu la côte, Hannibal se plaça à l'arrière-garde et observa, l'estomac noué, cette masse énorme semblable à une tache se répandant sur un morceau de tissu. Ce qui le frappa le plus était le silence pesant présidant à l'ascension. Les hommes, trop tendus par l'effort, ne s'adressaient même pas des paroles d'encouragement et les bêtes, ne voulant pas se fatiguer inutilement, semblaient se retenir de hennir ou de barrir. Un long serpent muet enveloppait les flancs de la montagne et finit par en atteindre le sommet en milieu de journée.

Les premiers soldats arrivés en haut du col ne purent retenir leur surprise devant le spectacle extraordinaire qui s'offrait à leurs yeux. Devant eux, s'étiraient l'Italie et la plaine du Pô caressées par les derniers rayons du soleil hivernal. A l'infini, l'on apercevait des champs bien entretenus ainsi que des villes et des villages prospères dont les habitants passaient l'hiver au chaud, calfeutrés dans leurs confortables demeures. Dissimulant son émotion, Hannibal ne put s'empêcher de haranguer ses troupes. Après les avoir félicitées pour leur vaillance, il leur promit que, dans quelques jours, ils seraient triomphalement accueillis par les Boïens. Dans quelques semaines, ils seraient devant les murs de Rome après avoir écrasé les légions de Publius Cornélius Scipion. Ils n'auraient aucun mal à les piétiner car qui pourrait arrêter ceux qui avaient accompli l'exploit de franchir les Alpes en empruntant la voie hérakléienne ?

Ces propos rassurants étaient les bienvenus même si certains officiers estimèrent qu'ils avaient été prononcés trop tôt. Car les souffrances qu'avaient endurées les soldats depuis le passage du Rhône n'étaient rien à côté de celles que leur réservait la descente du versant italien. Certes, l'on n'avait plus à redouter les attaques de tribus montagnardes hostiles. Mais c'était désormais la nature qui constituait le principal et le plus féroce ennemi des troupes. Elles ne tardèrent pas à le comprendre le lendemain lorsqu'elles reçurent l'ordre de se mettre en chemin. Au début, l'avant-garde progressa facilement, foulant à ses pieds la neige fraîche vite transformée en boue noirâtre, mais elle dut bientôt ralentir le pas. Hommes et bêtes trébuchaient dans des trous et des ornières invisibles. Ceux qui tombaient entraînaient à leur suite leurs compagnons hurlant de terreur avant de s'écraser au fond des ravins. En quelques minutes, l'armée perdit des centaines de valeureux soldats, agonisant, les membres brisés, sans qu'on puisse leur porter secours.

Appelé en tête de la colonne, Hannibal donna immédiatement l'ordre d'arrêter sa progression. Avec leurs casques et leurs mains nues, des milliers de fantassins déblayèrent la route avant de reprendre leur marche. Mais un obstacle imprévu les stoppa net. La route se terminait en cul-de-sac. Cette fois-ci, l'on ne pouvait en imputer la responsabilité à la malignité des guides gaulois. Depuis leur dernier passage par cet endroit, un affaissement de terrain, consécutif à de fortes pluies, s'était produit. La montagne avait été emportée sur une hauteur d'une dizaine de stades[1], cédant la place à une paroi abrupte quasiment infranchissable. Le général punique s'en retourna sur ses pas. Il voulait être seul pour réfléchir et trouver une solution rapide à ce fâcheux problème.

Pendant son absence, quelques officiers, soucieux de se distinguer par leur zèle, ordonnèrent à leurs hommes de passer à droite et à gauche de la faille

1. Environ 1 770 mètres de hauteur.

rocheuse. C'était là le plus mauvais choix qu'ils pouvaient faire. Car des plaques de verglas et de glace se dissimulaient sous la mince couche de neige. Envoyés en avant, les animaux et les chariots s'enfonçaient profondément dans la boue glacée et finissaient par en devenir prisonniers. Les cavaliers et les conducteurs avaient beau les cingler avec les courts fouets numides, les chevaux et les bêtes de somme ne bougeaient pas d'un pouce, comme entravés par de mystérieux liens sortant de la terre qui manifestait ainsi sa colère. Les jeunes officiers, manquant d'expérience, donnèrent alors l'ordre aux fantassins de contourner et de dépasser les convois arrêtés. Maugréant, les soldats durent s'exécuter. On les vit bientôt glissant à leur tour sur le verglas et ne pouvant se retenir, dans leur chute, aux branches des maigres arbustes parsemant le paysage ou aux quelques anfractruosités de la paroi rocheuse. Là encore, en peu de temps, l'on dénombra des victimes par centaines jusqu'à ce que Hannibal, revenu sur les lieux, après avoir vertement tancé les responsables de ce désastre, ordonnât aux survivants de se regrouper sur l'esplanade située à quelques centaines de pas du précipice, où les attendait le gros des troupes.

Pendant que les soldats établissaient tant bien que mal un campement rudimentaire, leur chef réfléchissait. Soudain, il eut comme une illumination. Il lui revint en mémoire ses jeunes années quand, à peine sorti de l'adolescence, il était arrivé à Carthagène et avait été chargé par son beau-frère, Hasdrubal, d'en achever la construction. Des mois durant, il avait peiné en traçant des rues au cordeau et en construisant les routes menant à la capitale de l'empire barcide en Ibérie. Sa citadelle était située sur un éperon rocheux aussi haut que la paroi se dressant devant lui et il avait creusé à même le roc un chemin menant jusqu'aux portes de l'enceinte fortifiée.

Aujourd'hui, il se trouvait à nouveau confronté à un simple problème d'architecture et de travaux publics. Cette montagne, c'était tout au plus une femme captive qu'il devrait soumettre à sa volonté de fer. D'un ton ferme, il ordonna à ses hommes d'abattre les arbres se trouvant dans la forêt voisine et de traîner les troncs jusqu'au rebord de la paroi. Là, ceux-ci étaient précipités dans le vide pour former un gigantesque bûcher. Au petit matin, alors qu'un vent fort commençait à souffler et à glacer les os des soldats, Hannibal ordonna de lancer des dizaines de torches brûlantes sur l'amas de bois. Bientôt, une gigantesque colonne de flammes s'éleva dans le ciel, léchant la roche jusqu'à la rendre incandescente. Quand il vit la pierre rougeoyer, Hannibal fit verser sur elle d'impressionnantes quantités de vinaigre. Chaque armée en campagne en transportait de nombreuses barriques puisque les hommes s'en servaient, mélangé à de l'eau, pour fabriquer un succédané de vin. Là, le vinaigre aurait pour propriété de rendre plus friable la roche. Hannibal laissa passer la nuit pour que la pierre refroidisse et fit réunir tous les soldats qui avaient travaillé sous ses ordres à la construction de Carthagène. Armés de pics et de lourdes masses, ils s'attaquèrent à la paroi. Travaillant jour et nuit, à la lueur des torches, leurs équipes se relayant toutes les heures, ils parvinrent, à force d'efforts, à aménager en quatre jours une route sinueuse, suffisamment large pour permettre le passage des chariots et des éléphants.

Pendant ce temps, dans le camp, la nervosité gagnait les hommes laissés au repos. Les vivres commençaient à manquer et la faim tenaillait surtout les animaux devenus subitement nerveux et se laissant à peine approcher. Ce fut un soulagement pour tous quand, au matin du cinquième jour, les trompettes donnèrent l'ordre du départ. En deux étapes, la gigantesque colonne parvint dans la plaine. Arrivés à bon port, les soldats réservèrent une interminable ovation à Hannibal, qualifié désormais de plus grand capitaine de tous les temps. Alexandre avait vaincu des souverains et des armées mais le fils d'Hamilcar, habitué à de tels exploits, triomphait également de la nature et des formidables obstacles qu'elle dressait sur son chemin. Tous en étaient maintenant persuadés : Rome n'était pas de taille à lutter contre pareil adversaire et sa défaite était inéluctable, inscrite dans les astres et conforme à la volonté des dieux.

CHAPITRE 3

Pendant que ses hommes prenaient un repos bien mérité dans leurs quartiers d'hiver improvisés, Hannibal, lui, débordait d'activité. Des messagers avaient été dépêchés auprès de tous les chefs des tribus de Gaule cisalpine pour les inviter à venir se ranger, avec leurs guerriers, sous les enseignes de Carthage. Leur ralliement était pour lui une question de vie ou de mort dont dépendait la suite des opérations. Durant la traversée des Alpes, le fils d'Hamilcar avait perdu plusieurs dizaines de milliers d'hommes et de bêtes de somme. Il lui restait en tout vingt mille fantassins et six mille cavaliers, soit le quart de l'armée qui avait quitté Carthagène. Ils étaient certes aguerris par les épreuves subies mais trop peu nombreux pour affronter les légions dépêchées à la hâte pour leur barrer la route. Revenu de la région de Massalia par mer, Publius Cornélius Scipion, avec ses hommes, avait gagné Placentia pour prendre le commandement des troupes de Gaïus Atilius Serranus et Lucius Manlius Vulso, démoralisées par leurs défaites devant les Boïens. Lui aussi avait envoyé des émissaires, pas chez les Gaulois dont il se défiait comme de la peste, mais auprès de son collègue, Tibérius Sempronius Longus, cantonné à Lilybée, l'enjoignant de quitter au plus vite la Sicile, de gagner Ariminum puis de faire route à marches forcées vers le nord.

Le général punique savait qu'il lui fallait rallier les Gaulois et les Italiens et attaquer l'ennemi avant que les deux consuls n'opèrent leur jonction. Aussi, après avoir consulté ses officiers, décida-t-il de frapper les imaginations en s'emparant de la capitale des Taurini[1], prise après trois jours de siège et dont tous les habitants, sans distinction d'âge ou de sexe, furent égorgés. La nouvelle se répandit dans toutes les localités voisines : ceux qui s'opposeraient aux troupes carthaginoises ne devaient espérer aucune clémence de la part de leurs chefs.

Pendant ce temps, Publius Cornélius Scipion, lassé d'attendre les renforts promis, avait traversé le Tessin sur un pont de bois édifié à la hâte et sommairement fortifié. Ayant établi son camp à quelques dizaines de stades de là, il vit bientôt l'armée d'Hannibal installer le sien dans une boucle du Pô. Pour les deux généraux, la bataille qui se préparait revêtait une importance inégale. Si le Romain était battu, il pourrait repasser le Tessin et s'enfermer dans Placentia pour le reste de l'hiver. Si le sort lui était contraire, le fils d'Hamilcar, lui, devrait attendre le printemps au milieu de peuplades hostiles avant de regagner l'Ibérie. Tous deux prirent soin de haranguer leurs troupes la veille du combat. Pour Scipion, il s'agissait d'un exercice redoutable : médiocre orateur, il répugnait à bercer ses hommes de belles paroles. Aussi, lorsqu'ils furent rassemblés sous un fin crachin, dut-il faire un effort exceptionnel sur lui-même pour prononcer quelques mots :

— Soldats, vous affronterez demain un ennemi que vos pères ont déjà battu et auquel nous avons enlevé la Sicile et la Sardaigne avant de le contraindre à nous payer pendant vingt ans un lourd tribut. C'est une cohorte de vaincus qui se présente devant vous et dans quel état ! Pour semer la terreur

1. Tribu vivant dans la région de Turin, ennemie des Insubres alliés des Carthaginois.

dans vos rangs, leur chef a imaginé de traverser les Alpes en empruntant la route la plus longue et la plus dure, la voie hérakléienne. Durant cette équipée, il a perdu la majeure partie de ses contingents et de ses bagages. D'après les rapports de mes espions, les Carthaginois sont perclus de fatigue et souffrent du froid, eux qui sont habitués à des climats plus cléments. Leurs armes sont cabossées et leurs chevaux maigres comme de vieilles haridelles qu'aucun d'entre vous n'accepterait en cadeau.

« Voilà votre adversaire. Sachez que j'ai le souci de votre gloire. Jusqu'à aujourd'hui, une seule peur glaçait d'effroi mon cœur : l'idée que les Alpes viendraient à bout de ces envahisseurs sans foi ni loi, prêts à porter la désolation dans notre patrie. Ces montagnes ont été magnanimes. Elles ont épargné une petite partie d'entre eux pour vous offrir la possibilité d'écraser les survivants et de revenir dans vos foyers couverts d'honneurs et de butin. Mesurez donc la chance qui vous sourit : de votre ardeur et de votre bravoure dépend le salut futur de Rome. Dans plusieurs générations, on parlera encore avec admiration sur le Forum de ces légionnaires intrépides qui anéantirent définitivement le plus mortel ennemi de notre cité. Ne laissez pas échapper cette occasion de mériter la reconnaissance de vos concitoyens et du Sénat. Après la victoire, nous rendrons grâce aux dieux en leur sacrifiant de nombreux animaux. Pour l'heure, que vos offrandes soient les cadavres sans nombre des Puniques et de leurs mercenaires.

Quelques maigres acclamations saluèrent ces propos débités d'un ton morne et sec. Dans le camp adverse, régnait au contraire une véritable liesse. Avant d'infliger à ses soldats un long discours, Hannibal les avait rangés en cercle pour les gratifier d'un spectacle singulier : des montagnards, faits prisonniers lors de la traversée des Alpes, s'affronteraient devant eux en combat singulier. Le vainqueur, outre la liberté, recevrait un cheval et des armes. Bientôt, le premier couple de Gaulois croisa le fer. Le premier était grand et blond, le second petit, avec de longs cheveux noirs noués par une cordelette. Chacun avait une épée et un bouclier de cuir rond. Sous les acclamations des spectateurs qui pariaient entre eux le montant de leur solde ou une part de leur futur butin, ils se battirent comme de véritables lions, roulant plusieurs fois sur le sol détrempé. Bien que frères de race, tous deux luttaient désespérément pour la vie et le guerrier blond montra vite des signes de fatigue. Son adversaire, d'une agilité incroyable, l'obligeait en effet à se déplacer sans cesse et à épuiser ainsi ses forces. On vit soudain le géant glisser une nouvelle fois à terre mais il n'eut pas le temps de se relever. L'autre Gaulois avait fondu sur lui et lui trancha la tête qu'il brandit en poussant un cri terrible et en esquissant un pas de danse. Quand le fils d'Hamilcar lui remit une monture richement harnachée, une véritable fièvre s'empara des autres prisonniers qu'on vit sauter dans l'arène improvisée et s'affronter sans merci jusqu'à ce qu'une centaine de cadavres jonchent le sol.

Quand l'excitation de ses hommes fut à son comble, Hannibal se leva et, les faisant taire d'un signe de la main, leur dit :

— Vous avez cru assister à un jeu. Ces captifs, en fait, ne vous ont pas offert un spectacle mais l'image même de votre présente condition. Certes, vous n'êtes pas chargés de chaînes comme ils l'étaient mais les Alpes et le fleuve sont les liens puissants qui vous attachent et vous mettent à la merci des Romains. Pour vous en délivrer, vous n'avez d'autre choix que de vaincre ou de mourir comme l'ont fait ces guerriers gaulois.

« Vivant au milieu de vous depuis des années, je sais que vous ne vous montrerez pas inférieurs à eux. Vaillants Carthaginois et vous tous, nos alliés ibères et celtes, ne pensez qu'à une chose : quand la situation est si désespérée que tous les ponts sont coupés entre la victoire et la mort, il faut vaincre, ou bien, si la fortune est indécise, trouver le salut au combat plutôt que dans la fuite. Si vous partagez tous la même résolution, alors la victoire nous est acquise. Le mépris de la mort est le meilleur atout que les dieux aient donné aux hommes pour gagner la guerre.

« Soyez emplis de mépris pour mieux mériter ce qu'en mon nom Carthage vous offre. Car il serait injuste que votre vaillance ne soit pas récompensée comme il se doit. A l'issue de cette guerre, chacun d'entre vous recevra des terres soit en Afrique, soit en Ibérie, soit en Italie. Afin que nul n'oublie les hauts faits qui vous en auront rendus propriétaires, elles seront à tout jamais exonérées d'impôts, de sorte que votre gloire rejaillira sur vos enfants et vos petits-enfants que nul agent du fisc ne viendra importuner. Ceux d'entre vous qui sont étrangers deviendront citoyens de la cité d'Elissa, avec tous les privilèges accolés à cette qualité. Cette générosité, ma ville en fera preuve aussi envers les esclaves qui vous accompagnent et qui recevront, pour prix de leurs souffrances, leur affranchissement. Vous ne serez pas lésés pour autant car, pour chacun de vos serviteurs ainsi libérés, vous serez autorisés à choisir deux prisonniers parmi les milliers de captifs que nous ferons.

— Hannibal, tonna Matho, un chef libyen, je ne mets pas en doute ta parole car tu es un homme noble et généreux. Mais qui nous garantit que le Conseil des Cent Quatre tiendra les promesses que tu nous fais ? Nous n'avons pas oublié l'ingratitude qu'il manifesta envers les mercenaires lors de la précédente guerre.

— Je comprends ta méfiance et je suis heureux que tu aies eu le courage de me poser la question qui brûle les lèvres de beaucoup d'entre vous. Je vous demande de me croire et je fais le serment devant

Melqart, le dieu de mes pères, d'honorer cet engagement. Pour vous le prouver, j'ai pris la précaution d'avoir à mes côtés un agneau et un morceau de rocher arraché aux Alpes. Si vous n'obtenez pas ce qui vous est dû, alors, que Melqart me brise la nuque comme je vais fracasser la tête de cet animal avec cette pierre.

Joignant le geste à la parole, le fils d'Hamilcar offrit à son dieu le sacrifice annoncé. Le sang qui jaillit de la tête de l'agneau coula en fines gouttes sur sa cuirasse dorée cependant que ses hommes faisaient cercle autour de lui et que Matho et les siens le portaient en triomphe.

Les cris de joie en provenance du camp carthaginois semèrent la terreur chez les Romains et Publius Cornélius Scipion eut beaucoup de peine à rassembler son infanterie et à la disposer en ordre de bataille. Laissant à ses officiers le soin de rétablir le calme, il se porta, avec la cavalerie et les jaculatores[1], à la rencontre de l'adversaire. Hannibal, lui, avait placé au centre de son armée la cavalerie lourde carthaginoise flanquée sur les côtés des escadrons numides fournis par Syphax et Masinissa. Les fantassins romains se heurtèrent à cette masse compacte et, dans l'impossibilité de lancer leurs traits, refluèrent en désordre vers les « turmes », les couloirs ménagés entre les unités montées de Scipion. C'est alors que les Numides débordèrent sur la droite et la gauche la cavalerie romaine, massacrant les jaculatores, puis tournant bride à la vitesse de l'éclair pour attaquer sur l'arrière la cavalerie romaine qui pliait sous la charge furieuse des Carthaginois. Grièvement blessé d'un coup de lance, le consul ne dut son salut qu'à l'intervention de son fils, le jeune Publius, âgé d'à peine dix-huit ans, auquel un esclave ligure avait signalé que son père, s'il n'était pas

1. Lanceurs de javelots ou vélites opérant en avant-garde, au contact de l'ennemi.

secouru, risquait d'être fait prisonnier. Avec une centaine d'hommes, l'adolescent enfonça les lignes ennemies et parvint à sortir son géniteur du piège qui se refermait inexorablement sur lui. Dès qu'ils surent le consul sain et sauf, ses officiers donnèrent l'ordre de sonner la retraite. Profitant de l'obscurité qui tombait, les légions se hâtèrent de repasser le pont fortifié avant de l'incendier et se réfugièrent à l'abri de la citadelle de Placentia.

Hannibal, lui, les suivit sans presser le pas, cherchant un gué qui lui permettrait de traverser dans de bonnes conditions le Pô et d'établir un camp. Celui-ci fut bien vite envahi par la foule des chefs gaulois venus lui offrir leurs services maintenant que la fortune semblait tourner du côté des Carthaginois. En quelques jours, son armée grossit de plusieurs milliers d'hommes. Il choisit pour site de son quartier général la bourgade de Clastidium[1] dont les portes lui furent ouvertes par son commandant. Ce dernier, un nommé Dasius, originaire de Brundisium[2], était jusque-là l'allié des Romains mais il rêvait de voir ses compatriotes du sud de la péninsule délivrés du joug de la cité de Romulus par les Puniques. Pour le récompenser, le fils d'Hamilcar lui fit de riches présents et incorpora ses soldats dans ses troupes, les assurant qu'ils seraient traités sur un pied d'égalité avec leurs nouveaux compagnons de combat.

Mieux, il offrit un banquet en l'honneur du chef transfuge afin de lier connaissance avec lui. Allongés sur de somptueux lits de repos, les deux hommes conversèrent tard dans la nuit :

— Noble Carthaginois, je suis heureux de servir désormais sous les ordres d'un général dont les exploits rappellent ceux d'Alexandre. Permets-moi toutefois de te donner un conseil.

— Je t'écoute.

1. Aujourd'hui Casteggio.
2. Brindisi.

— Jusqu'ici, tu as cherché à t'appuyer sur les Gaulois parce qu'ils t'avaient offert leurs services. Tu les crois bons militaires et tu as tort. Certes, ce sont d'excellents guerriers mais le combat ne les intéresse que fort médiocrement. Sache que ces êtres frustes ne rêvent que d'une chose : piller les colonies romaines. Ils ne songent qu'à l'or et à l'argent et se rallieront à celui qui se montrera le plus généreux envers eux. J'ai appris que certains d'entre eux ont égorgé dans le camp de Scipion les légionnaires dont les tentes jouxtaient leurs abris de feuillage. Ils les ont surpris dans leur sommeil et leur ont tranché la tête, conformément à leurs coutumes indignes de tout homme respectable. Sous peu, ils se présenteront à tes avant-postes, porteurs de ces abominables présents. Fais-leur bon accueil mais méfie-toi d'eux car ils pourraient infliger le même supplice à tes hommes.

— Ce sont pourtant les seuls alliés que j'ai pour l'instant.

— C'est là ton erreur si tu t'obstines à demeurer dans le nord de l'Italie. Tes véritables amis se situent plus au sud, en Lucanie, en Campanie et dans le Bruttium. Là se trouvent les vieilles cités jadis fondées par les Grecs et les peuples italiotes qui gémissent sous le joug de Rome. Cet asservissement leur est d'autant plus intolérable qu'ils sont dominés par des êtres grossiers et incultes alors qu'eux ont donné par dizaines à leurs patries respectives des poètes, des philosophes, des savants et des artistes. Ils se souviennent de la façon dont vos pères ont traité leurs compatriotes en Sicile lorsqu'ils étaient les maîtres de cette île. Vous avez respecté leurs traditions et leurs dieux et vous les avez autorisés à conserver leurs institutions et leurs magistrats. Je suis persuadé que, dès que tu pénétreras en Campanie ou en Lucanie, nos villes se soulèveront et chasseront, comme je l'ai fait, les garnisons romaines, objet de l'exécration générale.

— Ton plan est audacieux et mérite réflexion. Tu comprendras que je ne puisse pas te donner une réponse sur l'heure.

— Loin de moi pareille exigence. Toutefois, afin de t'aider, permets-moi de t'offrir à mon tour un présent en la personne d'une jeune femme, Hélène, une amie de mon épouse, qui rêve de te connaître. Elle vient d'une des plus illustres familles grecques de Tarentum[1] et sera honorée de devenir ta compagne. Tu es un homme vigoureux et, même si tu es marié, m'a-t-on dit, avec Imilcé, il ne sied pas à ta grandeur de passer tes nuits dans la plus amère des solitudes. Je vais me retirer et te laisser en tête à tête avec elle. Demain, ton sourire me prouvera que mon cadeau ne t'a point été trop désagréable.

Dasius quitta la tente de son hôte où se faufila une jeune femme, d'une vingtaine d'années, vêtue d'une longue robe blanche serrée à la taille par une ceinture de lin brodé. Elle avait de longs cheveux noirs bouclés et une peau mate, des yeux marron, et ses joues étaient fardées légèrement. A ses oreilles étaient accrochés de lourds pendentifs finement ciselés et ses bras étaient ceints de bracelets d'or et d'argent. Elle avait sans doute passé une partie de l'après-midi à se préparer pour cette rencontre en compagnie de ses servantes car on devinait que son corps était huilé et parfumé avec des essences rares qui troublèrent, sans qu'il s'en aperçût, Hannibal :

— Je suis à tes ordres, lui dit-elle, l'air faussement contrit. Je suis venue de mon plein gré car je ne suis pas l'esclave de Dasius, encore moins sa maîtresse comme tu serais en droit de le soupçonner. Sa famille et la mienne sont liées depuis longtemps et j'ai suivi son épouse, une amie d'enfance, lorsque ces maudits Romains lui ont confié le commandement de la garnison de Clastidium. Jusqu'à présent, je

1. Actuelle Tarente.

maudissais les dieux de m'avoir reléguée dans cette bourgade ennuyeuse, aujourd'hui, je les remercie de leur bonté puisque la providence t'a placé sur mon chemin.

— Tu ne manques pas d'audace et cela n'est pas pour me déplaire. Pourtant, je n'ai rien à t'offrir de très enviable. Je suis marié et, pour rien au monde, je ne répudierai ma femme bien-aimée, Imilcé. Ne t'imagine donc pas pouvoir un jour occuper sa place à mes côtés. Tu es belle et désirable et il est possible que, dès ce soir, tu partages ma couche car voilà déjà trop longtemps que je n'ai pas connu le plaisir que procure à un homme une créature de l'autre sexe. Toutefois, j'ai trop de respect pour toi pour songer à te traiter comme une vulgaire courtisane. Aussi, je t'en conjure, pars avant qu'il ne soit trop tard. Je te comblerai de cadeaux et te fournirai une escorte qui te conduira jusqu'au port le plus proche où un navire te ramènera chez les tiens.

— On m'avait dit que tu étais différent des autres hommes et je réalise maintenant qu'il ne s'agissait pas d'un mensonge inspiré par la flagornerie. Si j'avais encore quelques hésitations, celles-ci ont été dissipées par tes paroles. Fais de moi ta compagne, je saurai tenir mon rang et ne jamais oublier les limites que tu as posées à notre union.

Hannibal l'allongea sur sa couche et lui fit longtemps l'amour, découvrant avec elle des jeux ignorés d'Imilcé. Sous ses caresses, Hélène ondulait voluptueusement mais, au dernier moment, se dérobait pour exiger de son amant qu'il reparte à l'assaut de son sexe jusqu'à ce qu'enfin leurs deux corps étroitement enlacés soient traversés par la même fulgurance du plaisir. A son contact, le fils d'Hamilcar se sentait revigoré, prêt désormais à affronter de nouveaux périls. Lorsque enfin il s'endormit, la jeune femme resta éveillée, jouant avec les boucles de ses cheveux et lui murmurant à l'oreille des mots tendres. Au petit matin, quand le camp tout entier s'éveilla, ils firent à nouveau l'amour avant de se séparer. En sortant de sa tente, Hannibal croisa Silénos et lui jeta d'un ton narquois :

— Ecris-tu toujours le récit de mes victoires ?

— Ma tâche n'est pas facile car tu voles de succès en succès et j'ai bien du mal à séparer la vérité de la légende dans les propos que me tiennent à ton sujet tes hommes. J'ai parfois l'impression qu'ils exagèrent et je découvre avec stupeur que leurs dires sont très en dessous de la réalité. Crois-moi, c'est une mission bien ardue que de retracer les exploits d'un demi-dieu tel que toi.

— Ne blasphème pas inutilement de peur d'attirer sur mes troupes le courroux de Melqart et de Baal Hammon. Je ne suis qu'un humble mortel en proie aux tentations de la chair et je prends soin de ne pas l'oublier afin de pouvoir chaque jour mesurer les faveurs dont me comblent les esprits d'en haut.

— Tu es prudent, trop prudent, et cela te jouera un bien vilain tour si tu t'obstines à ne jamais vouloir brusquer le destin. Je tiendrai toutefois compte de tes conseils pour que mes écrits trouvent grâce à tes yeux.

— Je t'en remercie. A propos, n'es-tu pas originaire de Tarentum ?

— Effectivement. Pourquoi cette question ?

— Sous ma tente se trouve une jeune femme, prénommée Hélène, qui est désormais ma compagne. Elle est l'une de tes compatriotes et je te charge de veiller sur elle et de lui tenir compagnie pendant la journée. Fais en sorte que le moindre de ses désirs soit satisfait.

— Je me conformerai à tes ordres et je suis sûr qu'elle me racontera certaines de tes prouesses demeurées inconnues de tes hommes.

— Tu as de la chance de m'avoir été recommandé par mon précepteur car, si cela n'était pas le cas, j'aurais fort envie de punir ton insolence !

— Tu n'en feras rien parce que je suis le seul à te

parler franchement et que cela te détend. Tes adjoints et toute la nuée de chefs gaulois qui t'entourent calculent la moindre de leurs paroles dans l'espoir de s'attirer tes faveurs et de ne pas provoquer ta colère. Mes mots peuvent te sembler rudes mais ils sont sincères et, chaque fois que tu as sollicité mon avis, tu n'as pas eu à le regretter car j'ai parlé le langage de la droiture et de la vérité. Je suis heureux pour toi que tu aies enfin à tes côtés une compagne et je suis fier que ce soit l'une de mes compatriotes. Il n'est pas bon qu'un général de ton envergure soit condamné à la solitude. N'aie aucune crainte quant au jugement de tes soldats. Ils se réjouiront de ton bonheur parce que celui-ci les rapprochera de toi et te rendra plus accessible à la compréhension de la nature humaine. Ainsi que tu le vois, je ne te considère déjà plus comme un demi-dieu. Ton vœu est donc exaucé.

Un demi-sourire aux lèvres, Hannibal abandonna son interlocuteur pour rejoindre Maharbal, le chef de la cavalerie, et son frère Magon, avec lesquels il souhaitait s'entretenir des prochaines opérations. Depuis quelques jours, ces derniers le pressaient de passer à l'action avant que les frimas accompagnant le solstice d'hiver ne le condamnent au repos forcé. Ce matin-là, Maharbal se fit plus insistant qu'à l'accoutumée :

— Nous perdons un temps précieux et nos alliés commencent à s'interroger sur nos intentions. J'ai intercepté plusieurs messages envoyés aux Romains par certains des chefs gaulois présents dans ce camp et j'ai donné l'ordre à quelques détachements de ravager les territoires de ces traîtres afin qu'ils sachent que nous ne tolérerons aucune duplicité de leur part. La situation ne nous est pas défavorable, loin de là. Publius Cornélius Scipion est gravement blessé et dans l'impossibilité pour longtemps d'exercer le commandement de ses troupes. L'autre consul, Tibérius Sempronius Longus, vient de le rejoindre à la tête de deux légions et, d'après mes espions, a hâte d'en découdre avec nous.

— Nos ennemis reçoivent des renforts et tu appelles cela de bonnes nouvelles !

— Oui car leur nouveau chef ne connaît rien à l'art de la guerre. Sous peu, il devra remettre ses pouvoirs aux nouveaux consuls qui seront élus à Rome et il rêve de terminer sa charge sur un coup d'éclat qui lui vaudrait l'admiration de ses compatriotes. Si nous le provoquons en l'obligeant à nous attaquer, il se jettera dans la gueule du loup sans prendre le temps de réfléchir. Ton frère et moi avons eu l'idée d'un piège qui lui sera fatal.

— Je me réjouis de savoir Magon expert en stratégie en dépit de son jeune âge.

— Ne te moque pas de moi, Hannibal, grinça son frère cadet. Qu'aurais-tu dit si Hasdrubal le beau t'avait fait cette même réponse ? J'ai repéré, entre notre camp et celui des Romains, un ruisseau encaissé dont les berges regorgent de broussailles touffues et de hautes plantes à l'abri desquelles des cavaliers peuvent se dissimuler aisément. Si tu acceptes de nous accompagner pour inspecter les lieux, tu verras qu'on peut y tendre une embuscade.

Le fils d'Hamilcar se rendit aussitôt, en compagnie de son frère et de Maharbal, à l'endroit qu'ils avaient repéré et hocha la tête de satisfaction en contemplant les rives du ruisseau et la vaste étendue plate qui les précédait.

— J'ai eu tort de me moquer de toi, Magon, et je serai désormais plus attentif à tes avis. Retrouvons-nous ce soir. J'aurai mûri un plan et je vous donnerai mes ordres pour la bataille qui, demain, nous conduira à la victoire.

Durant tout l'après-midi, le fils d'Hamilcar ne cessa de dessiner et de redessiner sur le sol les positions de ses troupes et celles de l'ennemi, et passa en revue les différentes possibilités d'attaque. Hélène l'avait regardé en silence, se contentant de lui tendre de temps à autre une coupe de vin chaud qu'il avalait d'un trait avant de se replonger dans ses réflexions. A la nuit tombée, Magon et Maharbal, accompagnés de leurs officiers, le rejoignirent. Quand tous furent rangés devant lui, il esquissa un sourire.

— Les dieux se montrent généreux envers nous et nous livrent les Romains à condition que vous observiez scrupuleusement mes recommandations. Les effectifs de nos deux armées sont d'après mes renseignements à peu près identiques : environ quarante mille hommes. Ce n'est donc pas le nombre mais la ruse qui décidera de l'issue du combat. Voici ce que j'ai envisagé : Magon, tu choisiras cent cavaliers et cent fantassins parmi les plus valeureux de nos soldats et tu leur demanderas que chacun te désigne neuf hommes dans lesquels il a toute confiance. Cette nuit, après avoir pris un bon repas et vous être chaudement vêtus, vous vous cacherez dans les broussailles le long du fleuve et vous n'en bougerez sous aucun prétexte jusqu'à ce je vous en donne l'ordre par deux sonneries de trompette espacées. Vous souffrirez du froid mais il importe que l'ennemi ignore votre présence. Toi, Maharbal, dès le petit matin, tu te porteras avec les Numides devant l'enceinte du camp adverse. Que tes hommes se munissent de javelots en grand nombre et provoquent les Romains en les traitant de lâches et de femmelettes. Lorsque Tibérius Sempronius Longus lancera sa cavalerie à votre poursuite, feignez la panique et retraversez la rivière de la Trébie pour rejoindre l'armée que j'aurai disposée sur une seule ligne longue d'une vingtaine de stades.

« Vous tous, les officiers, vous aurez pris soin de faire enduire le corps de vos soldats d'huile et de graisse pour les protéger de la froidure et vous veillerez à ce qu'ils prennent un bon repas autour des feux allumés devant leurs tentes. Les légionnaires devront franchir la rivière glacée pour se porter à notre hauteur et je fais assez crédit à la stupidité du consul, persuadé par la fuite des Numides que nous battons en retraite, pour qu'il leur ordonne de faire mouvement à peine éveillés et le ventre vide. Que chacun d'entre vous exécute mes ordres dans le plus grand silence. Gardons-nous de troubler la dernière nuit sur terre de ces maudits Romains dont pas un seul ne doit réchapper de ce piège.

Au petit matin, Hannibal poussa un soupir de soulagement et remercia Melqart. Les conditions climatiques étaient catastrophiques. La température avait brutalement chuté durant la nuit et une pluie de neige fondue tombait sur le champ de bataille, faisant grelotter de froid les chevaux et les esclaves affairés à oindre de graisse et d'huile les fantassins. Bientôt, l'on entendit au loin les cris stridents des Numides qui caracolaient devant l'enceinte romaine avant de se replier dans un désordre habilement feint. Dès qu'ils eurent rejoint les positions carthaginoises, ils se placèrent à droite et à gauche de l'infanterie lourde.

Comme l'avait prévu Hannibal, Tibérius Sempronius Longus s'était lancé à leur poursuite avec six mille cavaliers et son infanterie légère. Constatant que la route était libre, il ordonna à ses légions de faire mouvement en direction de la rivière. Par milliers, ses soldats, ployant sous le poids de leur équipement, s'enfoncèrent jusqu'aux aisselles dans l'eau glaciale. Quand ils prirent pied sur la rive opposée, on les vit tenter de s'ébrouer maladroitement, le visage déformé par la douleur que leur infligeait la morsure du froid.

Les deux infanteries engagèrent le combat alors que la pluie de neige fondue continuait à tomber. Mieux protégés contre les frimas, les Carthaginois, appuyés par les mercenaires ibères et gaulois, supportèrent vaillamment l'assaut de l'ennemi tout en essuyant de lourdes pertes. Quand Hannibal comprit que les Ligures étaient sur le point de céder, il donna l'ordre aux Numides de balayer la cavalerie romaine en s'aidant des éléphants dont l'apparition sema la terreur dans les rangs des contingents italiens. Derrière les Numides, s'avancèrent les piquiers et les frondeurs baléares qui attaquèrent les flancs désormais sans protection de l'infanterie ennemie. C'est alors qu'on entendit distinctement deux sonneries de trompette espacées. Sortant des buissons, Magon et ses deux mille hommes prirent à revers les troupes de Tibérius Sempronius Longus qui combattaient le dos au fleuve et n'avaient aucune envie de replonger dans l'eau glacée pour regagner leur camp. Il ne leur restait plus comme solution qu'à tenter de forcer la muraille de fer constituée par l'infanterie lourde carthaginoise. Seuls dix mille légionnaires parvinrent, au prix de farouches assauts contre les mercenaires gaulois, à se frayer un chemin en direction de Placentia cependant que les trente mille autres étaient soit massacrés, soit contraints de se rendre.

A la fin de la journée, Hannibal, ovationné par ses hommes, fit rassembler les captifs et les sépara en deux groupes. Aux Italiens, il rendit la liberté, les enjoignant de regagner leurs foyers et d'informer les magistrats de leurs cités que les Carthaginois venaient en amis pour les délivrer du joug de la cité de Romulus. Les Romains, au nombre desquels figuraient quelques sénateurs et chevaliers, furent placés sous bonne garde. Toutefois, le général punique leur promit que leurs familles pourraient les racheter moyennant le versement d'une lourde rançon.

Puis il inspecta les rangs de son armée dont les pertes n'étaient pas négligeables. Il s'inquiéta surtout de l'état de ses éléphants. Sur les quatre-vingts partis de Carthagène, il ne lui en restait plus qu'une dizaine dont huit semblaient condamnés à mourir sous peu en dépit des soins que leur prodiguaient leurs cornacs. Dans ces conditions, il lui sembla périlleux de se lancer à la poursuite de Tibérius Sempronius Longus dont il se contenta d'occuper le camp, plus confortable que le sien, pour permettre à ses hommes de prendre du repos et de reconstituer leurs forces. Une dizaine de jours plus tard, il fit route sous la neige, vers l'une des principales villes des Boïens, Mutina, où il prit ses quartiers d'hiver. Les jours étaient désormais trop courts pour pouvoir mener des opérations importantes et ses intendants l'avaient averti que ses réserves de grains et de fourrage commençaient à s'épuiser. Il dut donc, bien malgré lui, se résoudre à une inaction pesante et non exempte de dangers.

*
* *

Le premier péril tenait à ce que Rome bénéficiait de la sorte d'un répit précieux pour reconstituer ses légions sous les ordres des deux nouveaux consuls, Cnaeus Servilius Geminus, un patricien imbu de sa supériorité, et Caïus Flaminius Nepos, un ancien tribun de la plèbe réputé être un esprit impie. Contraints d'unir leurs efforts, ils avaient réussi à lever cent mille hommes répartis en onze légions dont deux furent acheminées à Ariminum et deux autres à Arretium[1], barrant à Hannibal la route de Rome par l'Etrurie ou par l'Apennin.

Le second danger venait des Gaulois qui se révélaient être des alliés incommodes et versatiles. Leurs chefs se plaignaient de ce que, lors de la bataille de la Trébie, le général punique avait délibérément sacrifié ses alliés ligures et boïens pour conserver intacts ses contingents carthaginois. Habilement travaillés par des espions romains, ils prirent contact avec les nouveaux consuls pour savoir à quelles conditions ceux-ci achèteraient leurs services. Certains de leurs messagers ayant été interceptés par les

1. Actuelle Arezzo.

cavaliers de Maharbal, ce dernier fit exécuter plusieurs commandants gaulois soupçonnés de haute trahison. L'insécurité dans Mutina était telle que certains firent circuler une rumeur étrange : Hannibal redoutait tant une défection de ses alliés qu'il ne circulait désormais plus que grimé, portant différentes perruques dont il changeait chaque jour, afin de dissimuler son identité. On murmurait que son frère Magon lui-même, ayant abordé dans la rue le chef punique ainsi travesti, ne l'avait pas reconnu et avait menacé de faire un mauvais parti à cet homme qui prétendait être le fils d'Hamilcar Barca. C'était là une pure affabulation mais elle donna lieu à quelques quiproquos savoureux. Dans les rues de la capitale boïenne, des soldats carthaginois, trop richement vêtus — ils avaient pris aux captifs romains de haut rang leurs bagages — se voyaient interpellés par des solliciteurs qui les couvraient de flatteries, croyant avoir affaire à Hannibal. Ce dernier dut, pour dissiper tout malentendu, affecter de se montrer le plus souvent possible en public.

Hélène profita de ces incidents pour répéter à son amant qu'il devait à tout prix s'éloigner de la Gaule cisalpine pour gagner le sud de la péninsule où l'attendaient des alliés sûrs et dévoués. A force de caresses expertes et de nuits d'amour particulièrement ardentes, elle parvint à le convaincre, à la grande fureur de Maharbal. Connu pour son franc-parler, celui-ci apostropha son supérieur :

— Tu laisses une femme te dicter ta conduite. Jamais ton père, Hamilcar, n'aurait commis une erreur pareille.

— Serais-tu jaloux de ma bonne fortune ?

— En aucun cas. Je suis un homme comme les autres et j'ai aussi une compagne choisie parmi les prisonnières que j'ai faites. Toutefois, je prends soin d'en changer toutes les semaines afin de ne pas m'attacher à elle et parce que je redoute toujours qu'elle ne soit une espionne à la solde de nos ennemis.

— Tu sais très bien que ce n'est pas le cas d'Hélène. Elle appartient à l'une des plus illustres familles de Tarentum et Silénos, son compatriote, m'a confirmé que les siens étaient connus pour avoir toujours tenu tête aux fils de la Louve.

— Je n'en disconviens pas mais je n'aime pas que les femelles se mêlent des questions militaires et politiques. Et que dira ton épouse Imilcé si des esprits bien intentionnés l'informent de ta liaison avec cette femme ?

— N'aie aucune crainte de ce côté. Nous avons passé ensemble un pacte et je puis t'assurer que, si elle me rejoignait, Hélène devrait sur-le-champ quitter mon camp.

— Je ne suis qu'à moitié rassuré par tes propos mais j'ai trop d'estime pour toi pour ne pas te faire confiance. Bientôt, la mauvaise saison va se terminer. Nous devrons reprendre notre route et j'aimerais connaître tes intentions.

— Les consuls s'attendent à ce que j'emprunte la Via Aurélia ou la Via Cassia pour gagner Rome. Il leur suffirait alors d'opérer leur jonction dans la haute vallée du Tibre pour m'obliger à les affronter dans une région qu'ils connaissent admirablement et dont j'ignore tout. Nos guides gaulois ne sont pas mieux lotis et ne nous seront en la matière d'aucune utilité.

— Tu es capable d'exploits extraordinaires mais ne me dis pas que les dieux nous feront franchir l'Apennin sur les ailes des aigles qui pullulent dans cette région.

— Même si j'offrais des centaines d'animaux en sacrifice à Melqart, il ne pourrait rien faire pour nous de la sorte. Nous allons répéter l'exploit que nous avons accompli en traversant les Alpes. Cette fois, je conduirai notre armée par une route que le plus courageux des Romains ne voudrait pour rien au monde emprunter. De Mutina, nous gagnerons Bononia[1], puis nous franchirons l'Appenin au col de Collina. De là, nous obliquerons vers Florentia[2]. Cette cité, bordée par un fleuve, est entourée d'une zone de marais rendus encore plus dangereux par la crue récente de l'Arno. Nous nous enfoncerons dans ces eaux fangeuses et ce ne sera pas une partie de plaisir, tu peux me croire. Mais cela nous permettra de fondre à l'improviste sur les légions de Caïus Flaminius Nepos et de lui infliger une défaite sans précédent.

Aux premiers beaux jours, l'armée carthaginoise se mit en route. La première partie du trajet s'effectua sans grandes difficultés et les soldats marchaient d'un pas allègre, persuadés que le chemin restant à parcourir serait tout aussi facile. Ils furent bientôt saisis d'effroi quand ils pénétrèrent dans les marais recouverts d'un épais brouillard et dégageant une odeur pestilentielle. Pour éviter les désertions, Hannibal prit soin de répartir ses hommes en groupes distincts. En tête de la colonne, marchaient les Ibères et les Libyens, suivis des vétérans carthaginois, qu'il considérait comme les plus fidèles de ses compagnons, prêts à mourir pour leur chef si ce dernier leur donnait l'ordre de le faire. Venaient ensuite les cohortes indisciplinées et peu sûres des Gaulois, suivis par la cavalerie carthaginoise et par les Numides placés sous les ordres de Magon dont la mission était d'empêcher les Boïens, les Insubres et les Ligures de faire marche arrière ou de s'arrêter pendant de trop longues haltes. Pendant quatre jours et trois nuits, l'armée se fraya un chemin dans la vase. Il n'y avait nulle part un seul endroit sec pour prendre quelques heures de sommeil. Il fallait marcher ou, plutôt, progresser en pataugeant dans l'eau glacée et en ne perdant jamais de vue les enseignes qui indiquaient aux hommes la route à suivre pour

1. Actuelle Bologne.
2. Actuelle Florence.

éviter les fondrières et les gouffres tracés par la crue de la rivière. Ceux qui, perclus de fatigue, s'écartaient de la colonne périssaient noyés et leurs cadavres, gonflés d'eau, flottaient à la surface, se décomposant tout aussi rapidement que ceux des bêtes de somme succombant sous le poids des bagages.

Très rapidement, les hommes perdirent tout sens du respect dû aux morts. Les Gaulois, qui maudissaient dans leurs dialectes aux sonorités étranges aussi bien leurs dieux que le fils d'Hamilcar, se servaient des cadavres de leurs compagnons et des chevaux comme de bateaux, s'agrippant à eux pour progresser à travers les marais. Hannibal, lui, avait pris place avec Hélène sur le seul éléphant survivant auquel il avait donné le surnom affectueux de « syrien » pour des raisons connues de lui seul et qu'il se garda bien de dévoiler à ses proches. Dès le deuxième jour, il se plaignit d'une forte douleur à l'œil droit doublée d'un violent accès de fièvre. Experte dans l'art des simples, sa maîtresse confectionna des compresses enduites d'herbes, qu'elle tenait en réserve dans un coffre, qu'elle changeait fréquemment, nettoyant l'orbite infectée avec du vin et de l'huile. Au troisième jour, l'œil n'était plus qu'une plaie suppurante et un médecin grec, consulté par Hannibal, l'informa sans ménagement que, s'il ne l'autorisait pas à procéder à l'énucléation de l'organe malade, il était promis à la mort. Il fit avaler à son patient une coupe de vin dans laquelle il avait versé plusieurs doses d'une drogue puissante. Il l'allongea sur un lit de camp et, à l'aide d'une fine lame, il découpa avec soin l'organe avant de cisailler le nerf optique. Essuyant le sang qui coulait en abondance, imprégnant le drap sur lequel reposait le chef punique, le Grec fit un cataplasme dont il garnit l'orbite désormais vide. L'opération avait sauvé Hannibal du trépas mais le défigurait à tout jamais. Le jeune homme, dont tous admiraient la beauté, était désormais borgne mais cette infirmité lui valut un surcroît d'admiration de la part de ses hommes. Pouvaient-ils décemment se plaindre alors que leur chef, qui avait partagé leurs souffrances jusqu'au bout, était de ce fait devenu infirme ?

L'armée poussa un immense soupir de soulagement lorsqu'elle quitta enfin la zone marécageuse pour reprendre pied sur la terre ferme. Après une halte de deux jours, elle se remit en marche, se vengeant de ses déboires récents sur les riches domaines appartenant aux Romains. Partout, l'on voyait monter dans le ciel la fumée des incendies qui ravageaient les fermes, les étables, les écuries et les granges abandonnées par leurs propriétaires. Pour Hannibal, cette politique de la terre brûlée n'était pas uniquement un acte de basse vengeance. Il savait par ses espions que le consul Caïus Flaminius Nepos avait bâti toute sa carrière politique sur la défense de la petite propriété agraire et qu'il n'aurait qu'une seule idée : venir au secours de ses partisans, les modestes fermiers romains, sans tenir compte des conseils de prudence que lui donneraient ses officiers et les sénateurs.

De fait c'est ce qui se passa. Stationné à Arretium, Caïus Flaminus Nepos refusa d'attendre l'arrivée des légions de son collègue, Cnaeus Servilius Geminus, un patricien dont il se méfiait. Des sénateurs, dépêchés de Rome pour le ramener à la raison, furent fraîchement reçus. Après avoir écouté leurs sages recommandations, il perdit son calme et leur jeta d'un ton méprisant : « Je vais résumer votre pensée en ces termes : restons assis devant les remparts d'Arrétium ; nous avons là, c'est bien connu, notre patrie, nos Pénates ! Laissons filer Hannibal ; qu'il ravage l'Italie et, après avoir tout incendié et saccagé, qu'il atteigne les remparts de Rome ! Quant à nous, défense absolue de bouger d'ici, jusqu'à ce que les Pères conscrits, tremblant pour leurs somptueuses résidences dans notre capitale, ne se décident enfin à me rappeler. Dites au Sénat que je n'obéirai pas à ses ordres et que le peuple me donnera raison. »

Puis il ordonna à son armée de se mettre immédiatement en mouvement. Lui-même, au comble de l'énervement, sauta si brusquement sur son cheval que ce dernier, déséquilibré, tomba à terre, entraînant dans sa chute le consul. C'était là un présage terrifiant qui nécessitait le report de l'opération mais le général romain ne voulut rien savoir. Qui plus est, quand un centurion l'informa qu'un porte-enseigne ne pouvait détacher son emblème du sol où il était fiché, Flaminius le toisa d'un air plein de mépris et lui lança : « N'as-tu pas aussi une lettre à me remettre de la part du Sénat, m'interdisant d'engager le combat ? Va leur dire de retirer l'enseigne à coups de pioche, si la peur les glace au point qu'ils ne peuvent l'enlever à la main ! »

Informé du départ du consul, Hannibal décida de l'attirer sur les bords du lac Trasimène que les cavaliers de Maharbal avaient repéré comme constituant un lieu propice pour dresser une embuscade analogue à celle de la Trébie. Au pied des monts de Cortone, un étroit défilé séparait les berges du lac de la montagne et débouchait sur une vaste plaine où le chef punique établit son camp, n'y laissant que les contingents libyens et ibères. Les Baléares et l'infanterie légère carthaginoise passèrent, eux, de l'autre côté de la montagne, totalement dissimulés aux regards de l'ennemi tout comme les cavaliers numides cachés dans les gorges situées à l'entrée du défilé. Arrivé à la tombée de la nuit, deux jours plus tard, à la veille du solstice d'été, date peu propice aux combats pour des raisons religieuses, Caïus Flaminius Nepos établit son camp à la hâte et ne prit pas la peine d'envoyer des patrouilles reconnaître les environs.

Lorsque le jour se leva, une brume épaisse, inhabituelle pour la saison, recouvrait le lac et l'entrée du défilé où les légions s'engagèrent d'un pas rapide, impatientes d'atteindre la plaine où se situait le camp carthaginois. C'est alors qu'Hannibal ordonna à ses hommes embusqués sur les hauteurs et dans les gorges près du début de la passe, de fondre sur l'ennemi qu'il chargea à la tête de ses mercenaires ibères et de ses vétérans carthaginois. Encerclés de toutes parts, les légionnaires, en dépit des efforts déployés par les leurs, rompirent leurs rangs et se débandèrent dans tous les sens. Faisant preuve d'un courage qui compensait son manque d'intelligence, le consul tenta de rassembler les fuyards et de les exhorter à se battre comme des lions en leur disant : « Vous ne vous en tirerez pas avec des vœux et des supplications aux dieux ; ce qu'il vous faut, c'est du cran et du courage ; votre épée vous ouvrira un chemin au milieu de vos ennemis. Bien souvent moins on a peur et moins on court de danger. »

Durant près de trois heures, les adversaires s'affrontèrent dans une joute sans pitié. Ils étaient tellement occupés à s'entre-tuer qu'aucun ne remarqua le violent séisme qui fit rage à faible distance de là, détruisant de nombreuses cités et provoquant l'éboulement de pans entiers de la montagne. Caïus Flaminius Nepos était partout à la fois et facilement reconnaissable à sa cuirasse d'apparat et à son manteau de commandement. Parmi les combattants gaulois engagés contre lui, figuraient des guerriers insubres dont il avait, des années auparavant, cruellement ravagé les villages, passant au fil de l'épée leurs populations. L'un d'entre eux, un nommé Ducarius, qui avait perdu dans ces massacres sa femme et ses enfants, résolut de les venger et, éperonnant son cheval, se lança dans la mêlée, fauchant de sa lourde épée les cavaliers qui protégeaient leur chef. Arrivé à sa hauteur, il se tourna vers ses compagnons pour leur dire : « Voici l'homme qui a détruit notre armée, ravagé nos champs et nos villes. Je vais l'immoler à la mémoire des nôtres. » Joignant le geste à la parole, il transperça le consul de sa lance avant de lui trancher la tête et de rejoindre ses frères d'armes en poussant un terrible hurlement.

La mort de Caïus Flaminius Nepos provoqua la débandade des Romains. Les uns tentaient d'escalader les pentes de la montagne mais glissaient dans des précipices ou tombaient, la tête fracassée par les balles d'argile lancées avec une dextérité incroyable par les frondeurs baléares. Les autres plongèrent dans les eaux du lac mais perdirent vite pied. Ceux qui avaient échappé à la noyade, revenus sur la rive, étaient égorgés par les cavaliers numides ivres de sang. Seuls six mille fantassins de l'avant-garde parvinrent à franchir les lignes ennemies pour se réfugier dans une ville voisine déjà investie par les troupes de Maharbal qui les firent prisonniers.

Au soir de la bataille, Hannibal rayonnait de joie. Rome venait de subir la défaite la plus importante de son histoire et avait perdu quinze mille hommes alors que lui n'avait eu que mille cinq cents tués, principalement des mercenaires gaulois. Il ordonna à ses soldats de ramasser les armes abandonnées par les légionnaires car il comptait en équiper ses soldats. Puis, fidèle en cela à la tradition des Barca, il ordonna que l'on rendît les honneurs funèbres aux officiers ennemis tombés pour la défense de leur patrie et dont les corps se consumèrent toute la nuit sur d'immenses bûchers allumés à la hâte.

*
* *

A Rome, le préteur Marcus Pomponius Matho dut annoncer du haut des rostres la défaite subie par Caïus Flaminius Nepos au lac Trasimène ainsi que sa mort avec plusieurs milliers de ses hommes. Par une singulière ironie du sort, les rostres étaient cette colonne érigée jadis avec les éperons des navires pris aux Carthaginois lors d'une bataille au large des côtes siciliennes. La consternation et le deuil s'abattirent sur la ville où des femmes se rassemblaient chaque jour, à l'entrée de l'enceinte, pour guetter l'improbable retour de leur mari ou de leur fils.

Le second consul se trouvant dans l'impossibilité de communiquer avec le Sénat, les Comices centuriates furent convoqués pour élire un dictateur, c'est-à-dire un magistrat doté pour une courte période de la plénitude des pouvoirs tant civils que militaires et assisté d'un adjoint portant le titre de maître de la cavalerie. Furent désignés pour occuper ces charges Quintus Fabius Maximus Verrucosus, deux fois consul et naguère membre de l'ambassade envoyée à Carthage après la prise de Sagonte ainsi que Marcus Minucius Rufus, l'un de ses principaux adversaires au sein du Sénat.

Homme d'une grande piété, Quintus Fabius Maximus estimait que le désastre était dû à l'impiété de Flaminius qui n'avait pas tenu compte des présages défavorables : sa chute de cheval et l'affaire de l'enseigne fichée dans le sol. Aussi décida-t-il de solliciter le pardon des dieux en érigeant un temple à Vénus Erycine, cette divinité dont le principal sanctuaire, situé en Sicile, avait servi, lors de la précédente guerre avec la cité d'Elissa, de refuge à Hamilcar et que ce dernier avait dû abandonner au moment de la capitulation de ses troupes. Puis le Grand Pontife Lucius Cornélius Lentulus fit jurer au peuple de sacrifier aux dieux la production du printemps suivant la victoire.

Ces mesures adoptées, le dictateur leva deux nouvelles légions et rejoignit avec elles celles commandées par Cnaeus Servilius Geminus pour conduire l'ensemble de l'armée en Apulie où il établit son camp à Aeclae[1] après avoir ordonné l'évacuation de toutes les localités menacées par Hannibal. Car,

1. Actuelle Troja.

après sa victoire, celui-ci avait traversé l'Ombrie et gagné les rives de l'Adriatique non sans piller au passage les riches plaines du Picenum. Ses hommes avaient amassé un tel butin qu'ils ployaient sous le fardeau de leurs rapines. Lorsqu'ils arrivèrent en vue de la mer, ils poussèrent des hurlements de joie car ils ne l'avaient pas revue depuis leur départ de Carthagène il y avait deux ans de cela. Pendant plusieurs semaines, ils prirent un repos bien mérité entrecoupé par des séances d'exercices destinés à les familiariser avec leur nouvel équipement. Hannibal avait en effet décidé que ses soldats se serviraient désormais du scutum, le long bouclier rectangulaire des légionnaires, dont plusieurs milliers d'exemplaires avaient été ramassés sur le champ de bataille de Trasimène. Quant aux chevaux, qui souffraient de la gale, on les baigna dans du vieux vin pour les guérir de cette maladie et on les gava de fourrage frais en attendant l'arrivée de la remonte, demandée à Carthage, ainsi que des éléphants devant remplacer ceux qui n'avaient pas survécu aux frimas et aux intempéries de l'hiver.

Quand il jugea ses hommes prêts à reprendre les hostilités, le fils d'Hamilcar les emmena ravager le nord de la Campanie, notamment la vallée du Vulturne célèbre pour ses vignobles dont les pieds furent systématiquement coupés. Partout, les Gaulois incendiaient les fermes, provoquant la fuite des colons romains qui maugréaient contre l'inaction de Quintus Fabius Maximus dont les troupes se contentaient de suivre de loin l'armée carthaginoise. Informé de ce mécontentement, Hannibal l'aggrava en prenant soin de détruire toute une série de domaines à l'exception d'un seul, appartenant au dictateur, qu'il épargna en laissant croire que cette générosité était le fruit de tractations secrètes entre les deux généraux.

Désireux de se laver de cette accusation infamante, le chef romain décida de frapper un coup décisif en coupant la route de son adversaire qui s'apprêtait à gagner les Pouilles pour y hiverner. Il posta ses légions à l'entrée de la vallée de Callicula à mi-hauteur des collines dominant l'étroit défilé que devait emprunter l'armée carthaginoise. Tout autre général que le fils d'Hamilcar serait tombé dans ce piège ou aurait battu en retraite. Hannibal, lui, usa d'une ruse raffinée pour se tirer de ce mauvais pas. Il ordonna à l'un de ses adjoints, un nommé Hasdrubal, de choisir dans le cheptel pris aux Romains deux mille bœufs aux cornes desquels il fit attacher des fagots de bois sec. A la fin de la nuit, les bêtes furent conduites sur la crête des collines occupées par les légions et Hasdrubal fit mettre le feu aux branchages ornant leurs têtes. Croyant que les Carthaginois tentaient de franchir les hauteurs, les Romains grimpèrent à leur rencontre, laissant sans surveillance le défilé dans lequel l'armée punique s'engagea en forçant l'allure. Le temps pour l'ennemi de se rendre compte du subterfuge et de redescendre en direction de la vallée, les troupes du chef borgne étaient hors d'atteinte et gagnèrent la bourgade de Gereonium[1] où elles repoussèrent, certes au prix de lourdes pertes, l'assaut des soldats de Marcus Minucius Rufus.

Ce dernier avait décidé cette offensive car il souhaitait se voir octroyer les mêmes pouvoirs que ceux dont jouissait Quintus Fabius Maximus. Son titre de maître de la cavalerie ne lui suffisait pas et il poussa ses partisans à Rome à réclamer une modification de son statut. Ses adversaires crurent neutraliser ses ambitions en faisant élire comme consul suffect, en remplacement du défunt Caïus Flaminius Nepos, Marcus Atilius Regulus, l'un des fils du consul fait prisonnier sous les murs de Carthage. Cela ne suffit pas à calmer le mécontentement de la plèbe qui fit

1. Localité disparue située dans la vallée du Fortore.

ratifier par un plébiscite la nomination comme dictateur en second de Marcus Minucius Rufus.

Dès que celui-ci apprit cette nouvelle, il n'eut de cesse de chercher l'affrontement avec Hannibal, installant son camp à proximité de celui du chef punique. Ce dernier comprit promptement que son adversaire, brûlant d'en découdre avec lui, tomberait dans le premier piège qu'on lui tendrait. Ayant repéré une colline située à mi-chemin entre ses positions et celles de l'ancien maître de la cavalerie, il la fit occuper par quelques détachements numides placés sous les ordres de son frère Magon et suffisamment peu nombreux pour que Marcus Minucius Rufus soit persuadé qu'il les mettrait aisément en déroute. C'était bien vu car le général romain sortit à la hâte de son camp pour se lancer à l'assaut de la colline. Or Hannibal, durant la nuit précédant la bataille, avait dissimulé dans des cavernes et des creux aux alentours cinq mille fantassins et cinq cents cavaliers qui laissèrent l'ennemi se déployer dans la vallée et le prirent à revers lorsqu'il commença à escalader la hauteur occupée par les Numides. Le général romain ne dut son salut qu'à l'arrivée rapide des troupes de Quintus Fabius Maximus qui lui permirent de pouvoir battre en retraite tout en laissant sur le terrain plusieurs centaines d'hommes. Penaud, Marcus Minucius Rufus fit amende honorable et envoya au Sénat un messager informant les Pères conscrits qu'il renonçait à exercer ses fonctions de dictateur, se jugeant indigne d'elles.

Cette sage résolution n'eut malheureusement aucune influence sur l'élection des deux consuls pour l'année suivante. La plèbe vota massivement pour Caïus Térentius Varron, l'un des adversaires les plus résolus de Quintus Fabius Maximus, et les patriciens eurent bien du mal à faire élire comme second consul l'un des leurs, Lucius Aemilius Paullus, réputé pour sa prudence et sa modération. Dans la cité de Romulus, durement éprouvée par les défaites des deux années précédentes, on se préparait fiévreusement à la revanche. Huit nouvelles légions avaient été levées et leurs effectifs avaient été renforcés, passant de quatre à cinq mille fantassins et de trois cents à cinq cents cavaliers, les alliés italiens fournissant des contingents identiques d'infanterie et le double de cavaliers. Quatre-vingt-dix mille hommes furent mobilisés alors qu'Hannibal ne disposait que de la moitié. Cette extraordinaire ferveur patriotique était le fait du petit peuple, partisan de la guerre à outrance et convaincu de la duplicité des sénateurs qu'il accusait d'avoir invité le chef punique à ravager l'Italie pour mater les aspirations de la plèbe à plus de liberté et de pouvoir. Lors de la campagne électorale, Caïus Térentius Varron n'avait pas été le dernier à colporter cette rumeur, ce qui ne simplifiait pas ses relations avec son collègue patricien, Lucius Aemilius Paullus. Comme les deux consuls avaient rassemblé toutes les légions au sein d'une même armée, ils durent se plier à une singularité juridique lourde de conséquences. Alors qu'en temps de paix chacun d'entre eux commandait à tour de rôle pendant un mois l'ensemble des légions, cette fois, l'alternance était quotidienne. Un jour, c'était à Caïus Térentius Varron d'exercer la direction des opérations, le lendemain, son collègue lui succédait et annulait les décisions prises et immédiatement remises en vigueur le surlendemain.

Durant l'hiver, le printemps et une partie de l'été, les adversaires restèrent sur leurs positions respectives. Le premier à rompre le statu quo fut Hannibal qui quitta Gereonium pour marcher en direction de Cannae[1], une modeste bourgade située en bordure de l'Aufide[2], en plein cœur d'une riche région agricole où les récoltes étaient sur le point de mûrir. C'est là qu'il prit le soin d'établir son camp dans un

1. Plus connue sous le nom de Cannes.
2. Actuelle Ofanto.

site protégé du vulturne[1], le vent qui soufflait l'été en charriant des milliers de grains de poussière. Sous la pression de la plèbe, les deux consuls se portèrent à sa rencontre afin de livrer bataille. Arrivés fin juillet, ils passèrent quelques jours à se quereller, l'un, Varron, étant favorable à une attaque immédiate, l'autre affirmant hautement qu'il dégageait toute responsabilité si l'on se résolvait à une aussi funeste initiative. Au matin du 1er août, Hannibal fit sortir ses troupes de son camp mais Lucius Aemilius Paullus refusa l'engagement.

Le lendemain, son collègue, qui tempêtait contre sa couardise, convoqua, très tôt le matin, les principaux officiers pour leur annoncer que l'heure du combat décisif était arrivée. Insensible aux critiques formulées par ses adjoints, il rangea les légions en ordre de bataille sur un front long d'une vingtaine de stades dont le centre fut placé sous le commandement de Caïus Servilius Geminus et de Marcus Atilius Regulus, Lucius Aemilius Paullus occupant avec la cavalerie l'aile droite cependant que son rival prenait la direction du flanc gauche, appuyé par des éléments de la cavalerie alliée et deux légions composées de nouvelles recrues où il comptait de farouches admirateurs.

Dès qu'il observa, aux premières lueurs de l'aube, le mouvement de l'ennemi, Magon se précipita sous la tente de son frère aîné pour le réveiller. Il le trouva endormi, Hélène à ses côtés, le corps à moitié dévêtu. S'excusant de son audace, il informa le fils aîné d'Hamilcar que la bataille commencerait sous peu.

— Garde ton calme, lui dit Hannibal, tu en auras bien besoin aujourd'hui car nos adversaires ont deux fois plus d'hommes que nous. Toutefois, en auraient-ils le triple que je resterais confiant dans l'issue de cet affrontement. Les Romains sont épuisés par la

1. Appelé aujourd'hui *libeccio* en italien, ce vent est l'équivalent du sirocco.

canicule qui sévit et leur chef, Varron, est un prétentieux qui ignore tout de l'art de la guerre. Il subira le même sort que son prédécesseur, Caïus Flaminius Nero, que nous avons sévèrement défait à Trasimène.

— Quels sont tes ordres ?

— Fais passer l'Aufide aux Baléares et l'infanterie légère que tu déploieras en première ligne. Que les fantassins gaulois et ibères se placent légèrement à l'avant de notre infanterie lourde carthaginoise et libyque. Leurs cavaliers formeront l'aile gauche, face à la cavalerie romaine, et les Numides constitueront notre flanc gauche. Quand tu auras achevé ces préparatifs, préviens-moi. Je te rejoindrai et tu combattras à mes côtés avec la qualité de commandant en second.

— Qui dirigera notre cavalerie ?

— Maharbal. Mais les Numides seront confiés à ton aide de camp, Hannon, un jeune officier dont je veux tester les capacités.

Rayonnant de fierté de voir son aîné lui manifester une aussi grande confiance, Magon veilla scrupuleusement à la mise en place rapide du dispositif carthaginois. Au centre, les bataillons alternés de guerriers gaulois et ibères formaient un ensemble étonnant. Les premiers, nus jusqu'à la ceinture, étaient armés de lourdes épées et avaient commencé à entonner leurs chants traditionnels, entrecoupés de hurlements sauvages. Les seconds, vêtus de tuniques de lin blanc bordées d'une bande de pourpre, aiguisaient les courts poignards qui étaient leur arme de prédilection. Au contraire de leurs voisins, ils étaient silencieux et leur mutisme, qui soulignait leur froide détermination, glaça de terreur leurs adversaires.

La matinée venait à peine de commencer et la chaleur était déjà accablante. La cavalerie ibère et gauloise ouvrit les hostilités en chargeant furieusement les Romains, les contraignant à reculer insensiblement. Une mêlée confuse s'ensuivit. Serrés les uns contre les autres et pouvant difficilement manœuvrer, les combattants s'agrippaient à la tunique de leurs ennemis, cherchant à les jeter à bas de leurs montures, qui soulevaient un nuage de poussière rendant l'air irrespirable. Sans pouvoir distinguer ce qui se passait, on entendait le hennissement strident des chevaux blessés à mort, dont les sabots raclaient le sol rougi par le sang des hommes et des animaux.

Voyant sa cavalerie en difficulté, Varron fit signe aux légions de faire mouvement. Les soldats, qui n'en pouvaient plus de cuire sous le soleil, s'élancèrent d'un pas rapide et enfoncèrent les rangs peu épais des fantassins ibères et gaulois qu'ils bousculèrent et contraignirent à se replier. Pensant que la victoire lui souriait déjà, le consul ordonna à ses hommes de poursuivre leur avance si bien qu'ils se retrouvèrent coupés du reste de l'armée, pris de part et d'autre entre les colonnes de l'infanterie lourde carthaginoise qui opéra une conversion à cent quatre-vingts degrés. Les cornes du croissant constitué par les troupes de Magon se refermèrent sur l'ennemi, pris au piège comme un poisson dans une nasse de pêcheurs, cependant que les Numides, après avoir taillé en pièces les cavaliers romains et italiens, attaquèrent par l'arrière les légionnaires massacrés sans pitié.

C'est alors que l'aide de camp de Magon, Hannon, eut l'idée d'une ruse qui lui valut pour le reste de la guerre la haine tenace de ses adversaires. Il ordonna à cinq cents de ses cavaliers de feindre la panique et de faire mine de se rendre en se présentant devant les lignes romaines, jetant aux pieds des légionnaires leurs boucliers et leurs javelots. Ils furent conduits à l'arrière où ils se tinrent si cois qu'on décida de les laisser sans surveillance. Or chacun d'entre eux avait dissimulé sous sa tunique un court glaive. Sur un signe de leurs officiers, ils se levèrent d'un bond et, ramassant les boucliers des morts, prirent à revers leurs geôliers insouciants, leur infligeant de lourdes pertes. Bientôt, ils furent plus fatigués de tuer que de combattre et regagnèrent les rangs carthaginois.

Du côté des Romains, la panique commençait petit à petit à gagner les combattants d'autant plus assoiffés que le vulturne soufflait en leur direction et asséchait leurs gosiers. Gravement blessé par la balle d'un frondeur baléare, Lucius Aemilius Paullus n'avait pas voulu abandonner ses hommes et avait conduit plusieurs assauts furieux mais infructueux contre les vétérans carthaginois et libyens. Finalement, ses blessures le faisant atrocement souffrir, il dut mettre pied à terre cependant que ses officiers formaient autour de lui un véritable rempart pour le protéger. Observant la scène de loin, Hannibal dit à Magon : « Tant mieux ! C'est comme s'il me livrait pieds et poings liés ses hommes. » Sous les coups de boutoir de l'infanterie carthaginoise, que Magon avait pris soin de faire ravitailler en eau, les Romains commencèrent à battre en retraite, au début de manière ordonnée puis dans la plus totale confusion. Chaque légionnaire n'avait qu'une idée en tête : sauver sa vie en abandonnant ses armes et son équipement pour courir le plus vite possible.

Assis sur une pierre, le visage ruisselant de sang, Lucius Aemilius Paullus assistait, le cœur brisé, à cette retraite, trop faible pour tenter d'enrayer ce mouvement de panique. L'apercevant, le préteur Gnaeus Lentulus, frère du Grand Pontife, s'approcha de lui et le conjura de se mettre à l'abri :

— Vaillant consul, tu es le seul d'entre nous qui mérite aujourd'hui d'avoir la vie sauve car tu as tout fait pour empêcher ce désastre. Laisse-moi te hisser derrière moi sur mon cheval. Nous gagnerons ton camp où nous tenterons d'organiser une résistance désespérée avant que la tombée de la nuit ne nous permette de battre en retraite. Rome a besoin de toi et te l'a prouvé. Regarde autour de toi. Le sol est jonché des cadavres de tes officiers qui ont offert leur vie pour préserver la tienne. Honore leur mémoire en satisfaisant leur vœu.

— Gnaeus Lentulus, je te remercie de ton courage et de ta proposition que je dois, à mon grand regret, décliner. Ma blessure, je le sens, est mortelle et, sous peu, j'irai rejoindre les mânes de mes ancêtres. Ne perds pas un temps précieux en restant auprès de moi. Galope plutôt jusqu'à Rome pour ordonner aux sénateurs de fermer l'enceinte de la ville après avoir fait rentrer vivres, fourrages et provisions en quantités nécessaires pour soutenir un long siège. Qu'ils ordonnent aux civils de chercher refuge dans nos colonies situées plus au nord, cela fera autant de bouches en moins à nourrir. Dis aux Pères conscrits qu'ils confient le commandement des opérations à mon vieil ami Quintus Fabius Maximus dont j'admire la sagesse et dont j'ai toujours suivi les conseils. Lui seul peut redresser la situation compromise par la folie criminelle de Caïus Térentius Varron. Je remercie les dieux de m'ôter l'existence car, si je survivais à mes blessures, il me faudrait l'accuser publiquement devant le peuple et je méprise trop la populace pour lui offrir un spectacle préjudiciable à la dignité de nos institutions. Adieu, mon ami, puisses-tu réchapper de cette tuerie et accomplir la mission sacrée que je t'ai confiée.

Il avait à peine fini de prononcer ces graves paroles qu'une escouade de fantassins carthaginois arriva à sa hauteur, le criblant de traits meurtriers. Le préteur ne dut son salut qu'à son cheval, qui, blessé par un javelot, partit au grand galop, emportant avec lui son cavalier. Avec quelques centaines de rescapés, Caïus Térentius Varron, hébété et prostré, avait gagné Canusium[1], où, tard dans la soirée, un centurion lui fit part des premières estimations concernant les pertes subies par l'armée à l'issue de cette

1. Actuelle Canosa.

funeste journée : quarante-cinq mille fantassins et six mille sept cents cavaliers avaient péri cependant qu'environ dix-neuf mille hommes avaient été faits prisonnier. Les pertes se montaient donc à soixante-six mille sept cents soldats sur un effectif total de quatre-vingt-sept mille, ce qui constituait la plus sanglante défaite jamais essuyée par Rome. Parmi les victimes, outre Lucius Aemilius Paullus, figuraient vingt-neuf tribuns militaires, d'anciens consuls, parmi lesquels Cnaeus Servilius Geminus et Marcus Minucius Rufus, des dizaines de questeurs, édiles et préteurs ainsi que quatre-vingts sénateurs combattants comme engagés volontaires. En détroussant les cadavres, les Gaulois et les Ibères dénombrèrent aussi plusieurs centaines de chevaliers romains, reconnaissables à l'anneau d'or qu'ils portaient au doigt.

Chez les survivants qui avaient pris la fuite et erraient à l'abandon entre les localités voisines, le désespoir était à son comble. Quelques jeunes officiers se réunirent autour de Publius Furius Philus, dont le père avait jadis été consul, et, constatant que rien ne pouvait plus sauver Rome du désastre, firent serment de gagner un port voisin, de s'embarquer à bord de navires spécialement affrétés pour rejoindre la Grèce ou l'Asie et offrir leurs services aux souverains étrangers qui accepteraient de les accueillir. Lorsqu'il eut vent de cette conspiration, le jeune Publius Cornélius Scipion, qui avait sauvé son père de la mort à la bataille de la Trébie, se rendit à la hâte chez les conspirateurs qu'il mit en état d'arrestation. Puis, plaçant son épée nue au-dessus de leurs têtes, il leur fit répéter le serment suivant : « Je jure en mon âme et conscience de ne pas abandonner la République romaine et de ne pas tolérer qu'un citoyen l'abandonne. Si je manque sciemment à cette promesse, que Jupiter Très bon, Très grand frappe ma personne, ma maison, ma famille, mes biens des malheurs les plus affreux. » Aucun ne se déroba et, de retour dans la cité de Romulus, ils furent de ceux qui s'évertuèrent à ranimer l'espoir chez leurs concitoyens endeuillés qui, pour apaiser la colère des dieux, avaient été jusqu'à faire enterrer vivants, sur la place du marché aux bestiaux, deux Grecs et deux Gaulois.

Dans le camp carthaginois, l'on avait à déplorer sept mille morts dont quatre mille mercenaires gaulois et ibères. On fit un véritable triomphe à un cavalier numide qui fut découvert vivant sous le cadavre d'un Romain, le nez et les oreilles arrachées par ce dernier qui, n'ayant plus la force de tenir une arme, avait expiré en déchirant à coups de dents son adversaire. Le soir venu, Maharbal, Magon et leurs officiers retrouvèrent sous sa tente Hannibal et le félicitèrent chaleureusement de sa victoire. Plus hardi que les autres, le maître de la cavalerie lança au fils d'Hamilcar :

— Permets-moi de partir avec un contingent de cavaliers en direction de Rome. En forçant l'allure, j'y serai dans deux jours et je t'attendrai sur le Capitole où nous dînerons dans le temple de Jupiter, servis par les sénateurs enchaînés.

— Ta proposition est séduisante mais je dois réfléchir avant de prendre une décision de cette importance. Rien ne presse et, sous peu, je serai en mesure de te donner satisfaction.

— Ta réponse me brise le cœur car je m'attendais à mieux de la part du fils d'Hamilcar. Ton père n'aurait pas hésité un seul instant. Toi, tu ergotes et tu préfères laisser l'ennemi s'échapper plutôt que de lui porter un coup fatal. J'en conclus que les dieux, s'ils se sont montrés généreux envers toi, ne t'ont pas tout donné. Tu sais vaincre mieux que quiconque mais tu ne sais pas profiter de ta victoire.

— Maharbal, si un autre officier que toi m'avait tenu ce langage, je l'aurais immédiatement fait crucifier en raison de son insubordination. Je te porte trop d'estime pour avoir entendu tes paroles. Aussi, à présent, que chacun vaque à ses occupations. Nous reprendrons cette discussion à tête reposée. Veillez à rassembler les armes et les boucliers abandonnés par l'ennemi et à regrouper les milliers de prisonniers en deux catégories distinctes : les Italiens et les Romains. Aux premiers, vous offrirez la liberté à condition qu'ils s'engagent à ne plus nous faire la guerre. Quant aux seconds, qu'ils élisent des délégués que je ferai accompagner à Rome par un ambassadeur afin de négocier le montant de l'énorme rançon que nous demanderons à leurs familles. Faites-leur savoir que je leur parlerai demain et qu'ils seront surpris de ma mansuétude. Maintenant, laissez-moi. Je dois me recueillir et rendre grâce à Melqart des bontés dont il m'a comblé en ce jour qui restera fameux dans les annales de Carthage parce qu'il efface d'un trait toutes les humiliations subies depuis des années par notre patrie.

CHAPITRE 4

Dans le camp carthaginois, les hommes fêtèrent leur victoire pendant plusieurs jours. Ce fut une succession de ripailles et d'orgies durant lesquelles Gaulois et Ibères rivalisèrent d'entrain et en vinrent parfois aux mains quand, grisés par le vin, les soldats échangeaient entre eux des plaisanteries et des insultes. Hannibal, lui, demeura sous sa tente, remuant sans cesse la même question dans sa tête : devait-il ou non marcher sur Rome ?

Maharbal et Magon le pressaient de le faire mais leurs conseils, soigneusement argumentés, se heurtaient à l'opposition d'Hélène qui l'adjurait, en usant de ses charmes, de descendre sur le Bruttium[1]. Elle savait que cette proposition avait tout pour plaire à son compagnon dans le cœur duquel elle lisait à livre ouvert. Il suffisait de l'observer pour deviner que le chef punique n'avait aucune envie d'entrer en triomphateur dans la cité de Romulus. Il n'aurait eu alors le choix qu'entre la détruire de fond en comble, ce qui lui répugnait, ou y laisser pour très longtemps une forte garnison, immobilisant ainsi des milliers d'hommes en vain. Il était de la race des conquérants qui se refusent à écraser totalement leur ennemi de peur de ne plus avoir à le combattre et de devoir se

1. Actuelle Calabre.

résoudre à regagner, couverts de gloire et d'honneurs, leur patrie. Hélène l'avait deviné et riait sous cape lorsque Hannibal, le soir venu, lui parlait longuement de ses projets et de la prochaine conclusion d'une trêve avec Rome. Il était intarissable à ce sujet comme s'il voulait non point la convaincre, elle, mais se convaincre, lui, de la justesse de ce dessein. Un matin, Magon, que la jeune femme détestait, pénétra sous la tente de son frère, et, l'air soucieux, lui demanda :

— Tes officiers s'impatientent et veulent savoir ce que tu comptes faire. Ils ne t'ont point offert la victoire pour que tu te prélasses sur ta couche en te gavant de vin et de mets fins. Quelles sont donc tes intentions ?

— Conclure la paix avec Rome.

— La paix. Comment peux-tu y songer alors que nous sommes vainqueurs et que nous pouvons nous emparer sans coup férir de la ville ! Est-ce pour un si maigre résultat que tu nous as infligé autant de souffrances et d'épreuves et que tu as perdu un œil en traversant les marais ?

— Tu raisonnes sans songer à l'avenir. Qu'ai-je à faire de cette cité qui n'est pas ma patrie et ne la sera jamais ? A mes yeux, elle n'existe déjà plus. Dès que ses alliés auront appris l'ampleur du désastre de Cannae, ils se détourneront d'elle pour rechercher notre alliance. Mais ils nous feront payer cher leur ralliement tant que nous serons en guerre avec les fils de la Louve car ils jugeront — et ils n'auront pas tort — que leur concours nous est indispensable. Par contre, si je conclus un traité avec le Sénat, ils redouteront que je ne tourne vers eux mon armée désormais désœuvrée et ils se montreront infiniment plus conciliants. Je pourrai alors réaliser mon rêve.

— Quel est-il ?

— Le même que celui nourri par notre père Hamilcar : donner à la cité d'Elissa un immense empire allant des colonnes de Melqart à Tarentum et incluant la Sicile, la Corse et la Sardaigne que nous reprendrons à ceux qui nous les ont volées traîtreusement il y a quelques années de cela. La grande mer nous appartiendra tout entière et nos navires pourront la sillonner en toute quiétude. Crois-moi, les richesses de ces contrées se déverseront dans le port de Carthage dont la prospérité dépassera tout ce que nous pouvons imaginer. Nos adversaires au sein du Conseil des Cent Quatre seront réduits au silence et notre famille assurée de la reconnaissance éternelle de nos concitoyens. On murmurera avec respect le nom des Barca et nos petits-enfants nous devront les places enviées et respectables qu'ils occuperont au Sénat.

— Je me préoccupe fort peu de l'avenir des miens et je préfère qu'ils doivent leurs charges à leurs mérites plutôt qu'à leur naissance. Cela dit, ton plan est séduisant. Reste à savoir si notre ennemi te fera le plaisir de se comporter comme tu l'espères !

— J'ai un bon moyen de le savoir.

— Lequel ?

— Nous avons dans notre camp vingt mille prisonniers romains dont les familles attendent avec impatience le retour. Je compte envoyer une ambassade au Sénat pour lui proposer de libérer ces hommes moyennant le versement d'une rançon ou la conclusion d'un traité de paix aux conditions fixées par moi. Je ne doute pas un seul instant de la réponse des Pères conscrits.

— Crois-tu qu'ils accepteront tes propositions ?

— Ils y seront contraints par les pleurs et les supplications des mères et des épouses qui languissent après leurs fils et leurs maris. Sache-le, un acte de clémence vaut mieux que le massacre ou l'asservissement de milliers d'hommes. Peux-tu croire un seul instant que les familles de nos prisonniers acceptent que ces derniers deviennent nos esclaves et qu'ils passent le restant de leur vie à labourer nos domaines en Afrique ?

— Qui dirigera cette ambassade ?

— Carthalon.

— Quoi, cette outre gonflée de vin qui fut le plus farouche ennemi de notre père !

— C'est à lui, tu l'oublies un peu vite, que nous devons d'avoir pu rejoindre Hasdrubal le beau à Carthagène. C'est un être sans scrupule et, s'il ne tenait qu'à moi, je l'enverrais volontiers rejoindre ses ancêtres. Un pressentiment me fait penser qu'il n'est pas étranger, loin de là, aux malheurs qui ont accablé les Barca depuis la mort d'Hamilcar. Mais il passe pour être un ami des Romains et ceux-ci verront dans sa désignation un signe de bonne volonté de notre part. Voilà pourquoi il est le plus indiqué pour s'acquitter de cette tâche délicate.

Quelques jours plus tard, Carthalon, accompagné de dix prisonniers, partit pour Rome, escorté par un fort détachement de cavaliers numides. Il ignorait tout du climat qui régnait sur les bords du Tibre où Marcus Junius Péra venait d'être élu dictateur et Tibérius Sempronius Gracchus nommé maître de la cavalerie. Ces deux magistrats, réputés pour leur sévérité et leur intransigeance, avaient immédiatement ordonné la mobilisation de tous les jeunes gens âgés de plus de dix-sept ans et, comme leur nombre était insuffisant, ils avaient acheté avec les fonds publics huit mille esclaves incorporés dans les quatre nouvelles légions constituées à la hâte et renforcées par l'arrivée de nouveaux contingents alliés.

Dès qu'on signala l'approche de Carthalon, un licteur lui fut dépêché par Marcus Junius Péra pour lui signifier l'interdiction de franchir les limites de l'*ager romanus* du territoire originel de Rome. Il devrait se contenter d'autoriser l'un des dix captifs à venir plaider sa cause devant le Sénat et attendre la réponse de celui-ci. Toujours aussi conciliant et, au demeurant, épuisé par le voyage, le Carthaginois se soumit à cet ultimatum et prit ses quartiers dans une vaste propriété dont il pilla sans vergogne la cave et les celliers.

Conduit devant les Pères conscrits, le représentant des prisonniers fut invité à s'exprimer et le fit avec des accents qui tirèrent des larmes aux plus endurcis des présents :

— Vénérables Sénateurs, je n'ignore pas que Rome a toujours refusé de racheter ceux des siens que l'infortune du sort a placés dans les mains de l'ennemi. Chaque soldat connaît cette règle et elle lui dicte sa conduite sur le champ de bataille. Loin de moi l'idée de solliciter l'abrogation de cette mesure pleine de sagesse. Qu'il me soit toutefois permis de vous expliquer les raisons qui me poussent à vous demander de faire une exception en notre faveur. Nous n'avons pas été faits prisonniers durant le combat. Nous avons accompli notre devoir jusqu'au bout. Quand la panique s'est emparée de l'armée, après la mort de Lucius Aemilius Paullus, nous nous sommes retranchés derrière l'enceinte de notre camp en espérant que Caïus Térentius Varron, dont les ordres sont à l'origine de ce désastre, viendrait à notre secours. Il était trop préoccupé par sa propre sécurité pour songer aux malheureuses victimes de son inaptitude à commander les légions et il a préféré nous abandonner. Que pouvions-nous faire, encerclés par des milliers d'ennemis et privés d'eau ? Nous avons pensé que sauver notre vie en rachetant notre liberté était le dernier service que nous pouvions rendre à notre cité. Celle-ci manque cruellement de bras pour la défendre et l'on m'a dit que vous aviez recruté, pour les incorporer dans l'armée, huit mille esclaves. Croyez-vous qu'ils soient plus experts que nous dans l'art de la guerre ? Aussi, Pères conscrits, au nom de tous mes compagnons, je vous supplie de nous racheter afin que nous puissions reprendre notre place au combat et venger nos glorieux morts.

Quand il eut fini de parler, on entendit au loin les

cris et les lamentations des familles des prisonniers qui tentaient de forcer le barrage établi autour du Sénat. Craignant que ces manifestations n'influencent le choix de ses collègues, le vieux Titus Manlius Torquatus se leva et, d'une voix tremblant d'indignation, tonna :

— L'émotion est mauvaise conseillère et craignez qu'elle ne vous égare si vous cédez aux supplications de nos compatriotes. J'ai écouté avec attention les propos du représentant des captifs et ce qu'il a dit m'a touché. Parmi les prisonniers, je compte des parents et des amis chers. Mon cœur saigne en songeant à ce qui les attend. Toutefois, une seule chose m'intéresse : le salut de Rome. Devons-nous prendre en considération la demande qui nous est faite ? Je réponds que non car elle est formulée par des hommes qui n'ont plus le droit de se ranger au nombre de nos concitoyens. Ils l'étaient jadis, ils ne le sont plus depuis qu'ils sont devenus les esclaves des Carthaginois. Ils prétendent avoir préféré sauver leur vie pour continuer à servir, une fois rachetés, dans les rangs de nos légions. Que penseront les nouvelles recrues, auxquelles nous nous efforçons d'inculquer le sens de la discipline, de tels compagnons ? Qui nous garantit que, lors d'une prochaine bataille, ils ne se livreront pas une nouvelle fois à l'ennemi, assurés d'être rachetés par notre cité et qu'ils n'entraîneront pas leurs camarades moins expérimentés à imiter leur exemple ? Croient-ils que le paiement d'une rançon suffira à les laver de leur lâcheté et de leur infamie ? Nous devons rester fidèles à nos traditions et à la règle immuable qui veut que les prisonniers soient abandonnés à leur sort. D'ailleurs, en y dérogeant, nous rendrions avant tout service à Hannibal. Ce maudit Punique recevrait de nous tant d'or et d'argent en échange des captifs qu'il pourrait recruter, en Gaule et en Ibérie, des milliers et des milliers de nouveaux mercenaires pour nous infliger d'autres défaites. Nous récupérerions vingt mille hommes et lui le triple ou le quadruple ! Ce serait forger de nos propres mains notre malheur, aussi repoussons, la mort dans l'âme, la proposition qui nous est faite et, puisque ces Romains prétendent aimer leur patrie, qu'ils la servent en sacrifiant pour elle leur liberté ! A cette condition, leur souvenir ne sera pas maudit par leurs descendants et ils pourront avoir la consolation de penser qu'ils ont de la sorte sauvé leur ville de l'anéantissement.

— Il existe une autre solution, fit une voix protégeant soigneusement son anonymat : conclure la paix avec Carthage. Le traité comportera une clause relative aux captifs et leur sort sera ainsi réglé. D'ailleurs, tout devrait nous inciter à déposer les armes car nous n'avons plus les moyens d'arrêter l'armée punique si elle prend le chemin de notre cité.

— C'est là le piège que nous tend le borgne et, qui que tu sois, je suis heureux que tu aies fait cette honteuse proposition qui brûle les lèvres de bien de tes collègues. Elle nous permet de mieux comprendre les intentions cachées de l'ennemi. Oui, le fils d'Hamilcar veut que nous demandions la paix comme l'ont fait ses pères après leur défaite en Sicile car ils craignaient de devoir puiser dans leur fortune personnelle pour financer la poursuite des opérations militaires. Les Carthaginois sont une race de vils marchands et ils ignorent ce que le mot honneur veut dire. Nous, les descendants de Romulus, nous sommes faits d'une autre trempe. Nous ne sommes pas des négociants, mais des soldats préoccupés uniquement de la gloire de nos enseignes. Tu prétends que la situation est désespérée. La belle affaire ! A plusieurs reprises, quand nous combattions contre les Gaulois ou contre Pyrrhus, le roi d'Epire, nous nous sommes trouvés à deux doigts de la capitulation. Chaque fois, les dieux sont venus à notre rescousse et nous ont permis de triompher de l'adversité. L'avantage est aujourd'hui dans le camp de Carthage. Pour combien de temps encore ? Croyez-moi, en refusant les offres trompeuses d'Hannibal, vous placerez celui-ci dans une position difficile dont il aura bien du mal à se dépêtrer. Vous lui prouverez que Rome n'est pas, comme il le croit, à genoux, et dans l'impossibilité de se relever et ce sera pour lui une défaite cinglante qui sonnera la fin de ses espérances. A vous de choisir ce que l'intérêt de notre cité commande !

Le discours empreint de fermeté de Lucius Manlius Torquatus avait ébranlé bon nombre de ses collègues et, à une large majorité, ceux-ci décidèrent de ne pas autoriser le rachat des prisonniers. Leur délégué fut reconduit sous bonne escorte jusqu'au camp de Carthalon. Quand il informa ses neuf autres compagnons d'infortune de la décision du Sénat, l'un d'entre eux, désespéré à l'idée de ne pas revoir les siens, profita de l'obscurité pour s'enfuir et gagner Rome où sa famille l'accueillit avec des larmes de joie. Informé de ce fait, Marcus Junius Péra fit arrêter le fugitif et le renvoya jusqu'aux positions puniques afin que nul, parmi les victimes du décret sénatorial, ne puisse prétendre avoir échappé au sort commun.

*
* *

Hannibal ne cacha pas son désappointement lorsque Carthalon lui rendit compte de l'échec de son ambassade mais il ne tarda pas à reprendre ses esprits. Les Romains voulaient la guerre, ils l'auraient et verseraient des pleurs de sang pour prix de leur criminelle obstination. Sa première décision fut de dépêcher son frère cadet à Carthage afin de solliciter du Conseil des Cent Quatre l'envoi de renforts, en particulier d'éléphants dont l'absence lui avait fait cruellement défaut lors des précédentes batailles. A son arrivée dans sa ville natale, qu'il n'avait pas revue depuis dix ans, Magon fut accueilli par le peuple en délire qui scandait son nom et celui de son frère. Afin d'impressionner les magistrats, il se rendit au Sénat précédé par des dizaines d'esclaves portant dans des paniers d'osier les bagues en or prises sur les cadavres des chevaliers romains tombés à Trasimène et à Cannae. Derrière lui, marchaient, chargés de lourdes chaînes, des sénateurs, des questeurs, des préteurs et des édiles faits prisonniers, que l'on avait obligés à revêtir leurs toges d'apparat. Ils s'avançaient sous les huées et les quolibets de la foule joyeuse qui se pressait dans les rues menant jusqu'au maqom.

Devant les sénateurs, Magon fit le récit des exploits accomplis par l'armée depuis son départ de Carthagène. Son exposé, clair et concis, empreint d'une modestie de bon aloi — il prit soin de vanter le courage de ses hommes et de ne pas mentionner trop fréquemment le nom de son frère —, fut salué par un tonnerre d'applaudissements. Avant même qu'Itherbaal, le chef du parti barcide, ne prenne la parole, l'un de ses partisans, Himilcon, se dressa et lança à Hannon le grand, le principal dirigeant de la faction adverse, ces mots :

— Dis-nous, Hannon, si tu regrettes toujours que nous ayons déclaré la guerre à Rome. Veux-tu toujours qu'on livre à cette dernière Hannibal parce qu'il a eu l'audace de s'emparer de Sagonte et de vaincre par deux fois les consuls à Trasimène et à Cannae ? Parle donc afin que nous puissions entendre un Romain s'exprimer dans l'enceinte du sénat de Carthage !

— A vrai dire, rétorqua l'intéressé, d'une voix mordante d'ironie, je n'avais pas l'intention de m'exprimer aujourd'hui pour ne pas gâcher l'allégresse générale par quelques réflexions de bon sens. Mais ne pas répondre à Himilcon serait une faute grave de ma part. Oui, je le dis en toute franchise, je déplore toujours la rupture de la paix et je le ferai tant que la cité de Romulus ne me proposera pas un traité rendant à notre ville le rang qui fut jadis le sien. J'ai écouté avec attention Magon et j'ai vibré avec lui au récit des hauts faits d'armes de nos valeureux soldats. Je me réjouis de nos victoires mais, pour en mesurer l'importance réelle, j'ai une seule question à lui poser.

— Laquelle ? fit Magon.

— Dis-moi quels sont les peuples qui se sont ralliés à ton frère après tant d'éclatants succès.

— Ils sont innombrables, à commencer par les Gaulois cisalpins qui, après avoir longtemps hésité, sont désormais nos plus sûrs alliés. Au lendemain de Cannae, une partie des Apuliens, bon nombre de Samnites, les Lucaniens, les Campaniens et les Bruttiens nous ont envoyé des ambassadeurs et nous ont promis leur concours au même titre que les dirigeants des cités grecques du sud de la péninsule. Je sais aussi que les Siciliens et les Sardes sont prêts à se soulever contre les garnisons romaines dont les effectifs ont été considérablement réduits. En un mot, Rome est isolée et toute l'Italie marche derrière nous.

— En es-tu sûr ?

— Oui.

— Tu te trompes et tu nous trompes !

— Hannon, ma patience a ses limites et tu pourrais regretter tes paroles !

— Magon, je n'ai pas voulu t'offenser car j'ai pour toi le plus grand respect. Toutefois, je dois constater que tu n'as pas répondu à ma question. Tu as cité des peuples qui sont les sujets des Romains parce que ces derniers les ont vaincus et les ont soumis à l'obligation de payer tribut. Il est normal qu'ils tentent de secouer le joug de leur maître. N'importe quel esclave, même le plus vil, agirait de la sorte ! C'est la réaction naturelle d'un chien trop longtemps tenu en laisse et qui a réussi à se libérer de ses liens.

« Tu m'aurais autrement convaincu si tu avais mentionné le nom d'un seul peuple latin ayant fait défection. Et j'aurais été fou de joie si tu m'avais appris qu'une au moins des trente-cinq tribus composant Rome s'était révoltée contre l'autorité du Sénat. Ce n'est pas le cas et tu le sais bien. Oseras-tu cacher à mes collègues qu'il a suffi d'un discours de Lucius Manlius Torquatus pour que les fils de la Louve refusent de racheter les vingt mille captifs tombés entre vos mains et ce en dépit de la formidable pression exercée sur le Sénat par leurs parents ? Une cité capable de sacrifier un nombre aussi grand de ses propres enfants n'est pas vaincue, loin de là, et elle m'apparaît encore plus redoutable qu'avant. Tu as mentionné les ambassadeurs des Samnites et des Lucaniens ? Où sont ceux envoyés par Rome pour quémander la paix ? Es-tu porteur de propositions faites par eux et, si oui, quelles sont-elles ? Tu te tais car tu ne peux rien objecter à mes remarques.

— Tiens-tu pour négligeables nos victoires à Trasimène et à Cannae ?

— Tu es trop jeune pour avoir connu ces événements mais ton père, Hamilcar, s'il était encore parmi nous, pourrait t'en parler. Lors de la précédente guerre contre Rome, nous avions infligé à celle-ci plusieurs défaites sur terre et sur mer. Il a suffi de la destruction de toute notre flotte au large des îles Aegates pour que nous soyons obligés de capituler. Pareil désastre peut se reproduire, s'est peut-être déjà produit. Alors que tu te rendais à Carthage, ton frère a pu être surpris par l'ennemi et défait. Que dirons-nous si un messager demain nous porte cette funeste nouvelle ?

— Hannon, tu hais ma famille et ce sentiment te fait perdre la raison. Oserais-tu nier nos succès ?

— A vrai dire, oui. Car rien n'a changé fondamentalement depuis votre départ de Carthagène. Nous sommes en guerre et l'issue de celle-ci est incertaine. De quoi veux-tu discuter ? Si l'on met aux voix la question suivante : faut-il proposer aux ennemis la paix ou la recevoir ? je sais bien ce que sera mon vote. Mais l'ordre du jour que tu nous proposes est bien différent. Tu nous demandes des renforts. Dans ce cas, ma position est qu'il ne faut rien vous envoyer et que la prudence, au contraire, devrait nous inciter à exiger votre rappel. J'ai dit.

De partout, fusèrent des cris de désapprobation. Profitant du vacarme, Itherbaal fit adopter l'envoi immédiat, sous les ordres de l'amiral Bomilcar, de quatre mille hommes et de quarante éléphants à Hannibal ainsi que le versement de mille cinq cents talents d'argent à ses intendants en paiement des soldes dues aux mercenaires. Il fut décidé qu'à la belle saison suivante douze mille fantassins, quinze cents cavaliers, vingt éléphants et soixante navires de guerre seraient acheminés sur les côtes du Bruttium. Dans la foulée, les sénateurs décidèrent aussi que Carthalon, accompagné d'Himilcon, partirait pour Carthagène avec vingt mille fantassins et quatre mille Numides pour renforcer l'armée d'Hasdrubal.

Magon eut bien du mal à échapper à l'empressement de ses partisans qui voulaient le féliciter ou solliciter de lui telle ou telle faveur. Finalement, il put quitter la salle des délibérations pour gagner Mégara afin de saluer, avant son départ, sa belle-sœur, Imilcé. Celle-ci l'accueillit avec joie à l'entrée de la vieille demeure des Barca. Elle était vêtue d'une robe de lin blanc laissant entrevoir les formes de son corps et le poids des ans semblait avoir épargné son visage rayonnant de beauté. En signe de bienvenue, elle offrit à son parent une coupe de vin et attendit que ce dernier l'ait bue pour lui demander :

— Comment va mon époux ?

— Aussi bien que possible. Tu sais sans doute qu'il a perdu un œil lors de la traversée des marais.

— Je l'ai appris mais, dans mes rêves, je le vois toujours tel qu'il était auparavant et j'ai hâte de le retrouver.

— S'il ne tenait qu'à moi, tu t'embarquerais à bord

du navire qui doit me ramener en Italie et je suis sûr qu'Hannibal serait heureux de mon initiative. Mais nous avons besoin de toi ici, plus que jamais. Nos adversaires au sein du Sénat ne désarment pas et j'ai beau avoir été le porteur d'excellentes nouvelles, ce maudit Hannon s'est comporté comme si j'avais annoncé la déroute totale de nos troupes. J'imagine qu'il va tramer derrière notre dos de savantes intrigues que tu es la seule à pouvoir déjouer.

— Tu me condamnes à demeurer ici, loin de mon époux, et ces paroles sont comme un poignard s'enfonçant dans mon cœur.

— Oublies-tu ce que je t'ai dit ? Si je l'estimais possible, ton départ ne serait qu'une question d'heures. Non, crois-moi, les Barca ne peuvent se permettre que tu quittes Carthage alors que leurs ennemis redoublent d'activité.

— N'ajoute rien à tes propos. J'ai fait une promesse à Hannibal et je la tiendrai.

— Ma chère Imilcé, je devine la question que tu n'oses me poser : et lui, est-il fidèle au pacte passé entre vous avant son départ de Carthagène ? Tu as sans doute entendu parler d'Hélène, sa compagne, et ce serait folie de ma part que de nier son existence. Je puis toutefois t'assurer qu'elle est pour lui une simple distraction et que tu restes son seul véritable amour. Je l'ai surpris parfois, alors qu'il ne se doutait pas de ma présence, en train de murmurer doucement ton nom et je puis t'assurer que cette preuve sans pareille d'affection m'a tiré les larmes des yeux. Chaque fois, je me suis esquivé pour ne pas rompre ce moment de charme et bien des femmes t'envieraient si elles étaient au courant de ce fait.

— Magon, je te sais incapable de mentir et tu n'as pu inventer ce que tu viens de me raconter. Puissent les dieux te combler de leurs bienfaits et te protéger durant ton voyage de retour. Dis à Hannibal que je le seconderai ici du mieux que je pourrai et que j'attends avec impatience le moment de le revoir.

*
* *

Magon rejoignit son frère à Capua[1] où ce dernier s'était installé après avoir levé le siège de Neapolis[2], trop puissamment fortifiée et dont la prise lui aurait coûté des milliers d'hommes. Il avait préféré accepter l'invitation des magistrats de la vieille cité campanienne, célèbre pour ses riches vignobles et pour son marché aux parfums, le Seplasia, dont les produits étaient vendus fort cher tout le long du pourtour de la grande mer. Après avoir informé Hannibal de l'accueil qu'il avait reçu à Carthage et lui avoir transmis le message d'Imilcé, il s'enhardit à lui faire remarquer :

— J'étais persuadé de te retrouver à Tarentum car je croyais qu'Hélène n'aurait eu de cesse de te convaincre de libérer sa patrie.

— Je lui ai promis de le faire mais rien ne presse. Contrairement à ce que tu penses, elle ne me dicte pas ma conduite même si ses conseils ne manquent pas de pertinence. J'ai jugé meilleur pour le moral de notre armée de lui offrir la possibilité de reconstituer ses forces dans un cadre agréable et, quand j'ai annoncé que ce serait Capua, nos hommes m'ont réservé une chaleureuse ovation. De toutes les cités de la Campanie, Capua est la plus riche et ses greniers regorgent de provisions dont tu ne tarderas pas à apprécier la saveur raffinée. Ses habitants nous ont fait bon accueil et leur fraternelle hospitalité me confirme dans mon idée que nous devons rallier à nous, en leur promettant la restauration de leurs antiques libertés, les peuples autrefois soumis à Rome.

— N'exagères-tu pas la sincérité de leurs senti-

1. Actuelle Capoue.
2. Actuelle Naples.

ments ? Après tout, ils ne devaient guère avoir envie de te voir réduire leur ville en cendres.

— Pour te dire la vérité, mon meilleur allié, dans cette affaire, a été le consul Caïus Térentius Varron, cet imbécile prétentieux que j'ai écrasé à Cannae. Les Capuans lui ont envoyé une ambassade pour solliciter sa protection et il a tenu à leurs délégués un discours propre à les jeter dans notre propre camp. Il leur a tout d'abord affirmé que Rome ne leur enverrait aucun renfort, toutes les légions devant assurer la garde de la ville de Romulus. Puis il nous a décrits sous les traits les plus noirs, nous accusant de manger la chair humaine et de nous servir des cadavres de nos ennemis pour construire des ponts capables de franchir les rivières les plus profondes. Et ce n'était rien à côté des reproches qu'il a faits à nos braves Numides, présentés comme des brutes sanguinaires auxquels il fallait par jour des centaines de victimes pour apaiser leur soif de sang.

Pourtant, s'il l'avait voulu, il aurait pu galvaniser l'énergie des Capuans en leur racontant que je n'aime pas — ce qui est vrai — perdre mon temps à assiéger des cités et que, à la moindre résistance de leur part, j'aurais tourné bride pour descendre en direction du Bruttium. Il pouvait compter sur de solides soutiens car les plus riches familles capuanes sont liées par des mariages avec les principales lignées patriciennes romaines. Tu rencontreras sous peu le principal magistrat de la ville, le meddix tuticus[1], Pacuvius Calavius. Non seulement il est citoyen romain mais c'est le gendre de l'ancien consul Appius Claudius Pulcher et le beau-père d'un autre consul, Marcus Livius Salinator. Son fils a grandi sur les rives du Tibre et se sent plus romain qu'un natif de cette ville. Trois cents de ses compagnons servent

1. Principal magistrat de Capoue.

dans les légions cantonnées en Sicile et sont réputés pour leur courage et pour leur discipline.

— Pourquoi leurs pères ont-ils trahi leur ancien allié ? Voilà une chose que je ne parviens pas à comprendre en t'écoutant !

— C'est très simple. Quand leurs ambassadeurs leur ont rapporté les propos de Caïus Térentius Varron, les habitants de Capua ont cru que ce dernier avait perdu la raison et que le Sénat se montrerait plus sensible à leurs demandes. Ils ont donc envoyé des délégués dans la cité de Romulus pour protester de leur fidélité et exiger comme seule garantie de leur non-abandon par Rome que l'un des deux prochains consuls soit choisi dans leurs rangs. Les Pères conscrits ont été tellement outrés de cette prétention qu'ils ont ordonné à la délégation de quitter sur-le-champ l'*ager romanus*. Les malheureux ont dû obtempérer et, sous le coup d'une légitime fureur devant tant d'ingratitude, se sont présentés aux portes de mon camp pour solliciter une audience.

— Te connaissant, je suppose que tu as déployé des trésors de séduction pour les convaincre de se rallier à toi.

— Tu te trompes. Je me suis simplement conduit comme un simple être humain et je les ai accueillis avec tous les honneurs dus à leur rang. Je les ai écoutés et leur ai dit que je ne chercherais pas à accroître le poids de leurs déboires. Cela a suffi pour que nous signions immédiatement le traité suivant : « Aucun général, aucun magistrat carthaginois n'exercera de droits sur un citoyen campanien ; aucune obligation militaire, aucune servitude ne sera imposée à un citoyen campanien. Capua gardera ses institutions et ses magistrats ; Hannibal laissera les Campaniens choisir trois cents prisonniers romains pour les échanger contre les cavaliers campaniens engagés en Sicile. » Il n'en a pas fallu davantage pour que les portes de la ville s'ouvrent devant moi.

— Je me réjouis de la conclusion de cet accord

mais, pour l'honneur des Capuans, j'aurais préféré que les plus courageux d'entre eux tentent de s'opposer par tous les moyens à cette capitulation déguisée. Je n'aime pas avoir des lâches pour alliés.

— Je te rassure. Il s'est trouvé parmi eux au moins deux hommes répondant à tes souhaits. Le premier est le propre fils de Pacuvius Calavius dont je t'ai déjà parlé. Son père avait donné un banquet en mon honneur et, pour l'honorer, j'avais décidé de placer son rejeton à ma droite. Ce gringalet non seulement a refusé de m'adresser la parole mais, quand je lui ai proposé de boire une coupe de vin pour fêter l'amitié toute nouvelle entre Capua et Carthage, il a préféré quitter la salle. Son père s'est lancé à sa poursuite et j'ai ordonné à Silénos d'espionner leur conversation. Ce qu'il m'a rapporté était édifiant. En pleurs, le jeune homme a confié à son père qu'il avait dissimulé sous sa tunique un poignard et qu'il comptait me l'enfoncer dans le cœur quand l'abus de vin aurait endormi ma méfiance. Pour le convaincre de renoncer à son forfait, son père n'a trouvé d'autre solution que de l'apitoyer en versant de chaudes larmes : « Mon fils, je ne puis t'empêcher de faire ce que l'honneur ou ce que tu prends pour l'honneur te commande d'accomplir. Mais Hannibal est mon invité et je ne puis tolérer qu'on transgresse sous mon toit les lois sacrées de l'hospitalité. Sache que, si tu persistes dans ton intention criminelle, je protégerai le chef punique en lui faisant un rempart de ma poitrine. » A ces mots, le jeune homme bouleversé éclata en sanglots et dit à l'auteur de ses jours : « Je sacrifierai à mon père ce que je dois à ma patrie. Je souffre pour toi, qui t'es rendu trois fois coupable de trahison envers ta ville : la première fois en proposant d'abandonner Rome, la deuxième en conseillant la paix avec Hannibal et la troisième aujourd'hui, en retardant et en empêchant le retour de Capua dans l'alliance de Rome. Reçois, ô ma patrie, cette épée que j'ai prise pour te sauver, quand je suis entré dans ce repaire d'ennemis, puisque mon père me l'arrache des mains. » Il l'a jetée par-dessus le mur du jardin. Silénos l'a récupérée et je l'ai rendue au jeune homme quand il a repris place à table afin de lui prouver mon admiration. Depuis, nous sommes les meilleurs amis du monde.

— Et quel fut le second de tes ennemis ?

— Un sénateur local, Décius Magius, qui m'a défié publiquement lorsque je me suis adressé à ses collègues. Je l'ai fait alors conduire à mon camp pour m'entretenir en privé avec lui. Durant toute la route, il n'a cessé de haranguer la foule qui se massait le long du cortège : « Vous l'avez, Campaniens, la liberté que vous avez demandée ; au milieu du forum, en plein jour, sous vos yeux, moi le principal citoyen de la ville, on m'enchaîne et on me traîne à la mort. Si Capua avait été prise, qu'aurait-on fait de pire ? »

— L'as-tu fait exécuter ?

— Il en aurait conçu trop de plaisir. J'ai préféré le faire embarquer à bord d'un navire en partance pour Carthage mais son bateau, dérouté par une tempête, a rejoint le port de Cyrène d'où il a gagné Alexandrie pour se placer sous la protection du pharaon. Ce dernier lui a offert de le faire reconduire à Capua ou à Rome. Il a décliné cette offre en prétendant que le royaume de celui qui lui avait rendu sa liberté était celui où il préférait terminer ses jours. Nous voilà débarrassés de lui à tout jamais !

Ayant pris Capua pour base principale de son armée, Hannibal lança plusieurs attaques, diversement couronnées de succès, contre les garnisons romaines de Nuceria[1], de Nola et d'Acerrae[2] avant de remonter vers Casilinum, située sur les bords du Vulturne, dont il s'empara au prix de pertes légères. Puis

1. Actuelle Nocera.
2. Actuelle Acerra.

il regagna Capua afin d'y prendre ses quartiers d'hiver.

Pour ses hommes, les quelques mois de la mauvaise saison qu'ils passèrent dans la cité campanienne furent sans doute les plus beaux de leur vie. Ils purent abandonner leurs tentes pour être hébergés dans les demeures des citoyens de la ville qui se firent un point d'honneur de leur fournir tout ce dont ils avaient besoin. Pour la première fois de leur existence, les Gaulois et les Ibères dormirent non pas à même le sol ou sur des branchages maladroitement assemblés, mais dans de vrais lits au matelas moelleux, se réchauffant à la chaleur de couvertures de laine finement tissée et, surtout, dans les bras des jeunes Capuanes qui ne tarissaient pas d'éloges sur les prouesses amoureuses de leurs compagnons. Ils partageaient leurs courtes journées entre les spectacles du cirque, les exercices dans le gymnase et les repas copieux pris en galante compagnie. Quand ses espions rapportèrent à Marcus Claudius Marcellus, l'un des principaux généraux romains, comment les fiers soldats d'Hannibal, qu'on croyait invincibles, avaient succombé, sans offrir la moindre résistance, aux « délices de Capua », il eut ce mot bien vite colporté par ses partisans dans les ruelles entourant le Forum : « Rome est sauvée ; Capua sera le Cannae des Puniques ! »

A vrai dire, c'était là beaucoup s'avancer. Depuis leur départ de Carthagène, les soldats de la cité d'Elissa avaient enduré tant de privations et de souffrances que ces quelques semaines de distraction n'étaient pas de trop pour leur permettre de reconstituer leurs forces. De plus, le chef punique avait soigneusement veillé à ce que les nouvelles recrues, arrivées de Carthage avec Bomilcar, ne bénéficient pas de ce traitement privilégié mais soient soumises, sous les ordres de Magon, à un entraînement intensif afin de pouvoir, le jour venu, égaler leurs compagnons d'armes. La réflexion du Romain avait surtout pour but de rassurer ses propres concitoyens qui avaient toutes les raisons d'être inquiets.

Car les deux nouveaux consuls entrés en fonction au début de l'année, Tibérius Sempronius Gracchus et Lucius Postumus Albinus, avaient bien du mal à rétablir l'ordre et à diriger la barque de l'Etat. Peu de temps après son investiture, le second fut d'ailleurs tué dans une embuscade tendue par les Boïens et ses troupes, démoralisées, abandonnèrent les places fortes de Placentia et de Crémona dont les habitants refluèrent en masse sur les bords du Tibre, venant grossir le flot des réfugiés qui encombraient les quartiers populaires de la cité.

Pour le remplacer, les Comices centuriates désignèrent Marcus Claudius Marcellus mais son élection fut cassée par ses adversaires au sein de la Curie qui lui reprochaient ses origines modestes. Il dut transmettre ses fonctions au vieux Quintus Fabius Maximus, l'un de ses proches, consul pour la troisième fois, et se contenter d'exercer un proconsulat en prenant le commandement des légions stationnées au nord de la Campanie, afin de barrer la route de Rome aux Carthaginois.

Au retour de la belle saison, Hannibal s'installa sur le mont Tifata[1] et envoya l'un de ses lieutenants, Himilcon, fils de Bostar, achever l'occupation du Bruttium en s'emparant de Petelia[2], de Consentia[3] de Crotone et de Locres qui abritait un sanctuaire réputé dédié à Proserpine que les Carthaginois s'abstinrent de piller. Seule la ville de Rhégium[4], bien que cernée de toutes parts, demeura obstinément fidèle à Rome. Ces victoires, remportées par une armée dont on disait à tort qu'elle avait été pervertie par les

1. Actuel Monte Vergine, au nord d'Avellino.
2. Actuelle Petilia.
3. Actuelle Cosenza.
4. Actuel Reggio de Calabre. Rhégium est le nom latin de la ville fondée par les Grecs sous le nom de Rhêgion.

délices de Capua, valurent de nouveaux ralliements à Hannibal. Philippe, roi de Macédoine, inquiet des convoitises des Romains sur les côtes illyriennes voisines de ses domaines, envoya une ambassade au général borgne pour conclure avec ce dernier un traité d'assistance mutuelle. L'affaire fut prise très au sérieux par le Conseil des Cent Quatre qui délégua à la hâte trois de ses membres, Magon, Myrkan et Barmokar, pour conduire les négociations. L'accord prévoyait que Carthage et la Macédoine conjugueraient leurs forces en cas d'agression romaine contre l'une d'entre elles. En récompense de ses futurs bons et loyaux services, Philippe recevrait, à la fin de la guerre, l'Illyrie et l'Epire mais acceptait, en contrepartie, de reconnaître le protectorat carthaginois sur le sud de la péninule italienne.

Encore plus prometteur était le changement d'attitude des Siciliens et, notamment, des Syracusains. Pendant de longs siècles, ceux-ci avaient été les fidèles alliés des Carthaginois et, au début de la première guerre punique, leur souverain, Hiéron, avait combattu avec les Mamertins et les troupes de la cité d'Elissa pour chasser de la grande île le corps expéditionnaire romain dirigé par Claudius Pulcher Asina. Puis, sur un coup de tête, il avait trahi ses compagnons de combat et était passé au service de Rome, recevant pour prix de sa trahison de grosses sommes d'argent et la souveraineté sur Messana[1]. Aujourd'hui, le monarque nonagénaire était tiraillé entre la fidélité envers les fils de la Louve et les intrigues du prince héritier, Gélon, partisan d'un rapprochement avec Carthage et qui mourut dans des circonstances mystérieuses, victime probablement d'un empoisonnement. Après la disparition de Hiéron, son petit-fils, Hiéronymos, lui succéda et son premier geste, lourd de signification, fut d'envoyer

1. Actuelle Messine.

une ambassade à Hannibal pour sonder les intentions du général carthaginois. Ce dernier accueillit les députés syracusains comme de vieux amis et leur fit comprendre qu'il ne leur tenait pas rigueur de la trahison de Hiéron. Il leur offrit de somptueux présents et les fit raccompagner en Sicile par deux de ses officiers, Hippokratès et Epikydès, des Carthaginois dont les ancêtres avaient vécu depuis des temps immémoriaux dans la grande île au point de porter des patronymes grecs.

Ces deux hommes négocièrent âprement avec Hiéronymos la conclusion d'un traité. Le jeune souverain commença par revendiquer, en cas de victoire sur Rome, la moitié de la Sicile jusqu'au fleuve Himéras[1]. Puis, se souvenant opportunément qu'il était le petit-fils du roi épirote Pyrrhus, dont les exploits étaient encore dans toutes les mémoires, il exigea que le Conseil des Cent Quatre lui reconnaisse la possession de toute l'île, garantissant en retour aux Puniques la disposition de plusieurs ports et forteresses moyennant le paiement de lourdes redevances. Ses ambassadeurs, dépêchés à Carthage, présentèrent ses exigences sur un ton empli d'arrogance qui provoqua l'indignation de Hannon le grand. Celui-ci supplia les sénateurs, dans un plaidoyer vibrant, de repousser ces offres indignes et ses arguments ébranlèrent la majorité de ses collègues.

Prévenue par Itherbaal, qui avait à grand-peine obtenu le report du vote, Imilcé réunit les principaux dirigeants du parti barcide dans son palais de Mégara et leur offrit un banquet dont tous les participants convinrent qu'il resterait dans les annales de la cité d'Elissa. Les lits de repos avaient été disposés sur une vaste terrasse protégée du soleil par un immense velum de lin blanc. Dans les bosquets, des chœurs avaient pris place et faisaient entendre, au

1. Actuel Salso.

son de la lyre, des chants suaves et harmonieux. Une nuée d'esclaves des deux sexes se relayaient pour apporter une multitude de plats raffinés : cygnes et paons en gelée, autruches rôties, poissons cuits avec des épices rares, fruits frais et confits provenant des vergers de la propriété, le tout servi avec des vins envoyés de Campanie par Hannibal. A côté de chaque convive, brûlaient dans des cassolettes d'argent des parfums provenant de la Seplasia et qui emplissaient l'air d'odeurs sucrées. A la fin du repas, Imilcé quitta son lit de repos pour saluer personnellement chacun des convives et lui remettre, à l'intention de son épouse, un coffret finement ciselé débordant de bijoux provenant du pillage des propriétés des sénateurs romains en Campanie et en Lucanie. Puis, regagnant sa place, elle s'adressa à ses invités :

— Mes chers amis, je sais que bon nombre d'entre vous ont approuvé le discours de Hannon le grand à propos des revendications du jeune souverain syracusain. Vous les estimez exorbitantes et vous vous proposez de les repousser en croyant agir pour le bien de Carthage. C'est là un piège que nous tend ce maudit Hannon car il sait qu'Hannibal a besoin de conclure ce traité avec Hiéronymos pour porter un coup fatal à l'arrogance de Rome. La perte de la Sicile privera la cité de Romulus de son approvisionnement en blé et l'obligera à capituler quand sa population sera réduite à se nourrir de l'herbe poussant entre les dalles du Forum. Pensez-vous un seul instant que les autres villes de la grande île accepteront d'échanger le joug romain pour la férule des Syracusains ? Panormos[1] et Acragas ne le toléreront jamais et feront appel à notre arbitrage pour ramener à la raison ce jeune fou de Hiéronymos et nous leur donnerons satisfaction. Pour l'heure, ce qui compte, c'est de l'amener à dénoncer son alliance

1. Actuelle Palerme.

avec Rome et il ne nous coûte rien de lui faire des promesses que nous ne pourrons pas tenir. Aussi, je vous en supplie au nom de mon époux, feignez d'accéder à cette requête.

— Imilcé, dit Itherbaal, nous suivrons ton conseil mais je doute fort que le peuple apprécie notre attitude et Hannon saura exploiter son ressentiment.

— Vous parlez du peuple mais vous ignorez tout de ses sentiments car vous refusez de vous mêler à lui en dehors des périodes d'élections. Moi, je le connais bien car je me promène souvent dans les rues de Carthage, à pied, et non pas dans une somptueuse litière précédée d'esclaves chassant devant elle les passants. Les artisans et les portefaix s'adressent à moi amicalement pour me faire part de leurs soucis et de leurs préoccupations. Par de menus dons, j'essaie de soulager les misères des plus démunis et, à leur contact, j'ai compris une chose : ces êtres frustes, que vous méprisez tout en affectant de parler en leur nom, ont une seule consolation dans leur morne existence : celle de savoir que leurs pères, leurs fils ou leurs frères combattent aux côtés de mon mari et contribuent de la sorte à la gloire de notre cité. Si l'on vous reproche votre vote, répondez que vous avez agi à ma demande et soyez sûrs que cela fera taire toutes les critiques.

— Qu'avons-nous à nous préoccuper de la Sicile ? fit Bomilcar, un sénateur aux opinions si fluctuantes qu'Imilcé se demanda pourquoi Itherbaal s'obstinait à le compter au nombre de ses amis.

— Je ne croyais pas avoir invité à ce banquet Hannon le grand, dit-elle, en suscitant l'hilarité des autres convives. Sans doute ton mépris de la grande île vient de ce que les possessions de tes ancêtres se trouvent en Sardaigne.

— C'est vrai et l'échec de notre récente expédition là-bas devrait nous inciter à la plus grande prudence.

— Puisque le vin glacé ne t'a pas rafraîchi la mémoire, permets-moi de le faire à sa place. Qui a recommandé à notre Sénat d'envoyer à Carales[1] un corps expéditionnaire commandé par Hasdrubal le chauve et Hannon, fils de Myrkan ? Toi ! Tu as prétendu être en relations avec un Sarde de mère punique, un dénommé Hampsicoras, qui affirmait pouvoir soulever, d'un simple mot de sa part, des milliers de ses compatriotes gémissant sous le poids des impôts prélevés par Rome. Pour achever de convaincre tes collègues, tu as soutenu qu'un nouveau préteur, totalement inexpérimenté, Quintus Mucius Scaevola, devait prendre le commandement des légions stationnées en Sardaigne et que notre armée, appuyée par ses alliés locaux, n'en ferait qu'une bouchée. Malheureusement, ce n'est pas ce jouvenceau qui a débarqué mais le vieux Titus Manlius Torquatus, l'un des chefs romains les plus compétents. Il a écrasé nos troupes et fait prisonniers Hasdrubal le chauve et Hannon ainsi que des milliers de nos soldats. Et c'est toi qui viens nous donner des conseils ! Sors de ma maison et garde-toi de reparaître devant moi ! Va plutôt rejoindre Hannon le grand pour le compte duquel tu nous espionnes depuis des années.

Les autres sénateurs se rallièrent à l'avis d'Imilcé et les envoyés de Hiéronymos repartirent pour Syracuse annoncer à leur maître que ses revendications étaient acceptées par le Conseil des Cent Quatre. Le jeune souverain n'eut guère le temps d'en profiter car il périt, assassiné, à Léontinoi[2] où il avait conduit son armée pour déloger de cette place forte la maigre garnison romaine qui l'occupait. Sa mort en elle-même n'avait pas d'importance contrairement au ralliement de sa ville à Carthage. A son tour, la Sicile faisait défection.

1. Actuel Cagliari.
2. Actuel Lentini.

*
* *

Le fait ne fut pas sans influer sur les élections qui se déroulèrent à Rome afin de désigner les nouveaux consuls, élections qui furent présidées par le vieux Quintus Fabius Maximus. A la surprise générale, lui, qu'on tenait pour un fieffé conservateur, piétina allègrement la procédure fort ancienne régissant le scrutin. Le corps électoral était divisé en centuries et les premières à voter étaient celles réunissant les chevaliers et les citoyens les plus fortunés dont le choix était généralement entériné par les autres centuries. Une tradition singulière voulait qu'avant le vote des chevaliers l'on tirât au sort une centurie prérogative dont l'opinion avait valeur de présage. Cette année-là, le hasard désigna la centurie des *juniores,* c'est-à-dire des hommes âgés de moins de quarante-six ans, de la tribu de l'Anio, vivant à l'est de Rome. Celle-ci vota massivement en faveur de Titus Otacilius Crassus et de Marcus Aemilius Regillus, assurés dès lors d'être les prochains consuls.

A la surprise générale, Quintus Fabius Maximus cassa le vote en arguant que les candidats étaient soit inéligibles soit indignes d'exercer leurs fonctions. Marcus Aemilius Regillus était flamine de Quirinus et cette dignité religieuse lui interdisait de quitter l'enceinte de Rome et donc d'exercer un commandement militaire. Quant à Titus Otacilius Crassus, neveu par alliance de Quintus Fabius Maximus, il était, selon ce dernier, incompétent puisque, chef de la flotte, il n'avait pu intercepter les navires de ravitaillement envoyés par Carthage à Hannibal. Usant du prestige que lui valait sa qualité d'ancien dictateur, le vieux Quintus Fabius Maximus convainquit les électeurs de le nommer consul en compagnie de Marcus Claudius Marcellus, enfin réhabilité.

Ce coup de force juridique partait d'un bon sentiment et non d'une soif effrénée de pouvoir. Pour

Quintus Fabius Maximus, l'élection annuelle des consuls était un obstacle à la conduite de la guerre. Les magistrats avaient à peine le temps de préparer leurs plans de campagne qu'ils devaient céder la place à leurs successeurs appartenant souvent à la faction adverse. Aussi avait-il décidé de mettre en place un système assurant la continuité des affaires de l'Etat : la prééminence d'un clan dont les membres occuperaient successivement les postes de consuls, ceux sortants voyant leurs pouvoirs prorogés par l'attribution d'un proconsulat. En l'occurrence, les bénéficiaires de cette entorse aux règles traditionnelles étaient les partisans des Fabii, leurs adversaires, les membres de la gens Cornelia, dont les plus illustres représentants étaient Publius et Cnaeus Cornélius Scipion, se voyant expédier au loin, en Ibérie, sans grand espoir d'être rappelés avant de longues années.

En attendant la reprise des opérations contre Hannibal, les deux nouveaux consuls durent mener à bien une réforme monétaire rendue indispensable par les dévaluations successives de l'as, la monnaie de bronze, dont la chute, au lendemain de Cannae, avait provoqué un renchérissement des denrées alimentaires et l'appauvrissement de la plèbe. Réunis en petit comité, les sénateurs décidèrent la création d'un denier d'argent, dont la face s'ornait d'une tête casquée représentant Rome. Quant aux impôts, ils furent lourdement augmentés et les familles les plus fortunées durent verser des contributions volontaires pour équiper la flotte et les nouvelles légions, leur seule consolation étant que ces avances leur seraient ultérieurement remboursées par l'attribution de terres prélevées sur le domaine public.

Ces mesures sans précédent indiquaient que la cité de Romulus s'apprêtait à reprendre l'offensive. Hannibal regagna les environs de Capua avant de ravager le territoire de Cumes et de Neapolis. Lors de cette expédition, il rencontra sur les bords du lac d'Averne un groupe de jeunes nobles tarentins faits prisonniers par lui à Cannae et dont il avait ordonné la libération. Parmi eux, se trouvaient des parents de sa compagne Hélène qui demandèrent à s'entretenir avec elle en sa présence. Sans doute désireux de s'attirer les faveurs du chef punique, ils affirmèrent être en mesure de lui livrer leur ville si son armée se présentait sous ses murailles. Le fils d'Hamilcar les prit au mot mais, parvenu à proximité de Tarentum, il constata que sa garnison avait été renforcée par les troupes de Marcus Valérius Laevinius venues de Brundisium et qu'un siège se solderait par un échec. Le soir, il eut un entretien orageux avec sa maîtresse :

— Ainsi, voilà la manière dont m'accueillent tes compatriotes. Je les croyais pourtant avides de recouvrer leur liberté. Je constate que la simple présence de quelques centaines de légionnaires suffit à les rendre doux comme des agneaux.

— Je comprends ta déception, Hannibal, mais il doit s'agir d'un malentendu. Si tu le permets, je pénétrerai de nuit dans la ville et je suis sûre de pouvoir provoquer une émeute populaire qui obligera les Romains à se réfugier dans la citadelle où il te sera facile d'obtenir leur capitulation.

— Je t'interdis de courir ce risque. Je n'ai pas envie de te perdre. Par contre, à l'avenir, je me garderai bien d'écouter tes conseils. Tu n'es pas faite pour t'occuper de politique ou d'affaires militaires. Contente-toi donc d'égayer mes soirées par ton babillage plutôt que de m'importuner avec tes plans fantaisistes.

— Je ne sache pas que tu tiennes pareils discours à Imilcé !

— Un mot de plus et je te chasse sans pitié de mon camp. Sache que je te fais défense de prononcer le nom de mon épouse bien-aimée !

Fort heureusement pour les Carthaginois, leur échec devant Tarentum fut compensé par la prise de Syracuse dont Hippokratès et Epikydès, en distribuant force sommes d'argent, parvinrent à se faire élire magistrats à l'issue d'un scrutin ponctué de nombreuses irrégularités. Retenu à Lilybée, Appius Claudius Pulcher n'avait rien pu faire et attendit l'arrivée du nouveau consul, Marcus Claudius Marcellus, pour mettre le siège devant la cité rebelle, dont les défenses étaient réputées imprenables. Du côté de la terre, la ville, très étendue, surmontée par le plateau des Epipoles, était protégée par une enceinte puissamment fortifiée dont les boulets lancés par les catapultes ne parvenaient pas à entamer les lourds blocs de pierre. L'Achradine, la ville basse, était entourée de remparts non moins solides, faisant face à l'île d'Ortygie, qui protégeait le grand et le petit ports. Les Syracusains, toutefois, étaient persuadés que leur meilleur défenseur était un vieillard, parent de Hiéron, Archimède, géomètre de son état et promu ingénieur en chef de la ville. Il vivait dans une vaste maison située près de la tour Galéagre et consacrait ses journées à mettre au point des machines de guerre qui semaient l'effroi dans les rangs de l'ennemi.

Marcus Claudius Marcellus ne tarda pas à l'apprendre à ses dépens. Il avait fait venir de Lilybée et de Rhégium de nombreux navires qui mouillèrent dans la baie. Convaincu de son invincibilité, il fit attacher deux par deux les bateaux, bâtissant sur une plate-forme improvisée d'immenses tours, où prenaient place les vélites, les lanceurs de javelots, qui se trouvaient de la sorte à hauteur des défenseurs de la muraille qu'ils pouvaient cribler de leurs traits meurtriers. C'était du moins ce qu'imaginait le consul. Il déchanta rapidement car Archimède disposa sur les courtines des balistes et des catapultes dont les projectiles coulèrent les embarcations adverses. Il crut avoir trouvé la parade en attachant ensemble huit navires sur le pont desquels il édifia une gigantesque échelle protégée par plusieurs rangées de boucliers rectangulaires. Ce monstre marin s'approcha dangereusement de la muraille de l'Achradine et les légionnaires s'apprêtaient à bondir sur le chemin de ronde lorsqu'une machine, jusque-là dissimulée par une lourde toile, fit son apparition en haut d'une tour. C'était une catapulte capable de projeter des blocs de la taille d'une maison et, lorsque ceux-ci s'écrasèrent sur les navires, ils provoquèrent leur naufrage, causant la mort par noyade de plusieurs centaines d'hommes. Pensant qu'il faudrait aux Syracusains beaucoup de temps pour approvisionner en nouveaux projectiles cet instrument terrifiant, le consul ordonna à une dizaine d'autres bateaux de s'approcher de l'enceinte. Là encore, Archimède avait tout prévu. Il fit entrer en action des grues gigantesques qui se terminaient par une lourde main de fer qu'il suffisait de manœuvrer habilement pour saisir par la proue les navires ennemis et les hisser, au moyen d'un treuil, dans les airs avant de les laisser retomber brutalement dans les eaux du port.

Echaudé par cette série de revers, Marcus Claudius Marcellus jugea plus prudent de faire reculer le reste de la flotte loin de la muraille. Quand il aperçut les défenseurs de celle-ci disposer en haut des tours des miroirs, il ne put s'empêcher de sourire et dit à ses officiers :

— Ce diable d'Archimède pense sans doute que j'ai envie de contempler mes troupes au grand complet. Que les bateaux se placent donc en ordre de combat afin que je puisse les regarder tout à mon aise grâce à l'instrument que m'offre ce vieux fou !

— Ne crains-tu pas une nouvelle ruse de sa part ? lui demanda un centurion.

— Il n'y a aucun risque et je m'en voudrais de donner à cet homme l'impression que je redoute ses inventions. Qu'on fasse ce que j'ai ordonné.

Quand le soleil fut à son zénith, Archimède inclina les miroirs de telle manière qu'ils reflètent vers les bateaux les rayons du char d'Apollon. Bientôt, à la stupéfaction générale, la charpente des navires s'enflamma et leurs capitaines durent gagner la haute mer pour éviter de voir leurs bateaux réduits en cendres tout en étant entourés d'eau. Lorsqu'il rapporta ce fait à son collègue Appius Claudius Pulcher, le consul ne put s'empêcher de se moquer de lui-même et de ses malheurs, à la grande fureur de son interlocuteur.

Car ce dernier, dont le camp était situé à l'intérieur des terres, avait beau lancer assaut sur assaut contre l'enceinte, il ne parvenait pas à se maintenir longtemps sous les remparts et craignait d'être pris à revers par un corps expéditionnaire carthaginois, fort de vingt-cinq mille fantassins et trois mille cavaliers appuyés par une vingtaine d'éléphants, dont on lui avait signalé le débarquement près de Héracleia Minoa, non loin d'Acragas[1] où une garnison punique s'était installée. Le danger était d'autant plus grand qu'une nuit, Hippokratès, à la tête de plusieurs milliers de soldats, avait réussi à quitter Syracuse pour rejoindre les renforts envoyés par la cité d'Elissa et s'emparer de plusieurs autres villes demeurées jusque-là fidèles à Rome.

Le siège durait depuis des mois et paraissait ne jamais devoir prendre fin lorsque Marcus Claudius Marcellus s'empara de la ville par traîtrise. Condamné au fouet pour une broutille par Hippokratès, un Syracusain fut si mortifié par cette humiliation qu'à peine remis de ses blessures, il se glissa dans le camp romain pour l'avertir que sa cité s'apprêtait à célébrer la fête d'Artémis, l'une de ses divinités tutélaires. En l'honneur de la déesse, l'on servirait à profusion du vin aux défenseurs dont la vigilance se relâcherait sans nul doute. L'homme, auquel le consul promit une forte récompense si ses renseignements s'avéraient exacts, montra à ce der-

1. Agrigente.

nier l'un des points faibles du dispositif syracusain, à proximité de la tour Galéagre. A la tombée de la nuit, quelques dizaines de légionnaires rampèrent dans l'obscurité jusqu'au rempart contre lequel ils dressèrent de hautes échelles de bois. Ivres à force d'avoir offert des libations en l'honneur d'Artémis, les sentinelles s'étaient assoupies et les membres de ce petit détachement parvinrent sans peine à s'emparer du chemin de ronde puis à ouvrir l'une des poternes de l'Hexapyles, la forteresse commandant le plateau des Epipoles, par laquelle s'engouffrèrent dans le plus grand silence les soldats de Marcus Claudius Marcellus. Au petit matin, ce dernier était maître de la ville haute dont la garnison avait été massacrée jusqu'au dernier homme.

Epikydès, lui, s'était réfugié, en compagnie d'Archimède, dans l'Achradine où il disposait d'assez de vivres et de réserves d'eau pour soutenir un long siège. Quand il apprit la mort au combat, près d'Acragas, d'Hippokratès, son second, il comprit que le corps expéditionnaire carthaginois ne viendrait pas à son secours. Dans le plus grand secret, il s'embarqua, une nuit, à bord d'un navire qui força le blocus romain et gagna les côtes du Bruttium. L'Achradine résista encore quelques jours mais Mœricus, un officier ibère, qui servait dans l'armée carthaginoise depuis de longues années sans avoir obtenu d'avancement, prit contact avec le consul et, contre la promesse d'une forte récompense et l'octroi de terres au nord de Sagonte, ouvrit aux Romains la porte située à proximité de la fontaine d'Aréthuse.

La ville basse tomba donc aux mains de Marcus Claudius Marcellus et, avec elle, les énormes richesses entassées depuis des siècles dans les palais des aristocrates syracusains. Les plus précieuses furent mises de côté pour être envoyées à Rome et le reste livré aux soldats qui pillèrent pendant plusieurs jours la cité, maison par maison, faisant prisonniers les femmes, les enfants et les jeunes gens, massacrant sans pitié les hommes en âge de porter les armes et les vieillard. Au nombre des victimes, figurait Archimède, surpris dans sa retraite alors qu'il dessinait d'étranges figures sur le sable disposé sur sa table. Quand un légionnaire pénétra dans la pièce, il n'esquissa aucun geste de défense et ne prit même pas la peine de dévoiler à l'intrus son identité, ce qui lui aurait sauvé la vie car le consul avait ordonné qu'on l'épargne afin d'utiliser ses compétences. Il préféra se replonger dans ses pensées, ce qui eut pour résultat d'exaspérer le soldat qui lui trancha la gorge sans savoir qu'il mettait ainsi fin à l'existence de l'un des plus grands savants de son époque. Lorsqu'il apprit la nouvelle, Marcus Claudius Marcellus entra dans une violente colère et fit battre de verges le meurtrier. Il eut soin de rendre les derniers honneurs au vieillard et prit sous sa protection ses proches qui lui furent désignés par quelques Syracusains éplorés.

*
* *

La perte de la Sicile fut pour Hannibal un rude choc. Certes, pendant deux ans encore, le corps expéditionnaire carthaginois, placé sous le commandement d'Hannon et de Mutinès, se maintint dans la région d'Acragas mais au prix de mille difficultés et il fallut se résoudre à l'évacuer, ce dont se chargea Bomilcar, l'un des meilleurs amiraux puniques. Le fils d'Hamilcar dut se résigner à donner enfin satisfaction à sa maîtresse en se dirigeant vers Tarentum, bien décidé, cette fois-ci, à s'emparer de la ville. Son port lui permettrait de recevoir des renforts de Carthage et il espérait que Philippe de Macédoine y débarquerait avec une armée afin de marcher de concert sur Rome.

Là encore, il eut pour meilleurs alliés les fils de la

Louve. Loin d'être reconnaissants aux habitants de Tarentum de leur longue fidélité, ils avaient fait exécuter une dizaine d'entre eux, retenus en otages sur les bords du Tibre, en les précipitant du haut de la roche Tarpéienne. Les victimes étaient des jeunes gens appartenant aux meilleures familles aristocratiques et leurs proches jurèrent de les venger dès que l'occasion s'en présenterait. Quand Hannibal mit le siège devant la ville, il ne tarda pas à remarquer qu'à la nuit tombée certains de ses défenseurs effectuaient des sorties fort pacifiques, se gardant bien d'attaquer, même lorsqu'ils étaient en nombre supérieur, les petits escadrons numides patrouillant dans les environs. Visiblement, ces curieux guerriers cherchaient à entrer en contact avec lui et il ordonna à ses soldats de ne pas les attaquer mais, au contraire, de feindre la fuite de telle sorte que leurs poursuivants puissent s'approcher assez près de son camp tout en étant suffisamment éloignés de leur ville pour qu'il soit impossible d'observer leurs mouvements. Durant trois soirs de suite, le même manège se répéta, confirmant Hannibal dans ses soupçons. Le quatrième jour, il se porta, avec une escorte réduite, à la rencontre des Tarentais dont deux délégués, nommés Nicon et Philomènos, acceptèrent de le rejoindre sous sa tente. Là, Hélène lui confirma que ces jeunes gens étaient issus des meilleures familles patriciennes locales et que leurs frères aînés figuraient au nombre des otages exécutés par Rome. Le chef punique les laissa repartir, les autorisant même à emporter quelques têtes de bétail afin d'expliquer au chef de la garnison romaine qu'ils avaient opéré une fructueuse razzia dans le camp carthaginois.

Deux jours plus tard, Nicon et Philomènos étaient de retour et communiquèrent à Hannibal les conditions mises par leurs parents à la reddition de la ville : celle-ci devait bénéficier du même traitement que Capua et les Carthaginois devaient s'engager à s'abstenir de tout pillage. Magon, le frère cadet du général, serait retenu en otage dans une propriété voisine par des complices afin que les termes du traité soient scrupuleusement respectés. Le futur captif fut le premier à approuver ce plan et l'on décida que, pour expliquer son absence du camp, le fils aîné d'Hamilcar prétendrait lui avoir intimé l'ordre de se rendre à Carthage. Les deux jeunes Tarentais repartirent une nouvelle fois avec une dizaine de bœufs et de vaches. Il fallait bien qu'ils fournissent des explications sur les raisons de leurs sorties nocturnes afin d'endormir la méfiance de leurs supérieurs et ils savaient que ramener à ceux-ci de quoi améliorer leur ordinaire ferait taire d'éventuelles questions. Bientôt, chaque nuit, ils revinrent saluer Hélène et son compagnon avant de regagner au petit jour la cité assiégée dont ils se faisaient ouvrir l'une des poternes en usant d'un signal convenu avec le centurion de garde, deux coups de sifflet.

Un soir, ils prévinrent Hannibal que, le lendemain, le chef de la garnison offrirait un banquet à ses officiers dans la citadelle située de l'autre côté de la ville et que la surveillance de la poterne située après la porte Téménide serait confiée à plusieurs de leurs complices qui se faisaient fort de détourner l'attention de l'officier romain de faction avec eux. Le chef punique ordonna que, profitant de l'obscurité, plusieurs milliers de ses hommes gagnent une colline boisée distante de quelques dizaines de stades de la muraille et y passent la journée, soigneusement dissimulés derrière les épaisses futaies. Le soir suivant, il se porta avec un escadron de cavaliers numides à proximité de la porte Téménide. Quand Nicon, jouant à merveille son rôle de traître, prévint Caïus Livius, le chef romain, occupé à faire ripaille, que quatre-vingts Carthaginois environ rôdaient dans les environs, ce dernier lui répondit qu'il avait mieux à faire que de s'occuper d'une bande de maraudeurs et ordonna qu'on ne l'importune plus du reste de la soirée qu'il entendait finir avec ses principaux officiers et quelques courtisanes.

Nicon rejoignit ses compagnons et attendit avec impatience l'arrivée de Philoménos qui, comme à l'accoutumée, était parti — c'est du moins ce qu'il avait prétendu — chasser. Son complice ne tarda pas à se présenter devant la fameuse poterne, portant sur la croupe de son cheval le cadavre d'un sanglier et lança les deux coups de sifflet habituels. Le centurion de faction ordonna qu'on ouvrît la porte au jeune homme et se porta à sa rencontre pour admirer l'animal qu'il rapportait. C'est alors qu'il tomba sous les coups des Numides qui s'étaient glissés dans l'obscurité jusqu'à l'entrée du corps de garde. Puis ils gagnèrent la porte Téménide dont ils tuèrent les gardiens avant d'ouvrir les lourds vantaux par lesquels l'armée d'Hannibal s'engouffra dans la ville où les habitants entreprirent de massacrer les légionnaires logeant chez eux. Quelques-uns d'entre eux parvinrent toutefois à s'échapper et à donner l'alerte à la citadelle située sur une île séparée du port par un étroit chenal. Brutalement dégrisé, Caïus Livius parvint à rassembler le reste de la garnison et à s'enfermer à l'abri de la forteresse protégée par des remparts inexpugnables. De là, il contrôlait le port où les navires des riches marchands tarentins demeurèrent bloqués jusqu'à ce qu'Hannibal eût l'idée de les remorquer par la ville basse sur des rouleaux de bois à travers une voie spécialement obtenue en démolissant plusieurs pâtés de maisons.

Ce fut là, bien qu'il l'ignorât, son dernier succès. Car il dut se porter bientôt au secours de ses alliés capuans. Leur cité était assiégée par quatre légions placées sous les ordres des consuls Quintus Fulvius Flaccus et Appius Claudius Pulcher que le Sénat avait menacés de la peine capitale s'ils ne parvenaient pas à s'emparer de la ville rebelle. Laissant dans le Bruttium le gros de son armée, le fils d'Hamilcar se dirigea à marches forcées vers Rome en empruntant la Via Latina, précédé de peu par quinze mille Romains qui faisaient route par la Via Appia. Sur les rives du Tibre, un vent de panique commença à souffler. Le préteur urbain Caïus Calpurnius Pison dut édicter des mesures sévères pour réprimer un début de soulèvement populaire. Le Sénat siégeait en permanence sur le Forum et les citoyens passaient leurs journées dans les temples où ils offraient en sacrifice des milliers d'animaux. Quelques propagateurs de rumeurs alarmistes furent précipités du haut de la roche Tarpéienne pour avoir tenté de soudoyer des gardes afin de quitter la ville avant l'entrée des troupes carthaginoises. Les rumeurs les plus folles couraient sur la progression de celles-ci.

Un matin, des réfugiés se présentèrent devant la porte Colline. Ils venaient de l'Anio, un district campagnard situé à une trentaine de stades[1] de Rome, et affirmaient qu'Hannibal, à la tête d'un détachement de deux mille hommes, venait d'installer son campement dans leurs foyers. Les Pères conscrits ordonnèrent de les conduire sous bonne garde jusqu'au Capitole et de leur interdire tout contact avec les autres habitants afin de ne pas démoraliser ces derniers. La précaution s'avéra vaine. Au milieu de l'après-midi, la foule se porta en masse sur les remparts pour observer les cavaliers numides caracolant entre la porte Colline et la porte Esquiline. Au milieu d'entre eux, juché sur un cheval d'un noir étincelant, se tenait Hannibal, reconnaissable à son manteau de commandement. Il avait enfin réalisé son rêve : il était sous les murailles de Rome, qu'il contemplait de son œil unique comme un vautour scrute sa proie. Dans la nuit, l'on vit distinctement les feux s'élever de son camp où le reste de ses troupes l'avait rejoint.

1. Environ 5 kilomètres.

Quand le jour se leva, les deux armées s'étaient rangées en ordre de bataille et avaient commencé à faire mouvement lorsqu'un violent orage de grêle éclata, les obligeant à se mettre à l'abri. Le lendemain, le même phénomène se reproduisit et les environs de la porte Colline furent noyés dans une brume épaisse. Dans la ville, plusieurs immeubles s'effondrèrent, provoquant la mort de leurs habitants cependant que leurs voisins, calfeutrés chez eux, attendaient avec impatience la fin de ce déluge qui fit gonfler les eaux du Tibre. Quand la pluie cessa, la foule courut sur les remparts et le cri des premiers arrivés emplit d'effroi leurs concitoyens qui refluèrent à l'intérieur de la cité, croyant naïvement que les Carthaginois escaladaient la muraille. Cette méprise fut vite dissipée par des messagers chargés par le Sénat d'annoncer à tous l'incroyable nouvelle : Hannibal avait levé son camp. Des éclaireurs envoyés en reconnaissance confirmèrent le fait. Les troupes puniques se repliaient en bon ordre vers le sud, en direction du Bruttium.

*

* *

Quand il retrouva Maharbal et Magon près de Tarentum, le premier, l'air triste, lui lança :

— Sans doute était-ce parce que je n'étais pas à tes côtés que tu as refusé, cette fois-ci encore, de dîner au Capitole ?

— Je t'en supplie, par Melqart tout-puissant, n'aggrave pas ma douleur ! Oui, j'ai contemplé les murailles de Rome et j'aurais peut-être pu pénétrer dans cette ville en achetant très cher quelques complicités. C'était le seul moyen pour moi de m'en emparer car je n'avais avec moi ni catapultes ni machines de siège pour démolir ses remparts. Je touchais au but mais, au dernier moment, un sinistre pressentiment m'a fait comprendre qu'il valait mieux rebrousser chemin.

— Tu en dis trop peu. Quel était ce présage capable de provoquer l'épouvante chez toi qu'on dit inaccessible à la peur ?

— Maharbal, tu sais qu'on me soupçonne d'impiété car, contrairement à ces maudits Romains, je n'aime pas faire étalage de mes sentiments religieux. Je suis pourtant sensible aux messages que nous adressent les dieux et les deux violents orages qui se sont abattus sur mon camp alors que je m'apprêtais à livrer bataille étaient pour moi un avertissement sans équivoque. Je suis convaincu que, si j'avais engagé le combat, la mort me guettait et je ne voulais pas offrir aux fils de la Louve le spectacle de mon cadavre gisant au pied de leurs remparts. J'ai l'intime conviction qu'ils seront un jour les responsables de mon trépas mais ce moment n'est pas encore venu. J'ai donc préféré ne pas outrager Baal Hammon en devançant l'heure de ma mort.

— Tes paroles sonnent juste mais elles ne convaincront personne. D'autres explications circulent déjà et elles ne sont pas à ton avantage.

— J'aimerais les connaître.

— On murmure dans nos rangs que tu as été vexé parce que les Romains avaient mis aux enchères le champ où tu avais installé ton camp et qui, en vertu des lois de la guerre, était devenu ta propriété. Des milliers d'acheteurs se seraient présentés devant le Sénat pour se porter acquéreurs de ce lopin de terre, ce qui prouvait que les fils de la Louve étaient persuadés de ta prochaine défaite.

— Ceux qui colportent ces ragots ignorent que, dans le même temps, mes soldats avaient acheté, lors d'enchères similaires organisées par moi, les boutiques des changeurs qui se trouvent sur le Forum. C'est te dire combien j'étais confiant dans ma bonne fortune jusqu'à ce que les dieux m'adressent leur avertissement.

— Que diront nos enfants et nos petits-enfants d'un tel fait ? Le plus grand général qu'ait jamais eu Carthage a fait traverser à ses troupes les Pyrénées et les Alpes. Il n'a pas craint de les entraîner dans les eaux fétides des marais, où il a perdu un œil, et une simple averse l'aurait conduit à renoncer à prendre la capitale de ses ennemis ! Le soleil du désert et les neiges de la Bactriane n'ont pas eu raison de la détermination d'Alexandre qui a mené ses soldats jusque sur les rives de l'Hindus.

— Lui aussi, tu l'oublies, rétorqua Hannibal, a dû revenir sur ses pas alors que les portes d'un empire mystérieux s'ouvraient devant lui. Il savait que, dans l'Olympe, son sort avait déjà été décidé et que la mort le faucherait prochainement. Il a préféré mourir au milieu des siens.

— Il se trouvait à des centaines de stades de sa capitale. Toi, tu étais à quelques journées de marche du Bruttium et il ne tenait qu'à toi de nous prévenir. Nous serions accourus pour te prêter main-forte et t'aider à prendre cette maudite ville. Je suis prêt à parier que tu n'y as même pas songé tant tes cauchemars te faisaient perdre le jugement.

— Maharbal, ne confonds pas les rêves et les avertissements que les dieux, dans leur grande miséricorde, adressent à ceux qu'ils aiment ou qu'ils veulent sauver de la perte. N'oublie pas une chose : c'est parce que leurs consuls ont négligé les avertissements des augures que les Romains ont été défaits à Trasimène et à Cannae. J'ai trop le souci de mes hommes pour leur faire courir pareil risque.

— Tu m'as dit tout à l'heure que tu n'étais pas aussi impie que tes adversaires le prétendent et je me rends compte que ta piété, pour être discrète, est bien réelle. J'aurais dû prendre la tête de cette expédition car, moi, je laisse Melqart et Baal Hammon se débrouiller entre eux. Je ne leur demande pas de se mêler des affaires humaines et je n'aurais eu aucun scrupule à galoper dans les rues de Rome.

Aujourd'hui, il est trop tard pour lancer une nouvelle offensive. Jamais plus, nous ne reverrons les bords du Tibre.

— Maharbal, fit Magon d'une voix douce, il est vain de vouloir refaire le passé. Nous devons songer à l'avenir et, si j'ai un reproche à adresser à mon frère, c'est celui d'avoir dirigé ses pas vers le Bruttium plutôt que de venir en aide à nos alliés capuans dont la cité est sur le point de capituler.

— Tes informations sont erronées, dit Hannibal d'un ton amer. La ville est aujourd'hui aux mains de l'ennemi. Nos bons amis campaniens n'ont pas attendu mon arrivée sous les murs de Rome pour engager des pourparlers secrets avec le Sénat, lui offrant de leur livrer la garnison carthaginoise qui résistait vaillamment aux assauts des légions d'Appius Claudius Pulcher. J'ai intercepté plusieurs de leurs messagers et les documents dont ils étaient porteurs m'ont prouvé qu'ils ne méritaient pas que je sacrifie pour eux un seul de mes hommes. Mon unique regret est d'avoir dû abandonner Bostar et Hannon qui commandaient nos troupes stationnées dans cette ville. Les Capuans ont d'ailleurs été cruellement punis de leur traîtrise. Les sénateurs les ont abreuvés de belles promesses et leur ont fait miroiter l'espoir qu'ils obtiendraient leur pardon à condition de livrer ceux de leurs magistrats coupables d'avoir collaboré avec nous. Ceux-ci se sont comportés dignement et ont préféré se suicider plutôt que de manquer à leur parole. Leurs corps étaient à peine froids que leurs concitoyens se sont empressés d'ouvrir aux légions la porte de Jupiter et de leur livrer nos soldats. Mal leur en a pris car les vainqueurs ont fait exécuter tous les citoyens les plus fortunés de Capua et ont vendu comme esclaves tous les autres, sans distinction de sexe ou d'âge. Leurs biens appartiennent désormais au Sénat romain et la cité la plus prospère de la Campanie n'est plus qu'une humble bourgade peuplée par des affranchis et des artisans de basse extraction acheminés à grands frais de Rome. Voilà comment celle-ci traite ceux qui l'ont trahie et cette leçon devrait inspirer une salutaire terreur à tous nos alliés. Ils n'ont aucune pitié à attendre de la cité de Romulus et leur sort est inexorablement lié au nôtre. C'est peut-être là la seule victoire dont je puisse m'enorgueillir pour cette année.

CHAPITRE 5

Les propos tenus par le chef punique à Magon et à Maharbal n'exprimaient pas ses sentiments véritables. En effet, depuis l'annonce de la reddition de Capua, Hannibal était inquiet, sujet à de terribles accès de colère et de désespoir. Hélène, sa compagne, avait tenté mais en vain de l'apaiser en usant de ses charmes et en lui prodiguant d'expertes caresses. Il l'avait repoussée sans ménagement, lui ordonnant de ne plus venir l'importuner. La jeune femme avait cru à un moment d'irritation passagère et s'était retirée à l'autre extrémité du camp, acceptant la cour empressée que lui faisaient certains jeunes officiers carthaginois. Bien entendu, il n'était pas question pour elle de céder à leurs avances. Elle voulait simplement éveiller dans le cœur du général un sentiment de jalousie qui le pousserait à la rappeler auprès de lui. Elle déchanta rapidement. Le fils d'Hamilcar persistait à l'ignorer superbement et à passer ses soirées en solitaire, refusant de partager le repas de ses principaux capitaines.

Un matin, Silénos se présenta, accompagné d'esclaves porteurs de présents, chez la maîtresse délaissée dont le cœur se mit à battre violemment. Elle fit patienter le confident de son compagnon et ordonna à ses servantes de la parer de ses plus riches atours et de ses bijoux les plus précieux. Elle se devait d'être magnifique quand elle traverserait le camp à pas comptés pour se rendre dans les quartiers du commandant en chef. Les soldats, en la contemplant, ne manqueraient pas de s'extasier sur sa beauté et elle leur adresserait en remerciement son sourire le plus enjôleur. Sa disgrâce allait prendre fin et elle retrouverait auprès de son amant la place qu'elle considérait comme lui étant due.

Quand elle apparut devant Silénos, ce dernier s'inclina respectueusement et elle remarqua son regard empreint de convoitise.

— Ami, dit-elle, tu m'as manqué. Je ne te fais aucun reproche car tu obéissais aux ordres de ton maître et tu n'as pas voulu provoquer son ire en venant comme autrefois me rendre visite. Tu sais l'estime que je te porte et tu peux être assuré que je ne te tiendrai pas rigueur de ton comportement. Ces présents, dont tes serviteurs sont porteurs, m'indiquent qu'Hannibal s'ennuie de moi et qu'il veut se faire pardonner sa conduite. Remporte-les et dis-lui que je n'ai pas besoin de ses cadeaux pour accourir à ses côtés. Je l'aime et je suis folle de joie à l'idée de le retrouver.

— Je crains fort de te décevoir. Il t'offre ces richesses pour te montrer sa reconnaissance. Tu l'as distrait et comblé de tes faveurs, ce dont il te sait gré. Tu sais qu'il est généreux de nature et je puis dire que, cette fois, il s'est surpassé en faisant déposer à tes pieds une fortune considérable dont tu pourras user à ta guise. Mais il exige que tu te retires là où bon te semblera.

— Oses-tu affirmer qu'il me chasse comme l'on renvoie, après une nuit d'amour, une vulgaire courtisane ?

— Tu te laisses emporter par la colère et tu ne mesures pas tes propos. Crois-moi, il a le plus grand respect pour toi et tu ne peux ignorer les marques exceptionnelles de prévenance dont il t'a entourée. Toutefois, il a cessé de t'aimer et de te désirer. Vos chemins doivent désormais se séparer et c'est à moi qu'il a confié le soin d'organiser ton départ.

— J'exige de le voir sur-le-champ.

— C'est impossible. Il est parti hier à la tête de plusieurs centaines d'hommes pour tendre une embuscade à un détachement romain dont la présence dans la région lui a été signalée. Cette campagne risque fort d'être longue et il ne te servirait à rien d'attendre son retour. Je comprends ta peine et ton chagrin. Toutefois, il est inutile d'aller à l'encontre de sa volonté. Permets-moi de me retirer maintenant. Je reviendrai dans quelques jours prendre tes ordres et veiller à ce que tu sois escortée jusqu'à ta future retraite.

— Et si c'était Rome ?

— Crois-tu que tu y serais la bienvenue ? Ta ville était autrefois l'alliée de la cité de Régulus et tu as poussé les tiens à embrasser le parti de Carthage. C'est là un crime que nos ennemis te feront payer cher.

— Ils peuvent être intéressés par certaines informations que je suis en mesure de leur donner.

— Lesquelles ? Qu'Hannibal est borgne ? Qu'il aime les plaisirs de la chair ? Cela, ils le savent depuis longtemps et ils n'ont pas besoin de tes services pour connaître nos positions. Ce camp fourmille d'espions à leur solde même si nous finissons toujours par les repérer et par leur infliger le châtiment qu'ils méritent. Ne te berce pas de faux espoirs. Tu ne seras pas accueillie à bras ouverts sur les bords du Tibre. Dans le meilleur des cas, tu seras vendue comme esclave à une famille patricienne. Hannibal t'offre la possibilité de te retirer là où tu le souhaites avec des richesses qui te permettront de vivre à l'abri du besoin jusqu'à la fin — qu'elle soit la plus lointaine possible ! — de tes jours.

— La seule liberté qui me reste est de décider le jour de mon départ. Soit. Je partirai sous peu pour la Grèce d'où mes aïeux vinrent jadis. Dis à ton maître que je ne lui pardonnerai jamais l'affront qu'il me fait mais que je ne chercherai pas à en tirer vengeance. D'autres que moi s'en chargeront et il l'éprouvera quand il sera seul et abandonné de tous.

Quand il revint, fourbu de fatigue, de son expédition, Hannibal fut informé par Silénos de l'entretien de celui-ci avec Hélène et des propos qu'elle avait tenus. Il haussa les épaules en signe de dédain mais son confident devina qu'il était troublé par cette sinistre prédiction au point de se retirer, pendant plusieurs jours, sous sa tente, refusant de recevoir ses officiers. Certains d'entre eux ne cachèrent pas leur mécontentement et Maharbal, le chef de la cavalerie, dut intervenir pour faire taire leurs récriminations :

— Votre général est un homme comme les autres, avec ses défauts et ses faiblesses. Il a dû céder à la raison d'Etat en se séparant d'Hélène qu'il aimait. C'est une leçon que vous devriez méditer.

— Je vois mal, rétorqua un jeune capitaine, où se situe l'intérêt public dans cette affaire.

— Tu ne tarderas pas à l'apprendre.

Maharbal était demeuré dans le vague pour ne pas attiser l'inquiétude de ses hommes. Ceux-ci comprirent qu'il était au courant d'événements graves, de nature à modifier le cours de la guerre, et ils redoublèrent d'admiration pour sa sagacité quand, quelques jours après, ils virent Imilcé descendre d'une quinquérème en provenance de Carthage. Fière et hautaine, elle se fit conduire immédiatement auprès de son époux. En la retrouvant après plus de huit années d'absence, celui-ci ne put cacher son émotion. Il la serra dans ses bras, la couvrit de baisers et, d'un geste autoritaire, congédia les présents. Il lui tardait de la conduire vers sa couche. D'un geste brusque, elle se dégagea et, les yeux embués de larmes, lui dit :

— J'ai attendu ce moment avec impatience et je suis heureuse de sentir la force de ta passion. Je n'ai jamais douté de ton amour même si des âmes charitables prenaient un malin plaisir à me raconter tes bonnes fortunes sentimentales. Je savais que tu demeurais fidèle à notre serment échangé lors de ton départ de Carthagène. Ton étreinte a réveillé en moi bien des souvenirs et nos corps seront bientôt enlacés. Mais, auparavant, j'ai à te communiquer des informations de première importance.

— Je n'en doute pas un seul instant. Toutefois, elles peuvent attendre quelques heures.

— Tu m'as jadis demandé de veiller sur les intérêts de la famille Barca et c'est pour cette raison que j'ai quitté Carthage à la hâte, te faisant prévenir par un messager de mon arrivée prochaine, afin de te permettre de prendre certaines dispositions. Ce que je dois te dire ne souffre aucun retard. Mon cher époux, sache que tes conseillers te cachent certaines choses de peur de provoquer ta colère, encouragés en cela par Itherbaal, le chef de tes partisans. Tu avais raison de ne point lui accorder un crédit illimité. C'est un être timoré sur lequel on ne peut véritablement s'appuyer. Réponds-moi franchement : t'a-t-il tenu au courant des événements survenus en Ibérie ?

— Il n'a pas évoqué dans ses lettres cette question et je n'ai aucune inquiétude à ce sujet. Mes deux frères, Hasdrubal et Magon, ne m'ont pas non plus écrit. Je suppose que tout va pour le mieux à Carthagène depuis qu'ils ont mis hors d'état de nuire Publius et Cnaeus Cornélius Scipion.

— Est-ce là le grand général que j'ai épousé jadis ? Tu en sais moins sur la situation que les habitués des tavernes de Carthage.

— Les Scipions sont-ils revenus du royaume des morts ?

— Ne blasphème pas inutilement ! Ils ont péri et c'est fort heureux pour nous car ils ont failli mettre un terme à votre domination sur ma patrie, et ce en raison de la criminelle négligence du Conseil des

Cent Quatre. Hasdrubal avait suffisamment d'hommes pour tenir le pays et venir à bout de la révolte des Tartessiens[1]. Ta ville lui a envoyé des renforts considérables : quatre mille fantassins et cinq cents cavaliers qui ont fait merveille, appuyés par les troupes de mon père. Ces victoires, trop faciles, ont convaincu certains de vos magistrats qu'il était inutile d'immobiliser sur les bords du Bétis et de l'Ebre autant de contingents dont tu pourrais avoir besoin en Italie. Le bruit d'un possible départ d'une partie de vos troupes s'est répandu dans les rues de Carthagène à la vitesse de l'éclair et quelques roitelets, à la fidélité douteuse, ont estimé plus prudent de basculer du côté des Romains avec lesquels ils ont signé des pactes secrets. Les légions de Publius et de Cnaeus Cornelius Scipion ont alors franchi l'Ebre et infligé une défaite cuisante à Hasdrubal, heureusement secouru par Magon venu en hâte de Carthage avec des renforts. Toutefois, à l'automne dernier, tes ennemis se sont emparés par traîtrise de la cité de Sagonte et les enseignes de Rome flottent désormais sur les murs de sa citadelle.

— Cela, je ne l'ignore pas. Je sais que Carthage a réagi en dépêchant à Carthagène un général expérimenté, Hasdrubal, fils de Giscon, qui a fait merveille puisqu'il a battu et tué les deux chefs romains.

— Le mérite ne lui en revient pas. Le véritable vainqueur est Masinissa, le frère cadet de Juba, l'ami de ton père Hamilcar. Sa cavalerie a taillé en pièces les colonnes romaines et obligé Publius Cornélius Scipion à battre en retraite avant de tomber dans une embuscade tendue par l'un de mes cousins, Indibilis, qui a transpercé d'un coup de lance l'ancien consul. Et ce sont les Numides qui ont surpris son frère, Cnaeus, l'obligeant à se réfugier sur une hau-

1. Peuplade montagnarde du sud de l'Espagne.

teur pierreuse près d'Ilorci[1] où il a succombé en tentant une sortie désespérée.

— Tu me prives du plaisir de faire l'amour avec toi pour m'annoncer des nouvelles qui ont de quoi me réjouir.

— Tu sais donc ce qui s'est passé ensuite.

— Non car mes liaisons avec Carthagène sont rompues. Tous mes navires ont été interceptés par les Romains et voilà bien longtemps que je n'ai pas reçu de nouvelles de mes frères ni de leur adjoint, Hasdrubal, fils de Giscon.

— Sache donc que ces maudits Romains n'ont pas été découragés par la perte de leurs chefs. Les légions ayant échappé au massacre ont élu pour général non pas Tibérius Fonteus, commandant en second, mais un jeune chevalier, Lucius Marcius Septimus, qui a su galvaniser l'énergie de ses troupes. Il s'est fait décerner le titre de propréteur et a surpris le camp de ton frère Hasdrubal, s'emparant d'un butin considérable.

— Peu importe. Ton beau-frère est-il sain et sauf ?

— Oui. L'ennemi a toutefois fait main basse sur ses effets personnels, en particulier sur un lourd bouclier d'argent portant son portrait en relief et qui est depuis exposé dans le temple de Jupiter Capitolin à Rome où la foule se rend chaque jour pour l'admirer et couvrir d'insultes son ancien propriétaire.

— Je saurai venger l'honneur des miens et, dès le retour des beaux jours, j'enverrai des messagers ordonner à Hasdrubal et à Magon de reprendre l'offensive.

— Pour l'heure, ils sont réduits à la défensive.

— Les hommes ne leur font pas défaut et ton père leur fournira, j'en suis sûr, de nouveaux contingents de montagnards.

— Certes, mais Rome a envoyé sur les bords de

1. Actuelle Lorqui, à une vingtaine de kilomètres de Murcie.

l'Ebre le vainqueur de Capua, Caïus Claudius Néron, à la tête de dix mille fantassins et de deux mille cavaliers. Il a surpris Hasdrubal dans le défilé des Pierres noires, situé en plein cœur du pays des Auretani[1]. Ton frère n'a dû son salut qu'à une ruse. Il a ouvert des négociations avec le général romain, lui promettant d'abandonner vos sessions en Ibérie s'il le laissait regagner Carthagène avec ses hommes. Au jour fixé pour la signature de l'accord, il a prétexté qu'un interdit religieux nécessitait le report de la cérémonie au lendemain. En fait, dans la nuit, un brouillard épais s'est levé et le fils cadet d'Hamilcar a pu quitter le défilé et mener ses troupes en lieu sûr.

— Melqart a protégé nos soldats et je lui offrirai, pour l'en remercier, un sacrifice. Tout péril est désormais écarté.

— Non et c'est là le principal motif de ma venue auprès de toi. Je dois te mettre en garde contre un jeune Romain qui te ressemble étrangement en bien des points. Il s'agit de Publius Cornélius Scipion, fils du consul défunt. Il est âgé d'à peine vingt-cinq ans et a déjà derrière lui plusieurs faits d'armes qui lui ont valu l'admiration de ses concitoyens. A la bataille de Cannae, il s'est battu aux côtés de son frère Lucius et a infligé de lourdes pertes à tes troupes.

— Bien qu'il soit mon ennemi, ce Romain me plaît. Je retrouve en lui le jeune homme que j'étais et je suis heureux de savoir que j'aurai bientôt un adversaire à ma taille.

— Tu l'as déjà car les Comices centuriates lui ont confié un impérium proconsulaire alors qu'il n'a pas exercé le consulat ni la préture. Sa mère, Pomponia, qui appartient à l'une des familles les plus anciennes de la cité de Romulus, a mobilisé sa vaste parentèle en faveur de ses deux fils. Ses agents ont parcouru les rues de la ville en dévidant les histoires les plus

1. Région au sud de l'Ebre.

incroyables. A les entendre, le jeune Publius serait d'origine divine et aurait été conçu par un serpent qui se serait glissé dans la couche de sa mère. Et c'est là le récit le moins fantaisiste que m'ont rapporté mes espions. On dit de toi que tu es rusé mais je crains fort que cet homme ne sache à merveille exploiter la crédulité des siens et les manipuler comme il le voudra.

— Comment te remercier pour ces précieuses informations ? Dès demain, j'aviserai aux mesures à prendre d'urgence. Pour l'heure, j'ai plus important à faire.

Le fils d'Hamilcar défit sa lourde cuirasse et, soulevant Imilcé dans ses bras vigoureux, la déposa précautionneusement sur sa couche et la dévêtit en la couvrant de baisers. Elle tressaillit de plaisir et gémit doucement, labourant le dos de son mari avec ses ongles. Bientôt, celui-ci entreprit de la chevaucher et la pénétra furieusement. Tous deux furent emportés à l'unisson par la fulgurance du plaisir. Durant toute la nuit, ils demeurèrent éveillés, renouvelant inlassablement leurs joutes amoureuses. Au petit matin, Hannibal finit par demander grâce et s'endormit d'un sommeil pesant. Depuis longtemps, il n'avait pas connu pareil bonheur. Quand il se réveilla, le soleil était déjà haut dans le ciel. Imilcé se tenait à son côté, l'observant d'un œil attendri :

— J'aurais donné des centaines de pièces d'or pour que mes « amies » de la bonne société carthaginoise aient été présentes cette nuit.

— Je les aurais chassées sans pitié car toi seule comptes à mes yeux.

— Je le savais et j'en ai eu la plus belle des confirmations.

— Rien ne pourra briser notre complicité même si j'ai le sentiment de t'avoir infligé involontairement certaines blessures. Ainsi, je ne me pardonnerai jamais de n'avoir pas accouru à Mégara quand notre fils, le petit Abdelmelqart, agonisait, victime d'une fièvre pernicieuse.

— Ta présence n'aurait rien changé à l'issue fatale de sa maladie. Les médecins les plus habiles n'ont pas réussi à le guérir. Dans les derniers jours de sa courte vie, il était devenu pratiquement aveugle et ne réagissait qu'au son de ma voix. Il s'est éteint sans souffrir comme s'il était délivré d'un lourd fardeau.

— Melqart nous accordera peut-être la faveur d'avoir un autre enfant.

— J'en doute fort. Certes, je suis encore en âge de procréer mais le souvenir d'Abdelmelqart m'empêcherait d'être une bonne mère. Laissons à tes frères le soin d'assurer la survie de la dynastie des Barca. Notre couple restera unique et inégalable. Je t'aime trop pour supporter qu'un enfant issu de ton sang puisse un jour te surpasser.

— Tu as peut-être raison mais nous reparlerons de tout cela à tête reposée. Pour l'heure, je dois rencontrer mes officiers et leur communiquer les informations que tu m'as transmises. Je te retrouverai ce soir et je serai, je le crains, obligé de t'imposer leur présence car ils ne comprendraient pas que je ne les invite pas à notre table. Ils brûlent de l'envie de te connaître et de rencontrer la femme qui a su vaincre leur général.

— J'espère ne pas les décevoir et je veillerai à ce que le banquet soit somptueux.

Hannibal passa le reste de la journée à conférer avec ses généraux et ses capitaines. Il eut la surprise de constater que Maharbal n'ignorait rien de la situation qu'il décrivait et il ne put s'empêcher de lui demander :

— Tu es mon second et je n'ai jamais eu aucun secret pour toi. Pourquoi m'as-tu caché ces renseignements. Je ne suis pourtant pas de ceux qui font exécuter les porteurs de mauvaises nouvelles.

— Assurément, fit en riant le maître de la cavalerie. J'ai jugé préférable d'agir de la sorte car je connais ton caractère imprévisible et fougueux. Si tu avais été informé de la situation à Carthagène alors qu'elle semblait pratiquement désespérée, tu n'aurais pas hésité un seul instant à repasser les Alpes pour prendre à revers l'ennemi. Or nous ne pouvions pas dégarnir notre corps expéditionnaire en Italie. Notre seule chance d'accentuer notre pression sur Rome est de maintenir nos armées dans le sud de la péninsule et de rallier à notre cause les cités grecques du Bruttium et de Campanie. Voilà pourquoi j'ai jugé inutile de t'alarmer, ne doutant pas que tes frères finiraient par reprendre le dessus.

— Oui mais pour combien de temps ? On me dit que le jeune Publius Cornélius Scipion s'apprête à quitter Ostie avec une flotte de trente navires sur lesquels prendront place dix mille fantassins et mille cavaliers. Je ne puis me permettre de perdre nos colonies et nos comptoirs en Ibérie pour deux raisons. D'une part, c'est le fief taillé par mon père Hamilcar et mon beau-frère Hasdrubal pour pallier la perte de la Sicile et de la Sardaigne. C'est une seconde patrie pour moi et elle est d'autant plus chère à mon cœur que ma femme en est originaire. D'autre part, ses mines d'or et d'argent nous fournissent les richesses qui nous permettent de mener cette guerre sans demander une quelconque aide au Conseil des Cent Quatre. Si nous les perdions, nous devrions discuter âprement avec les magistrats de notre cité et quémander leur appui. Or ces médiocres boutiquiers se refuseront à engager des dépenses supplémentaires en puisant dans les réserves du Trésor. Ils préféreraient lever de nouveaux impôts, suscitant contre nous le mécontentement de la population. Crois-moi, nous devons à tout prix venir en aide à Hasdrubal et à Magon pendant qu'il est encore temps.

— Que suggères-tu ?

— Ma seule crainte, si j'en crois ce que m'a dit Imilcé, est que nos alliés ibères, conscients de nos faiblesses, imitent ceux des leurs qui ont noué des contacts avec les Romains. Ces derniers ne manqueront pas de leur faire de mirifiques promesses. Nous, nous n'avons rien d'autre à leur offrir que notre amitié et le souvenir de notre cohabitation sur le même sol depuis des générations. C'est peu mais ces montagnards ont le sens de l'honneur et il n'est pas impossible qu'ils consentent à nous demeurer fidèles.

— Reste à trouver la personne capable de leur tenir ce langage.

— Elle se trouve ici.

— Quelle est cette perle rare ?

— Imilcé, mon épouse. Sa grand-mère est carthaginoise mais son père est un roi ibère allié aux principales dynasties locales. Tous ces roitelets seront flattés d'apprendre que le grand Hannibal envoie auprès d'eux comme émissaire sa femme et ce bien qu'il m'en coûte de me séparer à nouveau d'elle. Elle saura redonner l'espoir aux hésitants et gagner à notre cause certaines tribus encore indépendantes. Bien entendu, elle disposera de tous les pouvoirs réservés aux ambassadeurs de notre ville et pourra donner à ses interlocuteurs des garanties quant à la générosité dont Carthage, après la victoire, fera preuve à leur égard.

— Crois-tu qu'elle acceptera ?

— J'en suis persuadé.

Le fils d'Hamilcar prit cependant toutes les précautions requises pour annoncer la nouvelle à sa femme. Pendant un mois, il ne la quitta pratiquement pas et organisa en son honneur des fêtes somptueuses, la couvrant de cadeaux et lui prouvant, chaque nuit, la force de son amour. La mère d'Abdelmelqart était littéralement transportée de bonheur mais était suffisamment intelligente pour se douter que ces attentions répétées dissimulaient quelques arrière-pensées de la part de son mari. Un soir, alors qu'ils reposaient tous les deux étroitement enlacés sur leur couche, elle l'interrogea :

— Je suis une épouse comblée et, chaque jour, je me réjouis du sort exceptionnel qui est le mien. Mais une sourde inquiétude me taraude le cœur : combien de temps cela va-t-il durer ? Je crains que, tôt ou tard, tu ne me demandes de regagner Mégara pour surveiller les agissements de tes partisans.

— Tu es la seule personne à laquelle je ne puis mentir et je préfère t'avouer la vérité. Nos chemins doivent à nouveau se séparer. J'ai besoin que tu te rendes en Ibérie pour une mission de la plus haute importance.

Hannibal résuma pour Imilcé la teneur de ses conversations avec Maharbal et ses officiers et lui expliqua ce qu'il attendait d'elle. La jeune femme l'écouta attentivement avant de l'embrasser longuement :

— Ce que tu me demandes devrait m'attrister. Te quitter à nouveau est un sacrifice énorme que je pourrais être en droit de ne pas accepter. Néanmoins, je suis fille de roi et ne puis me désintéresser du sort des miens. S'ils passaient sous la domination romaine, ce serait une véritable catastrophe car, après les avoir abreuvés de belles promesses, les fils de la Louve les traiteraient comme ils ont traité tous les peuples devenus leurs sujets. Vous, Carthaginois, avez toujours été des maîtres cléments, respectueux, si ce n'est de notre indépendance, du moins de nos lois, de nos coutumes et de nos dieux. Nos peuples se sont unis par les liens du sang et notre joug s'en est trouvé adouci. Mais j'imagine sans peine les représailles dont ils seraient les victimes si les légions de Scipion venaient à envahir notre territoire. Ordonne qu'on fasse préparer une quinquérème et je cinglerai vers Carthagène en faisant une escale à Carthage et une autre aux Baléares pour me ravitailler en eau et en vivres. Quand ma mission sera terminée, je reviendrai ici pour ne plus jamais te quitter. C'est la seule condition que je pose à mon départ et il t'incombe de la satisfaire.

— Tu as ma parole, dit-il, en l'enlaçant avec tendresse.

Leurs adieux n'eurent rien de pathétique. Ils savaient, l'un et l'autre, que bientôt, ils seraient réunis pour toujours.

*
* *

Quand Imilcé arriva à Carthagène, ses beaux-frères, Hasdrubal et Magon, n'étaient pas là pour l'accueillir. Le second guerroyait chez les Carpetans et le premier tenait l'arrière-pays de Castulo[1]. Quant à Hasdrubal, fils de Giscon, il s'était enfermé à Gadès. Sur place, elle ne trouva que Bostar, un jeune capitaine, à la tête d'une petite garnison d'un millier d'hommes. Il la reçut avec les honneurs dus à son rang mais elle ne tarda pas à comprendre qu'il nourrissait une certaine méfiance envers les Barca, leur préférant le fils de Giscon, l'un des membres les plus influents du Conseil des Cent Quatre.

Il lui dressa un tableau plutôt pessimiste de la situation. Publius Cornélius Scipion, après avoir hiverné à Tarragone, avait été rejoint par un ancien consul, M. Juius Silanus, auquel il confia la garde des régions situées au nord de l'Ebre. Lui, avec vingt-cinq mille fantassins et deux mille cinq cents cavaliers franchit l'Ebre et se dirigea à marches forcées vers le sud. Ses espions l'avaient informé que les trois chefs puniques se trouvaient tous à plus de dix jours de marche de Carthagène et qu'il pouvait donc s'emparer de la cité si la chance lui souriait. Le préfet de la flotte, Laelius, l'un de ses protégés, naviguait le long des côtes, suivant la progression rapide de

1. Dans la haute Andalousie.

son infanterie. Bientôt, il mouilla l'ancre devant la ville, située au fond d'un golfe étroit et profond, empêchant les navires carthaginois de prendre la mer.

Scipion, lui, installa son camp à l'est de Carthagène. A cheval, il inspecta les environs et repéra vite l'existence d'une lagune qui communiquait avec la mer par un étroit chenal et qui n'était pratiquement pas gardée. Or, le soir tombé, le général romain remarqua que, dès que le vent se levait, les eaux de la lagune baissaient considérablement et se retiraient en direction du chenal, offrant ainsi à ses hommes un gué aisément franchissable. Pour s'en assurer, il observa, deux jours durant, la répétition de ce phénomène et comprit le parti qu'il pouvait en tirer. Ayant rassemblé ses hommes, il les harangua :

— Soldats, vous savez que les dieux me comblent de leurs faveurs pour me remercier des nombreux sacrifices que je leur offre. Cette nuit, Neptune m'est apparu en rêve et m'a promis de venir à notre aide en faisant un miracle que je ne puis encore vous révéler. Aussi, demain, lorsque la bataille s'engagera, soyez assurés que vous remporterez la victoire. Gardez-vous de faiblir, de crainte d'irriter ce dieu et de le décevoir.

Au petit matin, Scipion disposa une partie de ses hommes à l'est de la muraille sur un terrain plat et découvert. Bostar en profita pour tenter une sortie mais ses hommes furent rapidement repoussés par les charges de la cavalerie romaine dissimulée derrière une épaisse haie de roseaux. En fin d'après-midi, le fils de Pomponia rassembla cinq cents de ses meilleurs soldats et leur fit remettre de hautes échelles de bois. Quand l'eau de la lagune commença à baisser, transformant celle-ci en une simple mare boueuse, il leur dit :

— Je vous avais promis que Neptune viendrait à notre secours et vous pouvez constater qu'il a tenu parole. Traversez le plus vite possible cette lagune, du moins ce qu'il en reste, et escaladez l'enceinte dépourvue de défenseurs. Dès que vous aurez pénétré dans la ville, ne vous livrez pas au pillage mais repoussez la garnison carthaginoise en direction de la citadelle cependant qu'un détachement ouvrira les portes à vos camarades. Ce soir, foi de Scipion, nous dormirons à Carthagène.

Les hommes s'élancèrent dans l'eau qui n'atteignait même pas leurs genoux, et se retrouvèrent bientôt en haut de la muraille puis se dispersèrent à travers les ruelles étroites de la ville, repoussant devant eux la garnison carthaginoise saisie de panique et que ses officiers firent précipitamment rentrer dans la citadelle. Juchée sur un piton escarpé, ils auraient pu y soutenir un long siège, ne manquant ni d'eau ni de vivres. Mais Bostar, qui ne se caractérisait pas par sa vaillance, estima toute résistance inutile et envoya deux officiers négocier les conditions de la reddition. Il était prêt à livrer la ville à condition de recevoir l'assurance que lui et ses hommes seraient prisonniers sur parole et qu'en aucun cas ils ne seraient échangés contre les captifs romains détenus par Hasdrubal et Magon. Ils savaient qu'en retombant dans les mains des Carthaginois ceux-ci leur feraient payer cher leur trahison.

Quand elle eut vent de ces discussions, Imilcé convoqua Bostar et tenta de le convaincre de ne pas déshonorer le nom de sa famille et de poursuivre la lutte. Devant son refus, elle se retira dans ses appartements pour se préparer à la mort. Elle ne voulait pas tomber vivante aux mains des Romains, sachant que ces derniers se serviraient de sa capture pour prouver leur supériorité. Bien plus, ils tenteraient peut-être de faire pression sur son mari pour qu'il consente à se retirer du Bruttium en échange de sa libération. En vraie femme Barca, elle savait où se trouvait son devoir. Aussi, quand des légionnaires forcèrent la porte de ses appartements, elle courut vers la terrasse et, sans un mot, se jeta dans le vide, son corps disloqué s'écrasant sur le parvis dallé de l'esplanade. Un officier s'en fut prévenir immédiatement Scipion de la mort héroïque de l'épouse d'Hannibal et trouva le général en pleine discussion avec Bostar. Publius Cornélius Scipion toisa ce dernier d'un air méprisant et, la voix empreinte d'une grande émotion, lui dit d'un ton cinglant :

— Je plains Carthage d'avoir pour citoyens des hommes qui répugnent à livrer combat alors que leurs femmes savent mourir pour sauver l'honneur de leur cité. Fais en sorte que le corps d'Imilcé soit brûlé et que les honneurs lui soient rendus par mes vétérans. Je ferai parvenir à son mari une urne contenant ses cendres. Rassure-toi, cette mission ne t'incombera pas car tu en es indigne. J'en chargerai les civils puniques de cette ville auxquels j'accorde la liberté en hommage au courage d'Imilcé. Ils pourront quitter Carthagène à bord des bateaux que je mettrai à leur disposition.

Cet acte de générosité, vite colporté par la rumeur publique, n'était pas uniquement un geste humain. Scipion savait que la chute de la capitale barcide sonnait le glas de la présence punique en Ibérie. Il importait désormais de se concilier les bonnes grâces des populations locales et il ne ménagea aucun effort en ce sens. Les otages détenus par Bostar furent remis à leurs familles. Parmi eux, se trouvait une jeune aristocrate ibère, d'une beauté extraordinaire, fiancée à un jeune prince. Ce dernier se présenta à l'entrée du camp de Publius Cornélius Scipion et déposa à ses pieds un coffre rempli de pièces d'or et d'argent. C'était la rançon qu'il versait pour obtenir la liberté de sa bien-aimée. Le général romain fit mine d'accepter le présent et ordonna à cet amoureux de se présenter devant lui le lendemain matin. A l'heure convenue, la jeune fille fut remise à son futur mari auquel Scipion rendit ses trésors en lui disant :

— Je n'ai pu refuser hier ton or car il prouvait

l'amour que tu portes à ta fiancée. Permets-moi de le lui offrir en guise de cadeau de noces et puisse-t-elle t'être aussi dévouée qu'Imilcé le fut envers Hannibal.

Pour les Romains, la prise de Carthagène constituait, plus qu'un exploit militaire, une véritable aubaine financière. Dans le port, ils firent main basse sur soixante-trois navires chargés de vivres et de provisions. Dans les arsenaux, ils s'emparèrent de tout le matériel de guerre des Carthaginois : balistes, catapultes et scorpions. Mais, surtout, ils trouvèrent dans les caves de la citadelle un formidable butin : la production d'or et d'argent des mines du Bétis depuis trois ans, que Magon tenait en réserve pour financer les opérations de son frère en Italie. Soucieux de prouver aux dieux sa reconnaissance, le vainqueur envoya la plus grande partie de ce trésor au sanctuaire d'Apollon à Delphes, au grand désappointement de ses soldats.

Bientôt, plusieurs chefs ibères, parmi lesquels Edea, Andobatès et Mardonios, dont l'autorité s'étendait de part et d'autre de l'Ebre, vinrent lui faire leur soumission. Il leur confia la garde de la ville avant de repartir en campagne contre Hasdrubal auquel il infligea une sanglante défaite à Bacula[1], contraignant le chef punique à fuir avec ses éléphants et son trésor et à laisser sur le terrain des milliers de morts, de blessés et de prisonniers.

Un beau matin, Hannibal vit une quinquérème carthaginoise mouiller en face de son camp. Il se précipita sur le quai, espérant voir Imilcé descendre du navire. Le regard empreint de tristesse des passagers débarquant et les pleurs qu'ils versaient l'avertirent qu'un grand malheur était sur le point de s'abattre sur lui. Au capitaine, il posa une seule question :

— Imilcé ?

1. Actuelle Bailen.

L'homme lui montra une urne portée respectueusement par ses matelots. Le fils d'Hamilcar défaillit et s'assit sur un paquet de cordages, la tête enfouie dans ses mains, ne parvenant pas à maîtriser ses sanglots. Nul n'osa s'approcher de lui pour le réconforter. Après un long moment, il se releva, prit dans ses bras l'urne et traversa le camp pour regagner sa tente. Durant huit jours, il ne réapparut pas en public.

Un matin, on le vit rejoindre sa place lors de la réunion de l'état-major. Au regard qu'il leur lança, ses officiers comprirent qu'il serait inutile de lui présenter leurs condoléances. A la fin de la réunion, il prit à part Maharbal :

— Avec Imilcé, j'ai perdu ce qui m'était le plus cher au monde et, plus d'une fois, j'ai songé à mettre fin à mes jours. Désormais, je n'aurai plus qu'un seul but : la venger en réduisant Rome en cendres. Inutile de chercher à calmer ma douleur en me présentant une courtisane. Par respect pour sa mémoire, je m'interdis à tout jamais les plaisirs de la chair. Voilà ce que j'avais à te dire.

*

* *

Après la chute de Carthagène, Magon et les deux Hasdrubal se réunirent à Gadès avec leurs états-majors respectifs pour décider d'une contre-offensive. L'entrevue fut houleuse car le fils de Giscon était décidé à saper l'autorité de ses collègues et accabla les deux frères de cinglants reproches :

— Votre orgueil, leur dit-il, vous a poussés à vous croire invincibles comme l'est Hannibal. Par votre faute, nous avons perdu notre principale base sur cette terre et les chefs ibères se détournent de notre alliance pour se ranger aux côtés de Rome.

— Comment oses-tu proférer pareille accusation ?

tonna Magon. Tu n'as élevé aucune objection lorsque nous avons décidé de partir en expédition en laissant dans la ville un millier d'hommes commandés par l'un de tes amis. Nous serions en droit de soupçonner que ce maudit Bostar n'a pas été choisi par hasard et que tu pourrais être son complice. Aussi, prends soin de mesurer tes propos si tu ne veux pas que je te les fasse rentrer dans la gorge !

— A votre place, j'aurais honte de me quereller de la sorte, rugit Masinissa, le frère cadet de Juba, l'ami d'Hamilcar, qui servait depuis des années dans les rangs carthaginois. Vous vous déchirez alors que vous devriez consacrer toutes vos forces à repousser l'ennemi.

— Je n'ai pas besoin des conseils d'un étranger dont les ancêtres ont été jadis battus par les nôtres, grogna Hasdrubal fils de Giscon.

Masinissa brandit son glaive en direction du général punique mais Magon s'interposa entre eux et calma son ami :

— Je comprends ta colère. Tu es un allié loyal et ton interlocuteur t'a offensé gravement. Je puis t'assurer qu'il regrette ses paroles et qu'il te prie de les oublier. N'est-ce pas, Hasdrubal ?

— Oui, murmura d'un ton bougon ce dernier.

— J'accepte ses excuses, dit Masinissa, mais je n'oublie pas les termes qu'il a utilisés pour calomnier les miens. Le jour venu, je saurai m'en souvenir. Il est temps, grand temps, que, vous, Carthaginois, preniez conscience que, sans l'aide des Numides, vous ne pourrez vous maintenir en Afrique. Renoncez donc à votre arrogance insupportable, faute de quoi vous vous aliénerez vos amis les plus fidèles.

— L'incident est clos, conclut Magon. Masinissa a raison : plutôt que de nous quereller, il convient de définir une stratégie. Que suggérez-vous ?

— Il faut, dit son frère Hasdrubal, reprendre l'offensive. Pour cela, je me propose de partir avec mon armée pour la Gaule cisalpine, traverser l'Italie et opérer ma jonction avec Hannibal. Nous remonterons en direction de Rome et celle-ci, pour se protéger, devra rappeler une partie des légions de Scipion. Pendant ce temps, toi, Magon, tu passeras aux Baléares recruter quelques milliers de mercenaires. Quant au fils de Giscon, appuyé par Masinissa, il harcèlera les Romains et leurs alliés par des coups de main audacieux.

Pour soulager ses frères, Hannibal se décida à repartir en campagne dans le sud de la péninsule italienne. Il avait pour adversaires les deux nouveaux consuls, Marcus Claudius Marcellus et Titus Quinctius Crispinus. C'étaient des magistrats expérimentés mais dévorés par l'ambition. Ils rêvaient de prendre leur revanche sur le chef punique et, contrairement à l'usage, décidèrent d'unir leurs forces. Leurs légions, après avoir ramené le calme en Etrurie, firent leur jonction à Bantia[1] en Apulie. Là, ils édifièrent un camp à proximité des positions carthaginoises dont ils étaient séparés par une colline boisée qui paraissait inoccupée.

Dans le plus grand secret, Hannibal avait ordonné à sa cavalerie numide de se dissimuler à l'abri des épaisses futaies. Ils y restèrent trois jours, sans recevoir le moindre ravitaillement. Chez les Romains, les jeunes officiers s'impatientaient, pestant contre l'inaction des consuls. Beaucoup d'entre eux suggéraient de s'emparer de la hauteur boisée avant que l'adversaire ne le fît. Soucieux de s'attirer leurs faveurs, Marcus Claudius Marcellus décida d'interroger les entrailles d'animaux offerts en sacrifice afin de savoir si le sort lui sourirait. Le verdict rendu par les haruspices fut mitigé. Le foie de la première bête était normal, celui de la seconde déformé par une énorme protubérance. On se trouvait donc en présence d'un premier présage favorable et d'un autre

1. Actuelle Banzi.

défavorable et les devins conseillèrent au général de surseoir à l'opération projetée. Ce dernier refusa et, suivi de son collègue, partit à la tête d'un détachement de deux cents cavaliers. Les Numides les laissèrent s'engager dans la forêt puis, quand ils furent suffisamment loin de leur camp, fondirent sur eux. Transpercé d'un coup de lance, Marcus Claudius Marcellus tomba de cheval et fut achevé par un cavalier ignorant l'identité de sa victime. Titus Quinctius Crispinus, lui aussi blessé, parvint toutefois à s'enfuir et à regagner les positions romaines. Il ordonna la retraite et mourut lors de celle-ci, n'ayant pas supporté la fatigue du voyage, sur une litière spécialement aménagée pour lui. Avant de rendre l'âme, il ordonna d'envoyer des courriers prévenir les cités et les garnisons voisines de la mort de Marcus Claudius.

La précaution n'était pas inutile car Hannibal avait récupéré sur le cadavre du consul sa bague sigillaire. Il avait fait confectionner de faux messages que le sceau du magistrat était supposé authentifier. Il se dirigea vers Salapia, une ville perdue deux ans auparavant par ses troupes, où il comptait trouver de nombreux approvisionnements. Un transfuge romain partit en avant, porteur d'une lettre frappée du sceau de Marcus Claudius Marcellus. Les magistrats de la ville, avertis du stratagème, firent mine de se réjouir de la prochaine arrivée du consul et renvoyèrent l'émissaire. Le chef punique, confiant dans le succès de sa ruse, plaça en tête de son armée les déserteurs des légions romaines qui virent les portes de la cité s'ouvrir devant eux. La herse avait été relevée et ils s'engouffrèrent dans l'enceinte. Soudain, un bruit sourd se fit entendre. La lourde grille de fer avait été redescendue et les transfuges, encerclés, furent massacrés sans pitié. Hannibal et ses hommes ne purent rien faire pour empêcher cette tuerie et se replièrent en bon ordre vers le Bruttium, délivrant au passage Hannon le Samnite assiégé dans Locres.

Pour remplacer les deux consuls défunts, Titus Manlius Torquatus, désigné comme dictateur, fit nommer deux de ses proches, Caïus Claudius Néron et le vieux Marcus Livius Salinator, jadis condamné à l'exil pour prévarication. A Rome, un vent de panique soufflait. En effet, conformément à la stratégie mise au point à Gadès, Hasbrubal Barca avait rassemblé plusieurs milliers de fantassins et de cavaliers. Contournant les territoires occupés par l'ennemi, il s'était dirigé vers les Pyrénées et le Rhône. Après les avoir franchis, il réitéra l'exploit de son frère même s'il choisit, pour traverser les Alpes, un itinéraire moins risqué que la voie hérakléienne. Au printemps, il se trouvait dans la plaine du Pô où les chefs gaulois, pour lesquels la guerre était une nécessité, lui firent bon accueil.

Titus Manlius Torquatus décida de ne pas rappeler d'Ibérie les légions de Publius Cornélius Scipion, devinant le piège que lui tendaient les Carthaginois. Il préféra s'en remettre aux dieux protecteurs de sa cité. Après consultation des pontifes, il organisa des cérémonies grandioses en l'honneur de Junon dont le temple, situé sur l'Aventin, avait été frappé par la foudre. Vingt-cinq femmes, choisies parmi les plus fortunées, durent sacrifier une partie de leur dot pour offrir à la déesse un bassin en or. Puis un chœur de trois fois neuf jeunes filles se dirigea en procession vers le sanctuaire en chantant un hymne spécialement composé par Livius Andronicus, un esclave grec de Tarente affranchi par Marcus Livius Salinator. Le cortège était précédé par deux génisses blanches qui tombèrent sous le couteau des sacrificateurs.

Les prières des Romains furent exaucées. Hasdrubal Barca avait perdu beaucoup de temps à recruter des mercenaires ligures et à assiéger, pour s'attirer les faveurs des chefs gaulois, la place forte de Placentia. Puis il avait longé les côtes de l'Adriatique, envoyant à son frère, stationné à Canusium, des messagers, quatre Gaulois et deux Numides, pour lui suggérer d'opérer en Ombrie la jonction de leurs armées. Ceux-ci furent faits prisonniers par les Romains, désormais informés des intentions de leurs adversaires. Ignorant ce fait, Hasdrubal poursuivit sa marche, obligeant ses soldats à de longues étapes diurnes et nocturnes. Sur sa route, il se heurta aux légions commandées par les deux consuls et solidement retranchées à Sena Gallica[1] proximité du fleuve Métaure.

Les troupes du général punique étaient trop épuisées pour pouvoir livrer bataille et leur général décida d'éviter l'affrontement. Il lui fallait pour cela franchir la rivière et il erra pendant cinq jours à la recherche d'un gué, talonné par les Romains. Ces derniers finirent par le contraindre à engager le combat dans les conditions les plus défavorables pour lui. Le dos au fleuve, Hasdrubal Barca renonça à édifier un camp fortifié. Il disposa les éléphants, derrière lesquels s'alignèrent ses recrues ligures, en première ligne, et plaça les mercenaires gaulois, protégés par une colline. Lui prit le commandement du centre, constitué par ses vétérans ibères, l'aile droite étant occupée par sa cavalerie qui aurait à supporter les charges des cohortes dirigées par Marcus Livius Salinator.

Le fils d'Hamilcar fit donner les montagnards ibères qui infligèrent à leurs adversaires de lourdes pertes. Il reçut l'appui des éléphants, pour un temps du moins. Car, bientôt, leurs cornacs ne parvinrent plus à les contrôler et les animaux errèrent tantôt dans les lignes carthaginoises, tantôt dans les lignes romaines, provoquant un début de panique. Leurs conducteurs furent contraints d'abattre la plupart d'entre eux en usant d'une lame et d'un maillet qu'ils enfoncèrent à l'articulation de la nuque des pachy-

1. Actuelle Senigallia.

dermes. Ceux-ci, blessés à mort, s'effondraient sur le sol, privant les Puniques d'un atout considérable.

Pourtant, à cet instant du combat, Hasdrubal Barca était persuadé d'avoir remporté la victoire, en dépit de ses pertes énormes, car les troupes de Claudius Néron étaient bloquées depuis le début de la matinée par la colline derrière laquelle se trouvaient les Gaulois alliés des Carthaginois. C'est alors que le consul eut une idée de génie. Sans prendre l'avis de son collègue, il fit battre en retraite ses hommes et les fit passer derrière les lignes de l'autre consul, prenant à revers Hasdrubal dont les soldats se débandèrent, abandonnant leurs armes et leurs équipements. Bientôt, le général carthaginois n'eut plus autour de lui qu'une mince escorte de cavaliers numides. Il était trop intelligent pour ignorer qu'il ne lui restait plus qu'à choisir entre la captivité et la mort. L'honneur lui commandait de ne pas tomber aux mains du vainqueur qui l'aurait contraint à défiler, enchaîné, dans les rues de Rome.

Pendant quelques instants, il ferma les yeux et revit en songe les principaux moments de sa vie ainsi que ses lieux préférés. La dernière image qui traversa son esprit fut le jardin de Mégara, où, avec Hannibal, Magon et le fils de Juba, il s'amusait à reconstituer en miniature les batailles menées par son père. Que de fois n'avait-il pas été obligé de succomber sous les assauts furieux de ses frères qui ne manquaient pas ensuite de le réconforter et de lui prodiguer mille attentions ! Aujourd'hui, ce n'était plus un jeu et il était persuadé que Melqart et Baal Hammon lui réserveraient un bon accueil s'il savait mourir en digne fils de la cité d'Elissa. Aussi, au cri de « Pour Carthage », il se lança vers une cohorte de légionnaires qui le dardèrent de leurs lances et de leurs javelots. On le vit tomber en tournoyant de son cheval et griffer le sol de ses ongles. La vie ne parvenait pas à quitter son corps. Un légionnaire s'approcha de lui et lui trancha la tête qu'il planta sur la pointe de son épée et présenta à ses compagnons en hurlant comme un possédé.

Quand le soir tomba, plus de vingt mille Carthaginois avaient trouvé la mort et quatre mille cinq cents autres avaient préféré se rendre. Du côté romain, on déplorait la perte de deux mille hommes, compensée par la remise en liberté de quatre mille captifs immédiatement incorporés dans les légions consulaires. En parcourant le champ de bataille, les deux consuls constatèrent que les eaux du Métaure étaient rouges de sang. Ce spectacle frappa à tel point leur sensibilité qu'ils ordonnèrent à leurs avant-gardes de ne pas poursuivre les Gaulois et les Ligures qui tentaient de repartir vers le nord. A ses officiers qui le pressaient de les faire tailler en pièces par deux escadrons de cavalerie, Marcus Livius Salinator répondit d'un ton las et empreint de pitié : « Mieux vaut les épargner. Il faut qu'il reste quelques survivants pour faire connaître le désastre des ennemis et nos victoires. » A Rome, des fêtes grandioses furent organisées pour célébrer l'événement.

Hannibal, lui, fut prévenu d'une atroce manière. Marcus Claudius Marcellus fit porter la tête d'Hasdrubal au camp de son frère par deux prisonniers auxquels il rendit leur liberté. Quand le fils d'Hamilcar contempla ce qui restait de son frère cadet, il parvint difficilement à maîtriser son émotion. Il n'assista pas à ses funérailles et demeura prostré sous sa tente pendant plusieurs jours. A l'issue de cette période, Maharbal s'enhardit à lui rendre visite et son chef, la voix tremblante d'émotion, lui dit dans un murmure :

— Après Imilcé, c'est au tour de mon frère cadet de périr pour Carthage qui ne lui en vouera aucune reconnaissance et oubliera bientôt jusqu'à son nom. Je puis te le confier, à toi, mon seul ami, j'ai le sentiment que pèse sur ma famille une mystérieuse malédiction. Melqart a cessé de nous protéger et c'est un mauvais signe pour la suite de cette guerre.

— Comment peux-tu croire à ces sornettes ? Tes ennemis te reprochent ton impiété et, même si je sais le culte que tu rends à nos principales divinités, tes maîtres Epicide et Sosylos t'ont appris la primauté de la raison. Tu as toujours su faire taire tes sentiments et brider tes passions quand la situation l'exigeait. Aussi, je te conjure de te ressaisir et de sauver notre armée du désastre. Nous devons nous replier dans l'extrême pointe du Bruttium et, de là, envoyer à Carthage des émissaires afin d'obtenir de toute urgence des renforts. Quand ils seront arrivés, nous pourrons repartir au combat et venger la mort de ton frère. Crois-tu que ce dernier accepterait de te voir réduit au désespoir et à l'inaction ? Conduis-toi comme il aurait aimé que tu le fasses. C'est le plus bel hommage que tu puisses lui rendre.

— Merci de me redonner courage. Ordonne à nos troupes de se préparer au départ.

*

* *

Alors qu'Hasdrubal et Hannibal affrontaient les Romains en Italie, leur frère Magon devait contenir l'avancée irrésistible des légions de Publius Cornélius Scipion. Certes, Carthage lui avait envoyé des renforts. Mais ils étaient commandés par un jeune officier inexpérimenté nommé Hannon qui, quelques semaines après son arrivée, fut fait prisonnier par Silanus. Magon dut se replier à la hâte sur Gadès où il retrouva son rival, Hasdrubal, fils de Giscon. Les deux généraux décidèrent d'hiverner sur place et de recruter de nouveaux mercenaires. Bientôt, ils purent disposer de cinquante mille fantassins et de deux mille cinq cents cavaliers, bien décidés à défendre coûte que coûte les derniers territoires contrôlés par Carthage dans cette région.

Avec ses quatre légions, Publius Cornélius Scipion

se trouvait en situation d'infériorité numérique mais reçut l'aide inespérée d'un prince ibère, Culchas, dont les contingents lui permirent de porter les effectifs de ses armées à quarante-cinq mille fantassins et à trois mille cavaliers.

Au printemps, Carthaginois et Romains décidèrent d'en découdre près d'Ilipa[1]. Magon et Masinissa prirent l'initiative de déclencher les opérations en attaquant avec la cavalerie les premiers éléments romains occupés à construire un camp retranché. Ils durent toutefois se retirer lorsque la cavalerie romaine tomba sur leurs arrières. Pendant trois longues journées, les adversaires s'observèrent de loin.

Publius Cornélius Scipion ne souhaitait pas commencer les combats avant d'avoir soigneusement étudié le comportement de son adversaire. Debout dès le lever du soleil, il remarqua qu'Hasdrubal fils de Giscon cédait à la routine. Chaque matin, il faisait manœuvrer ses troupes selon un ordre immuable, plaçant les vétérans africains au centre de son dispositif et les éléphants et la cavalerie sur les ailes, couverts par les montagnards recrutés par Magon. Le Romain décida de se montrer aussi peu imaginatif que le chef punique. On le vit contraindre ses troupes à exécuter mécaniquement les mêmes manœuvres, les légions étant placées au centre et les contingents ibères de part et d'autre de celles-ci. Il prit soin d'ordonner à ses alliés montagnards de se montrer malhabiles et les Carthaginois purent, en se gaussant, observer les efforts que Publius Cornélius Scipion déployait pour les obliger à se plier à sa tactique.

Quand le jour de la bataille fut venu, Hasdrubal ne changea rien à l'ordonnancement de ses troupes et Scipion fit de même en apparence. Toutefois, en

1. L'actuelle Alcala del Rio, à une quinzaine de kilomètres au nord de Séville.

plein milieu de la journée, alors que des escarmouches opposaient leurs avant-gardes respectives, il modifia du tout au tout ses plans. Les contingents ibères occupèrent le centre de son dispositif cependant que les légionnaires se déployaient à droite et à gauche de leurs alliés. Puis les cohortes opérèrent un virage à quatre-vingt-dix degrés, vers la gauche pour l'aile droite et inversement pour l'aile gauche commandée par Lucius Marcius Septimus. Cette masse de fer bouscula les éléphants et les troupes indigènes au service de Carthage. Quant aux vétérans africains, épuisés par une longue attente et une série de mouvements désordonnés, ils virent les fantassins ibères de Scipion, demeurés jusque-là inactifs, enfoncer leurs rangs. Ils se replièrent tout d'abord en bon ordre avant de céder à la panique et de se disperser dans tous les sens.

Le fils de Giscon se réfugia à Gadès d'où il dépêcha des ambassadeurs à Carthage pour solliciter l'avis du Conseil des Cent Quatre. Ses partisans dans cette assemblée obtinrent qu'il fût rappelé avec la majeure partie de ses troupes, lui assignant toutefois la mission de se rendre chez le roi numide Syphax pour s'assurer de la fidélité de ce dernier. Magon demeura seul, avec une petite garnison, à Gadès, dont les habitants lui firent bientôt comprendre qu'ils n'étaient pas prêts à se sacrifier pour conserver à la cité d'Elissa sa plus ancienne colonie en Ibérie. Furieux, Magon fit exécuter les principaux magistrats de la cité, s'empara de leurs richesses et, avec ses troupes et quelques centaines de civils carthaginois, s'embarqua pour les Baléares, laissant Masinissa regagner ses domaines par ses propres moyens. Le frère d'Hannibal ne put s'empêcher de pleurer en voyant s'éloigner les côtes ibères. Le royaume barcide dans cette partie du monde avait cessé d'exister et cela signifiait l'écroulement du rêve fou nourri par son père, le vieil Hamilcar : assurer à sa ville un empire compensant la perte de la Sicile et de la Sardaigne.

L'accueil que Magon reçut aux Baléares lui indiqua que les temps avaient changé. La présence punique dans ces îles remontait aux temps les plus lointains et ses habitants avaient toujours fourni à sa cité des contingents de mercenaires, en particulier des frondeurs, sans jamais rechigner. Cette fois, les succès romains incitaient les dirigeants locaux à la prudence. Tôt ou tard, les navires de Laelius, le préfet de la flotte, croiseraient au large. A Ibiza, le frère d'Hannibal fut accueilli sans grand enthousiasme mais l'or qu'il avait soustrait aux riches négociants de Gadès lui permit de voir les rangs de son armée grossir de plusieurs centaines de jeunes guerriers, attirés tout autant par le montant élevé de la solde que par le désir de quitter une terre trop ingrate pour nourrir tous ses fils. D'Ibiza, il passa à Majorque dont les chefs lui firent grise mine. Tous les hommes en état de combattre avaient pris la fuite, se cachant dans des grottes ou dans des repaires inaccessibles. Ne restaient plus que les vieillards, les femmes et les enfants que le chef punique se refusa à prendre en otages. En fait, les vivres venant à manquer, il ne voulait pas s'embarrasser de bouches inutiles et sa flotte partit pour Minorque où il hiverna.

Durant la mauvaise saison, il veilla à ce que ses soldats alternent périodes de repos et de manœuvres. Dès qu'il le put, il envoya deux navires, l'un à Carthage, l'autre dans le Bruttium, pour solliciter les ordres du Conseil des Cent Quatre et d'Hannibal. Dans la cité d'Elissa, son émissaire fut plutôt bien accueilli. Magon était en effet le seul Barcide à avoir effectué de fréquents séjours dans sa patrie et à ne pas manifester envers ses dirigeants la défiance hautaine dont ses frères usaient à leur égard. Aussi comptait-il de nombreux partisans au Sénat et le plus farouche ennemi des Barca, Hannon le grand, ne tarissait pas d'éloges à son sujet. Il obtint donc sans trop de difficulté les renforts qu'il demandait et reçut en outre de grandes quantités de grains et de fourrage. Ce qu'il ignora jusqu'au bout toutefois, c'était que ces vivres avaient été réquisitionnés dans les vastes domaines appartenant à sa famille. Carthage, lorsqu'elle était contrainte à un acte de générosité, ne pouvait s'empêcher de gâcher celui-ci par un zeste de mesquinerie.

Hannibal reçut l'envoyé de son frère avec joie. Il n'avait pas revu Magon depuis des années et c'était désormais le seul membre survivant de sa lignée. Il lui écrivit une longue lettre pour lui décrire sa situation et lui demander de tenter un débarquement en Gaule cisalpine afin de desserrer l'étau des légions qui le réduisait à tenir quelques garnisons dans le Bruttium. Il avait les plus grandes difficultés à maintenir la discipline dans les rangs de son armée. Installés en Sicile, les Romains et leur flotte étaient les maîtres incontestés de la grande mer et avaient, à plusieurs reprises, intercepté des convois de ravitaillement en provenance de Carthage.

Ayant établi son camp au cap Lacinon, à une centaine de stades de Crotone, une cité grecque qui s'enorgueillissait d'avoir jadis hébergé Pythagore, il avait le plus grand mal à réunir les sommes nécessaires au versement régulier des soldes. A la grande fureur des agents du Trésor carthaginois, il s'était refusé à une solution de facilité qui lui aurait fait commettre un sacrilège. Près de ses positions, se trouvait en effet le temple d'Héra dont les prêtres avaient accumulé, au fil des siècles, d'énormes richesses. Le sanctuaire abritait en particulier une haute colonne d'or massif qui excita la convoitise du chef punique. Guidé par un prêtre auquel il avait promis une forte récompense, Hannibal pénétra nuitamment dans l'enceinte du temple et fit gratter par des vétérans la partie inférieure de cette merveille pour savoir si elle était réellement faite uniquement d'or ou simplement recouverte de fines plaques du métal précieux. A sa grande stupeur, il constata que les fidèles de la déesse n'avaient pas lésiné sur la dépense. La colonne était un gigantesque bloc d'or massif. Revenu sous sa tente, il s'était endormi mais son sommeil avait été troublé par un affreux cauchemar. Héra lui était apparue en songe et l'avait menacé de le priver de l'usage de l'œil qui lui restait s'il menait à bien son projet. Effrayé, il avait fait confectionner avec les fragments prélevés dans le temple une statuette et avait offert plusieurs sacrifices expiatoires. Bien plus, pour prouver sa piété, il avait ordonné à Silénos de composer, en grec et en punique, un texte relatant ses exploits qu'il fit graver sur un autel de bronze déposé dans le sanctuaire lors d'une cérémonie privée.

Réduit à l'inaction, Hannibal vivait dans l'attente du débarquement de son frère. Pour barrer la route à ce dernier, les Romains avaient rassemblé deux flottes, l'une à Carthagène, l'autre à Massalia. Ils pensaient que Magon débarquerait en Gaule transalpine et tenterait de renouveler l'exploit de ses frères en franchissant les Alpes. Averti de ces préparatifs, l'intéressé décida de rallier directement les côtes ligures à partir de Minorque au début de la bonne saison. Aucun amiral n'aurait osé tenter pareil exploit car, à cette époque de l'année, les tempêtes n'étaient pas rares et pouvaient provoquer le naufrage de toute la flotte. Le frère d'Hannibal passa outre et débarqua à Genua[1] où les Ligures Ingauni se rangèrent sous ses ordres, rejoints bientôt par des milliers de guerriers gaulois impatients de secouer le joug romain.

A la tête d'environ vingt mille fantassins et cinq mille cavaliers, il ravagea les colonies récemment édifiées par la cité de Romulus et contraignit ses ennemis à se terrer à l'abri de quelques places fortes.

1. Actuelle Gênes.

Sur le Forum, le récit de ses exploits suscitait des commentaires apeurés et la plèbe ne tarda pas à murmurer contre l'inaction des magistrats. Le Sénat, pour calmer les esprits, dut se résoudre à prendre des mesures spectaculaires. Il ordonna à Marcus Livius Salinator, le vainqueur du Métaure, de rejoindre à Arminium, avec deux légions, le préteur Spurius Lutatius cependant que Marcus Valérius Laevinus gagnait l'Etrurie avec un effectif identique.

Magon comprit que l'adversaire verrouillait de la sorte les routes d'accès à l'Italie centrale afin de l'empêcher de faire sa jonction avec son frère. Il résolut d'attirer les troupes ennemies au nord et de les affronter en terrain découvert. S'il parvenait à les vaincre, aucun obstacle ne se dresserait plus sur son chemin. S'il était défait, il pourrait se rembarquer à bord de sa flotte et gagner Carthage d'où il passerait dans le Bruttium.

La bataille eut lieu à l'été près de Médiolanum[1] sous une canicule torride. Les légions romaines étaient commandées par Publius Quinctilius Varus et Marcus Cornélius Céthégus. Dès le début de l'engagement, elles plièrent sous les coups de boutoir de l'infanterie carthaginoise, à tel point que Varus convoqua d'urgence son collègue pour lui dire :

— Les dieux semblent nous avoir abandonnés. Certes, nous avons la supériorité numérique mais l'ennemi, surpris lui-même par la vigueur de la résistance qu'il nous oppose, a maintenant l'avantage et le conservera tant que nous n'aurons pas désorganisé ses rangs. La seule solution pour y parvenir est de faire donner toute notre cavalerie dont je prends sur-le-champ le commandement. C'est sur moi que reposera la responsabilité de la défaite mais sache que tu partageras ma gloire si nous parvenons à briser notre adversaire.

1. Actuelle Milan.

A la tête de plusieurs centaines d'hommes, Publius Quinctilius Varus chargea. Le champ de bataille fut bientôt enveloppé d'un épais nuage de poussière, empêchant Céthégus de distinguer ce qui se passait. Bientôt, l'on vit revenir quelques escouades de cavaliers en piteux état. Ils s'étaient heurtés au véritable mur de fer constitué par les éléphants dont les barrissements stridents avaient fait se cabrer les montures de leurs compagnons. A peine avaient-ils terminé leur rapport qu'un vacarme assourdissant se fit entendre. Les éléphants lourdement caparaçonnés arrivaient à hauteur de l'infanterie romaine et piétinaient allégrement des dizaines d'hommes hurlant de terreur.

Céthégus eut la présence d'esprit d'ordonner à deux cohortes de faire mouvement sur la droite et sur la gauche. Les légionnaires criblèrent alors de leurs javelots les pachydermes qui cessèrent d'obéir à leurs cornacs, firent demi-tour et chargèrent les soldats carthaginois et gaulois qui s'avançaient derrière eux. Bientôt, on dut les abattre pour éviter que les animaux ne fissent plus de ravages dans leurs propres rangs que dans ceux de l'ennemi. Magon qui, depuis le début de la matinée, se tenait en tête de ses troupes tenta de les lancer dans un ultime assaut. Un Romain le repéra et, rampant sur le sol, au milieu des cadavres et des blessés, s'approcha assez près du général punique pour lui transpercer la cuisse avec un javelot. L'arme s'enfonça assez profondément pour blesser également le cheval qui, de douleur, partit au galop en direction de l'arrière. Cette fuite involontaire de leur chef provoqua la panique chez les Carthaginois et les Gaulois qui refluèrent en désordre vers leur camp. Un orage providentiel empêcha les Romains de les poursuivre et de les anéantir.

Magon, dont la monture avait été arrêtée par l'un de ses officiers, mit à profit ce répit pour regrouper ses hommes et prendre nuitamment la direction de

Genua. Il gisait sur une civière improvisée dont le moindre choc le faisait hurler de douleur. Toutefois, jusqu'au bout, il continua de donner ses ordres, faisant hâter le pas à ses soldats et les enjoignant de se débarrasser de leur équipement pour ne pas se laisser ralentir. Il savait que l'ennemi n'était pas parti à sa poursuite. Certes, il avait perdu près de cinq mille hommes et tous ses éléphants mais les Romains avaient été durement éprouvés. Trois tribuns militaires, Marcus Cosconius, Marcus Maevius et Gaïus Helvius, avaient été tués de même que vingt-deux chevaliers, reconnaissables à l'anneau d'or qu'ils portaient au doigt. Deux mille cinq cents légionnaires avaient également trouvé la mort et leurs chefs jugèrent préférable de permettre aux survivants de se regrouper et de prendre un repos bien mérité.

A Genua, Magon trouva des émissaires récemment arrivés de Carthage qui lui ordonnèrent de se rembarquer immédiatement pour regagner sa patrie. Quand il demanda les raisons de cette décision, l'un des envoyés du Conseil des Cent Quatre lui rétorqua d'un ton grave :

— N'es-tu pas au courant du malheur qui nous arrive ?

— Voilà deux ans que je suis sans nouvelles de vous.

— Publius Cornélius Scipion a débarqué à proximité d'Utique et assiège cette ville. Sous peu, ses troupes se trouveront sous les murs de Carthage. Aussi avons-nous décidé de battre le rappel de toutes nos armées afin de repousser l'envahisseur.

— Hannibal a-t-il été prévenu ?

— Oui.

— Quelle a été sa réaction ?

— Tu connais mieux que moi ton frère et son orgueil démesuré. L'idée ne l'a même pas effleuré qu'il puisse être responsable de ce désastre par les erreurs qu'il a commises. Lorsque je lui ai transmis l'ordre du Conseil des Cent Quatre, il s'est écrié en faisant allusion à mes vénérables collègues : « Ce n'est donc plus indirectement, c'est ouvertement qu'ils me rappellent alors que, depuis longtemps, ils font tout pour m'éloigner, en refusant de m'envoyer des renforts et de l'argent. Non, Hannibal n'a pas été vaincu par le peuple romain, si souvent taillé en pièces et mis en fuite, mais bien par la mesquinerie et par la jalousie du Sénat de Carthage. Ce retour humiliant fera moins plaisir à Scipion qu'à Hannon qui a écrasé notre maison sous les ruines de Carthage, puisqu'il n'a pu y parvenir autrement. »

— Je comprends que ces propos t'aient choqué. Toutefois, tu ne peux ignorer que notre ville a en lui son meilleur général et qu'il préférerait mourir plutôt que de voir l'ennemi fouler l'enceinte sacrée de Byrsa. Dès que nous serons à nouveau réunis, j'aurai avec lui une franche explication et je lui conseillerai de se réconcilier avec toi et Hannon car il y va de notre salut à tous. Nous ne pouvons nous permettre de nous quereller alors que les Romains sont aux portes de notre cité.

— Je savais pouvoir compter sur toi et sur ta sagacité. Pour l'heure, prends un repos bien mérité. Demain, nous embarquerons avec tes hommes à bord des navires rassemblés par mes soins.

Magon ne put rencontrer son frère comme il l'avait espéré. Au deuxième jour de la traversée, il fut saisi d'un violent accès de fièvre contre lequel les médecins se montrèrent impuissants. Ruisselant de sueur, il se tournait et se retournait sur sa couche, refusant tout aliment et incapable d'avaler la moindre goutte d'eau ou de vin. Bientôt, il commença à délirer et les officiers qui le veillaient l'entendirent prononcer des bribes de phrases incompréhensibles. Au petit matin, un long frisson secoua son corps qui retomba inerte. Il avait rejoint Hasdrubal. Tout comme lui et comme son père, Hamilcar, il était mort loin de Carthage, la cité à laquelle il avait consacré chaque instant de sa vie. Ses soldats empêchèrent qu'on jette sa dépouille à la mer. Dès l'arrivée du bateau à Carthage, Magon fut enterré dans la nécropole de Mégara, non loin du vieux palais où il avait passé son enfance.

Le Conseil des Cent Quatre décida de laisser Hannibal dans l'ignorance de la fin tragique de son cadet qu'il aurait peut-être cherché à venger en menant des opérations de représailles au cœur même de l'Italie. L'aîné des Barca se résigna donc à évacuer le Bruttium et à regagner Carthage. Il fit construire par ses hommes plusieurs dizaines de navires, puis rappela les troupes stationnées dans les villes les plus éloignées de Crotone. Le plus dur restait à faire : prévenir ses alliés italiens de son départ. Il savait que ces derniers s'exposeraient aux représailles des Romains, bien résolus à leur faire payer des années de trahison. Il réunit leurs chefs et les adjura de s'embarquer avec lui mais la plupart déclinèrent cette offre. Ils étaient trop attachés à leurs terroirs pour les abandonner et s'installer dans la cité d'Elissa où ils se sentiraient perpétuellement étrangers.

Parmi les opposants les plus résolus au départ, figurait Silénos qui, depuis tant d'années, écrivait la chronique des exploits d'Hannibal. Il était originaire de Tarentum et rêvait de finir ses jours dans sa patrie. Il savait que les Romains, friands de détails sur le plus farouche de leurs ennemis, l'épargneraient à condition qu'il mît ses talents à leur service. D'un ton cassant, le dernier des frères Barca l'apostropha :

— Tu m'as suivi depuis Carthagène et je t'ai accordé ma confiance sur la recommandation de mon ancien précepteur, Sosylos. Je ne puis comprendre les raisons qui te poussent à vouloir m'abandonner. Il me reste encore bien des batailles à mener et je souhaite que tu en écrives le récit. Celui que tu as composé et qui est gravé sur l'autel de bronze de ce sanctuaire est loin d'être complet.

— Hannibal, tu es l'un des plus grands généraux

que ce monde ait connus et je t'admire pour cela. J'ai été fier de raconter tes victoires et c'est précisément pourquoi je n'aurai pas la force de narrer tes défaites.

— Oses-tu dire que les Romains remporteront cette guerre ?

— Je le crains fort et je le déplore tout autant pour Carthage que pour les miens. Ils sont arrogants et impitoyables, et mes concitoyens souffrent déjà sous leur joug.

— As-tu réellement envie de partager leur sort ?

— Non mais je suis las de mener une vie d'errant.

— C'est aussi mon cas.

— Oui mais tu sembles apprécier cette situation. A vrai dire, je crois que tu serais incapable de vivre à Carthage. Tu aimes une certaine idée de cette cité mais tu hais ce qu'elle est dans la réalité.

— Je ne te permets pas de me parler de la sorte !

— Tu n'aimes pas qu'on te dise la vérité.

— J'ai trop d'estime pour toi pour te punir comme tu devrais l'être. Seul le souvenir de Sosylos m'empêche de te livrer à mes gardes pour qu'ils t'infligent le châtiment que nous réservons aux traîtres. Fais en sorte d'avoir quitté Crotone dès demain car, alors, je ne pourrais plus rien pour toi.

A l'aube, Silénos était déjà loin. Il avait compris que le fils d'Hamilcar s'apprêtait à châtier cruellement ceux qui refusaient de le suivre jusqu'à Carthage. Comme d'habitude, Hannibal eut recours à la ruse. Faisant mine de comprendre les arguments de ses alliés, il convia leurs principaux capitaines à un banquet d'adieux. Quand ils furent ivres, il ordonna à ses gardes de les placer en état d'arrestation et de les faire conduire à bord de son navire.

Dès que la nouvelle se répandit dans le camp, leurs hommes, furieux de cette traîtrise, se réfugièrent dans le sanctuaire d'Héra et envoyèrent quelques émissaires appeler à la rescousse les unités romaines les plus proches. Ce geste signa leur perte. Hannibal était désormais convaincu que ses anciens alliés n'hésiteraient pas, pour obtenir leur pardon, à proposer aux consuls en exercice de faire partie des renforts qui seraient envoyés à Publius Cornélius Scipion. Aussi donna-t-il l'ordre de prendre d'assaut le sanctuaire et de massacrer tous ceux qui s'y trouvaient.

Deux jours après cette abominable tuerie, Hannibal monta à bord de sa quinquérème, accompagné par le fidèle Maharbal. En regardant s'éloigner les côtes du Bruttium, il ne put s'empêcher d'éclater en sanglots. Quand il eut repris ses esprits, il confia au chef de sa cavalerie :

— J'aurais dû suivre tes conseils après la bataille de Cannae et marcher sur Rome d'une traite. Nous aurions dîné au Capitole comme tu me l'avais proposé, servis par des sénateurs réduits en esclavage. J'ai préféré céder aux supplications de mes soldats qui aspiraient à prendre enfin un peu de repos. Je les ai conduits à Capua. Moi-même, je me suis laissé prendre aux belles paroles d'Hélène dont j'étais tombé éperdument amoureux. Jamais Rome n'avait été aussi près de sa perte et elle a dû son salut non à ses généraux mais à ma sottise. Aujourd'hui, Scipion se trouve aux portes de Carthage et je jure par Melqart qu'il déchantera vite. Je saurai le priver au dernier moment de la victoire dont il rêve. Je le ferai prisonnier et il m'accompagnera quand je débarquerai à Ostie pour porter le coup mortel à la cité de Romulus. Et, cette fois, Maharbal, tu chevaucheras à mes côtés et aux côtés de mon frère Magon. C'est à toi que reviendra l'honneur de franchir le premier l'enceinte de cette ville maudite avant que je ne la fasse dévorer par les flammes.

— Puisse la bienfaisante Tanit exaucer tes prières ! fit son interlocuteur avant de gagner, l'air songeur et dubitatif, l'avant du navire.

CHAPITRE 6

Le débarquement de Publius Cornélius Scipion en Afrique était la conséquence des intenses efforts diplomatiques qu'il avait déployés depuis des mois. Tout avait commencé peu après la chute de Gadès entre ses mains. A sa grande surprise, le chef romain avait constaté que, si les généraux puniques avaient quitté les lieux, le jeune prince numide Masinissa était demeuré sur place avec ses cavaliers, s'abstenant de tout pillage et de toute attaque contre les nouveaux maîtres du pays. Intrigué par ce comportement, il l'invita à lui rendre visite, lui faisant remettre un sauf-conduit par son neveu qui resterait en otage dans le camp des anciens alliés de Carthage jusqu'au retour de leur commandant.

Un matin, les légionnaires signalèrent l'arrivée, près des remparts, d'une petite escouade de cavaliers à la tête desquels se trouvait un jeune homme au teint hâlé par le soleil. Il fit halte, ordonna à ses hommes de rebrousser chemin et se présenta seul aux avant-postes. S'adressant à un centurion, il lui remit le document délivré par Scipion et portant le sceau de celui-ci. Le sous-officier consulta attentivement le sauf-conduit ; ne parlant ni le grec ni le punique, il fit signe au chef numide de le suivre et le conduisit jusqu'à la citadelle où son hôte l'attendait.

— Salut à toi, Masinissa, dit-il, dans la langue

d'Homère, d'un ton calme et réfléchi. Il me tardait de faire ta connaissance.

— Moi aussi, encore que j'avoue avoir été surpris par ta requête.

— Pourquoi ?

— Je t'ai toujours combattu et, avant toi, ton père et ton oncle ont été mes ennemis. Je suis en partie responsable de leur mort puisque mes troupes les ont contraints à se replier dans des sites indéfendables où les Carthaginois n'ont pas eu de mal à les massacrer. Je pensais que, pour cette raison, tu me vouais une haine farouche et, jusqu'à l'arrivée de ton neveu, j'ai redouté que ton invitation ne dissimule un traquenard.

— Les miens ont trouvé une mort glorieuse au service de Rome et leurs noms sont évoqués avec respect par mes concitoyens. Ils ne pouvaient souhaiter meilleure récompense. Je vénère leur mémoire mais je n'ai nul motif d'éprouver de la rancune à ton égard et encore moins une volonté de vengeance. Tu es un soldat et tu as fait ton devoir de militaire en poursuivant mes malheureux parents. Qui oserait te le reprocher ? Pas moi en tous les cas. Je constate simplement que tes amis ne t'en ont guère été reconnaissants.

— Qu'entends-tu par là ?

— On m'a rapporté qu'Hasdrubal, fils de Giscon, t'avait insulté.

— Tu as de bons informateurs.

— Je les paie assez cher pour cela. En laissant l'un de ses chefs médire de toi, Carthage a fait preuve d'une noire ingratitude qui ne me surprend guère de la part de ces arrogants Puniques.

— Hasdrubal est un ambitieux, dévoré par la haine qu'il porte aux Barca. Mon frère aîné, Juba, fut l'ami d'Hamilcar qui l'a toujours traité avec respect. Je suis venu ici sur cette terre étrangère en compagnie d'Hannibal et de ses deux frères qui m'ont honoré de leur amitié.

— Je comprends tes sentiments. Ils sont assurément fort nobles et dignes de grands éloges. Regarde toutefois la réalité en face. Hasdrubal Barca est mort et les Carthaginois sont partis soit pour l'Afrique, soit pour les Baléares en t'abandonnant, toi et tes hommes, sur ces rivages hostiles.

— Cette fois, tes espions t'ont mal renseigné. Je suis resté ici de mon plein gré pour une simple raison.

— Je la devine.

— Quelle est-elle selon toi ?

— Ton père, Gaïa, se fait vieux et, pardonne-moi ma franchise, il ne tardera pas à mourir. Ton frère, Juba, t'a informé — tu ne pourras pas le nier — qu'il se refusera à monter sur le trône car il estime être trop âgé pour faire un bon souverain. C'est à toi que va échoir le fardeau du pouvoir et je te plains sincèrement.

— Pourquoi cette curieuse sollicitude ?

— Tu as beaucoup d'ennemis, à commencer par ton puissant voisin, Syphax, le roi des Masaesyles.

— Son peuple et le mien, les Massyles, sont rivaux de longue date. Néanmoins, j'ai combattu avec lui aux côtés des Carthaginois et ceux-ci sauront tempérer ses ambitions s'il s'avisait de menacer mes intérêts.

— C'est ce qu'il s'apprête à faire...

— Comment le sais-tu ? Par tes espions ?

— Avec Syphax, je n'ai pas besoin d'avoir recours à leurs services. Car cet excellent ami de Carthage n'hésite pas à parler avec nous. Jadis, il a envoyé dans le plus grand secret une ambassade à Rome pour savoir si nous étions prêts à lui accorder notre protection. Le Sénat lui a envoyé trois de ses membres, porteurs de présents somptueux : une toge, une tunique de pourpre, un siège curule en ivoire et une coupe en or.

— Le connaissant, je sais qu'il n'a pas refusé ces cadeaux.

— Tu as raison mais il a éludé les demandes pressantes de nos émissaires qui sont rentrés bredouilles sur les bords du Tibre. Aujourd'hui, pour répondre à ta question, sache que ce vieux renard, regrettant ses hésitations passées, nous propose de signer un traité d'alliance à condition que nous l'aidions à s'emparer des domaines de Gaïa.

— Je te remercie de ce précieux renseignement. Je ne suis pas dupe des motifs qui dictent ta conduite. Tu veux nous diviser et c'est bien joué. Toutefois, au risque de te surprendre, je te dirai qu'à ta place, je n'hésiterais pas un seul instant. Entre moi-même et Syphax, je choisirais ce dernier dont le royaume s'étend de Siga[1] à Cirta[2], la ville qu'il a prise à mon peuple par traîtrise il y a deux ans de cela. Son armée est infiniment plus nombreuse que celle dont disposent les miens et elle te sera précieuse si tu décides de franchir la grande mer et de porter la guerre sous les murs de Carthage.

— Tu raisonnes comme le font nos bons sénateurs, incapables de voir plus loin que leurs intérêts immédiats. Moi, Publius Cornélius Scipion, je suis fait d'une autre trempe et j'avoue ne pas vouloir de l'amitié d'un traître qui ne respectera aucun de ses engagements quand nous lui aurons permis de faire main basse sur les territoires qu'il convoite. Je préfère m'appuyer sur toi même si, en apparence, tu as peu à nous offrir.

« Bientôt, je conduirai mes légions sur le sol africain. C'est là que se décidera l'issue du conflit qui oppose la cité d'Elissa à Rome. Je ne doute pas un seul instant de sortir victorieux de cette aventure. Toutefois, j'ai besoin d'avoir sur place un allié fidèle qui ne cherchera pas à vendre ses faveurs au plus offrant. Je te sais homme d'honneur, contrairement à Syphax. J'ai jeté mon dévolu sur toi. Je puis affir-

1. Actuel Takembrit en Oranie.
2. Aujourd'hui Constantine en Algérie.

mer que tu ne le regretteras pas. Je serai un protecteur vigilant et soucieux de tes véritables intérêts. Quand Hannibal sera obligé de conclure la paix avec nous, nous interdirons à sa ville la moindre ingérence en Ibérie et en Italie. Sais-tu ce que le Conseil des Cent Quatre fera alors ? Hannon le grand et ses partisans convaincront leurs collègues d'étendre la zone d'influence de Carthage sur vos rivages et ils tenteront d'annexer purement et simplement ton royaume et celui de Syphax. Mis en minorité, le fils d'Hamilcar ne sera pas là pour voler à ton secours et ton peuple, farouchement attaché à son indépendance, sera réduit en esclavage.

— Rome, bien entendu, n'interviendra pas contre mes adversaires.

— A moins qu'elle n'ait une bonne raison de les empêcher de commettre pareille infamie. Ce pourrait être la reconnaissance qu'elle aurait envers un jeune prince qui l'aurait aidée à vaincre sa plus farouche ennemie.

— Tu me demandes de trahir Hannibal et son frère Magon.

— Loin de moi cette intention ! Ce sont pour toi comme des parents et je respecte tes sentiments à leur égard. C'est une affaire privée qui ne me regarde pas. A vrai dire, moi aussi, j'admire les deux Barca et, si le sort n'en avait pas décidé autrement, j'aurais été fier de les rencontrer et de devenir leur ami.

— Tu me donnes donc raison.

— Tu seras bientôt roi et tu apprendras qu'un monarque doit faire passer les intérêts de ses sujets avant les inclinations de son cœur. S'ils sont vaincus, Hannibal et Magon n'auront plus aucun pouvoir dans leur cité et seront même peut-être condamnés à l'exil. Leurs adversaires auront les mains libres et, en t'attaquant, ils auront la conviction de poursuivre la lutte contre les fils d'Hamilcar. Moi, Publius Cornélius Scipion, je t'offre mon amitié et ma protection. Réfléchis bien, pèse le pour et le contre. Je n'exige pas de toi une réponse immédiate. Quand tu auras pris ta décision, je serai heureux de recevoir l'émissaire venu me la communiquer et je suis prêt à parier qu'elle me satisfera.

— L'on m'avait beaucoup parlé de toi, de ton intelligence, de ta sagesse et de ton humanité. Mes interlocuteurs ne m'avaient pas trompé : tu es un grand général et un fin politique. J'ai écouté tes propositions et je les examinerai avec soin dès que je serai de retour dans ma patrie. Baga, qui règne sur le territoire compris entre les colonnes de Melqart et le fleuve Mulucha[1] m'a promis de me fournir une escorte de quatre mille cavaliers. Grâce à eux, je traverserai en toute sécurité les Etats de Syphax et j'évoquerai avec mon père ce qu'il convient de faire. Sois assuré que ta franchise m'a grandement impressionné et que je serai fier de pouvoir, un jour, sans avoir à trahir mes amis, me proclamer ton allié.

Publius Cornélius Scipion n'eut qu'à se féliciter de cette entrevue. A peine arrivé dans le palais paternel, Masinissa dut assister aux derniers instants de Gaïa. Le vieil homme était si épuisé qu'il ne put parler avec son fils mais son regard indiquait qu'il lui faisait toute confiance pour veiller sur l'avenir de son peuple. A peine le souverain massyle avait-il rendu le dernier soupir et été porté en terre qu'attisée par Syphax, la discorde s'installa chez ses héritiers. Le frère du monarque défunt, Œzalcès, prétendit que le trône devait lui revenir et fit assassiner son cadet Juba. Puis il mourut, laissant le pouvoir à l'un de ses fils, Capussa, un jeune homme faible et timoré qui fut bientôt renversé par l'un de ses cousins, un nommé Mazétule. Prudent, il préféra ne pas porter le titre de roi et installa sur le trône un enfant, Lacumazès, dont il se proclama le tuteur. Puis, soucieux de se rapprocher de Syphax et des Carthaginois, il

1. La rivière Moulouya, au nord-est du Maroc.

épousa une noble punique, fille d'une sœur d'Hannibal, veuve d'Œzalcès, moyennant la promesse que les troupes de Syphax le protégeraient contre un éventuel retour de Masinissa. Ce dernier, sur les conseils du malheureux Juba, s'était en effet enfui de la Cour dès la fin des obsèques de son père et s'était réfugié, avec une poignée de fidèles, dans la région des Emporia[1].

Informé de ces événements, le chef romain décida de se rendre à Siga, l'une des deux capitales du royaume masaesyle, pour y rencontrer le vainqueur de Masinissa. Il répondait à l'invitation que celui-ci lui avait faite mais omit de le prévenir de la date de son arrivée. Il s'embarqua, avec Laelius, le préfet de la flotte, à bord d'une quinquérème escortée par un navire du même tonnage. Quand les deux bateaux pénétrèrent dans le port de Siga, ils eurent la surprise d'y découvrir, accostée au quai, une trirème carthaginoise. C'était celle de Hasdrubal fils de Giscon qui, après avoir débarqué les débris de son armée à Carthage, était venu sonder les intentions de son allié. Un malheureux hasard faisait que ce dernier était surpris en flagrant délit de double jeu et, durant quelques jours, il s'abstint de paraître auprès de ses invités, qu'ils fussent romains ou puniques. Si Hasdrubal ne cachait pas sa colère, Publius Cornélius Scipion, lui, conservait un calme imperturbable. Parfois, il prenait un malin plaisir à envoyer une patrouille de légionnaires dans les rues de la cité et celle-ci croisait des militaires carthaginois contraints de s'écarter à leur passage et de feindre une indifférence de façade.

Comprenant qu'il devait à tout prix sortir de ce mauvais pas, Syphax décida de convier les deux généraux ennemis à un banquet dans son palais. Ils ne pourraient pas refuser et conserveraient le silence

1. La région de la Petite Syrte est située dans l'actuelle Tunisie, en face de l'île de Djerba.

sur cet entretien afin de ne pas se compromettre vis-à-vis de leurs magistrats respectifs. Lui expliquerait à ces derniers qu'il s'était conformé aux lois sacrées de l'hospitalité et n'avait pas voulu privilégier l'un de ses invités au détriment de l'autre. Encore plus madré que ses interlocuteurs, le roi fit disposer dans la pièce où se déroulerait le repas deux lits de repos. Il occuperait le premier et ses interlocuteurs devraient, pour manger, prendre place côte à côte sur le second, faisant contre mauvaise fortune bon cœur.

Le festin fut splendide. Syphax avait veillé à choisir les meilleurs vins de ses réserves et ses cuisiniers avaient préparé des plats raffinés servis par des cohortes d'esclaves attentionnés. Il accueillit ses convives avec un véritable déluge de paroles mielleuses et de compliments hypocrites :

— Mon cœur se réjouit de voir Publius Cornélius Scipion et Hasdrubal, fils de Giscon, réunis dans mon palais et me faire l'honneur de partager ces modestes agapes. Ce jour est l'un des plus beaux de ma vie et je prie nos dieux et les vôtres qu'il marque les débuts d'une ère nouvelle pour nos peuples. Il est un temps pour la guerre et un temps pour la paix. Ce soir, celle-ci me paraît proche et ma vie n'aura pas été inutile si je parviens à faire naître dans vos cœurs l'envie de mettre un terme à une guerre fratricide. Je lève ma coupe au succès de cette entreprise.

— Syphax, dit le Romain, tu es un excellent comédien et j'admire la façon que tu as de réparer ta maladresse. Je suis sûr qu'Hasdrubal partage ce sentiment et il ne me déplaît pas de faire sa connaissance dans de telles circonstances.

— Moi aussi, répondit le fils de Giscon, j'ai hâte de parler avec le militaire de génie qui a chassé les miens de Carthagène et de Gadès. Foin de politesses, prenons place et que la fête commence !

Le vin délia vite la langue des convives et, très rapidement, les deux généraux oublièrent la présence de Syphax pour évoquer les combats qui les avaient opposés, chacun vantant les prouesses de l'autre. En bon Oriental, Hasdrubal, fils de Giscon, attendait que son interlocuteur se dévoile le premier. Scipion le comprit mais préféra le laisser bouillir d'impatience. Quand il jugea que le Punique était sur le point de perdre son calme, il se décida à entrer dans le vif du sujet :

— Hasdrubal, certains de mes propos risquent de te blesser et je voudrais que tu saches que ma maladresse n'a rien d'intentionnel ni d'offensant pour toi. J'ai pu apprécier tes qualités de chef militaire et je m'étonne que ta cité n'ait pas cherché à les utiliser encore plus. Il est vrai que tu as la malchance d'être un ami d'Hannon le grand et de son second, Hasdrubal le chevreau, des hommes épris de paix et de conciliation, donc de farouches adversaires des Barca. Une chose m'étonne toutefois : tes protecteurs vivent à Carthage et dirigent la ville alors que la famille d'Hamilcar n'a pas revu sa cité natale depuis des années. Comment expliques-tu l'autorité quasi absolue dont elle dispose et la faculté qui lui est accordée d'agir comme bon lui semble.

— La populace leur est acquise et se félicite de leurs succès. Jusqu'à présent, comme ils disposaient des richesses de l'Ibérie, ils ne demandaient aucune aide financière à nos magistrats. Puisqu'elle n'était pas pressurée d'impôts, la plèbe n'a aucune raison d'être hostile à une guerre qui ne lui coûte rien.

— Tu veux dire qui ne lui coûtait rien. Car, avec la perte de Gadès et de Carthagène, l'or et l'argent cesseront d'affluer dans les coffres de votre cité. Désormais, vous n'aurez d'autre choix que de lever de nouveaux impôts, et tu sais que de telles mesures sont profondément impopulaires. La grogne du petit peuple se retournera contre vous et non contre Hannibal qui est loin, très loin, et dont la popularité demeure intacte. Tôt ou tard, toi et les tiens seront confrontés à une situation peu enviable. Les partisans des Barca ne manqueront pas d'expliquer qu'il serait opportun de chercher l'argent là où il se trouve, c'est-à-dire dans les caves de vos palais. Il suffirait de quelques éléments provocateurs pour provoquer des émeutes et organiser les pillages de vos demeures.

— C'est un risque dont le Conseil des Cent Quatre se préoccupe et il a pris toutes les dispositions pour parer à de tels troubles. La garnison de Carthage a été considérablement renforcée et, s'il faut, nous n'hésiterons pas à traduire devant le Sénat les agitateurs et, surtout, leurs inspirateurs. Nous les connaissons car ils agissent à visage découvert.

— Je fais confiance à votre cruauté bien connue pour que toute tentative de sédition soit réprimée dans le sang. Cela ne réglera pas pour autant ton problème majeur, celui de la répartition du pouvoir dans votre ville. Jusque-là, vous étiez gouvernés par une aristocratie fière de ses prérogatives et de ses privilèges. Les Barca, qui ne répugnent pas à la démagogie, ont placé leurs hommes au sein du Conseil des Cent Quatre et du Sénat. Bientôt, ils seront plus nombreux que vous et vos pouvoirs seront réduits à néant.

— Scipion, ton analyse ne manque pas de justesse. Elle a un point faible. Ce que tu décris n'est pas uniquement valable pour la cité d'Elissa. A Rome même, vos patriciens sont confrontés à une situation identique et, toi-même, tu n'es pas loin de te comporter comme Hannibal. Ton parti s'appuie sur la plèbe contre les milieux conservateurs représentés par votre vieux dictateur Quintus Fabius Maximus, hostile à la poursuite des opérations militaires en dehors de l'Italie. Tu es bien mal placé pour défendre les intérêts de l'aristocratie carthaginoise alors que tu réduis les pouvoirs de son homologue romaine.

— J'appartiens à une lignée patricienne, à l'une des familles les plus anciennes de ma cité, et je n'ai nulle envie, crois-moi, de voir la populace dicter la conduite des miens. Je feins de rechercher l'amitié de la plèbe pour la bercer d'illusions et faire en sorte que rien ne change dans nos institutions. Il me suffira, le temps venu, d'user de mon prestige pour ramener à la raison les démagogues que je hais tout autant que toi.

— C'est un jeu habile et dangereux qui pourrait se retourner contre toi.

— C'est là une hypothèse que j'ai la faiblesse de ne pas prendre en considération.

— Parlons franchement. Qu'as-tu à me proposer ?

— Une alliance tacite. Si vous parvenez à vous débarrasser des Barca, ma cité vous saura gré de vos efforts et pourrait, en contrepartie, vous offrir des conditions de paix moins dures que celles que vous vaudrait votre obstination.

— Je transmettrai à ton message à Hannon le grand en l'assortissant d'un seul commentaire.

— Puis-je en avoir la primeur ?

— Je dirais à Hannon le grand en parlant de toi : « Avec un tel homme, les Carthaginois devraient moins chercher à s'expliquer comment ils ont perdu l'Espagne que de se demander comment garder l'Afrique. » Maintenant, si cela ne t'offense pas, je sollicite la permission de me retirer. J'appareille après-demain et je suppose que tu dois t'entretenir avec Syphax. Pour ma part, j'ai âprement négocié avec lui et je sais qu'il ne me donnera aucune réponse avant d'avoir tramé quelque intrigue subtile avec toi.

— Que les vents te soient favorables ! Je suis convaincu que nous nous reverrons.

Hasdrubal, fils de Giscon, prit congé du chef romain et du souverain masaesyle. Ceux-ci, enfin seuls, discutèrent jusqu'au petit matin et Publius Cornélius Scipion alterna menaces et promesses :

— Syphax, sache que je ne te garde pas rancune de ta duplicité. Tu n'avais pas prévu que je débarquerais alors que mon ancien ennemi était encore présent dans ta capitale. J'ai pu de la sorte le rencontrer et je ne regrette pas cette entrevue qui m'a appris beaucoup de choses.

« Cela dit, Rome a envers toi un lourd contentieux. Tu as fait souffler alternativement le chaud et le froid sur nos relations alors que nous étions favorablement disposés à ton égard. Nous ne tolérerons plus tes atermoiements ni tes fausses promesses. J'ai à te transmettre un ultimatum de la part du Sénat. Soit tu acceptes de signer sur-le-champ un traité d'alliance et d'amitié avec nous, soit tu subiras le châtiment que te vaudra ta fidélité à Carthage, à une cité qui, bientôt, sera assiégée par mes troupes. Que choisis-tu ?

— Vos succès militaires m'indiquent clairement que la Fortune sourit à vos armées. Depuis ma jeunesse, j'ai toujours jugé préférable de me ranger aux côtés du vainqueur. Fais donc savoir à vos consuls que la cité de Romulus a désormais un nouvel allié, Syphax, roi des Masaesyles.

*
* *

Scipion, ravi de l'issue favorable des pourparlers, regagna bientôt Gadès, puis Rome. Dans sa ville natale, il reçut un accueil enthousiaste et sa demeure située dans le quartier des Vieilles Boutiques, en bordure du Forum, était envahie par la foule de ses partisans venus le féliciter ou lui présenter des demandes intéressées. Avec l'aide de sa mère Pomponia, qui contribua largement à sa campagne, il se fit élire consul en même temps que Publius Lucinius Crassus, un plébéien fabuleusement riche auquel ses trésors avaient valu le surnom de « Dives[1] ». Restait à déterminer quelles provinces échoueraient aux nouveaux magistrats. Le vainqueur d'Hasdrubal fils

1. Le fortuné.

de Giscon lorgnait sur la Sicile, marchepied naturel pour passer en Afrique, et avait de bonnes chances de l'obtenir car son collègue, exerçant depuis quelques années la fonction de Grand Pontife, ne pouvait, en raison des interdits religieux accolés à cette dignité, quitter le sol italien.

Toutefois, bon nombre de sénateurs, à commencer par le vieux Quintus Fabius Maximus, étaient hostiles à l'expédition projetée. Un débat particulièrement houleux l'opposa donc à Publius Cornélius Scipion. Le premier attaqua de front celui qu'il considérait comme un jeune blanc-bec rongé par l'ambition :

— Vénérables Pères conscrits, on parle d'envoyer nos légions de l'autre côté de la grande mer alors que ce maudit Hannibal occupe toujours le Bruttium et sème la terreur ainsi que la désolation dans les territoires de nos alliés. Avant de mettre le siège sous les murs de Carthage, il serait préférable de libérer l'ensemble de la péninsule et de bouter hors d'Italie le général borgne qui nous a déjà fait tant de mal. Je l'ai suffisamment combattu pour être à même de porter un jugement sur lui. Il vit depuis trop longtemps loin de sa cité natale pour songer à y revenir un jour et à devoir affronter les critiques de ses adversaires au sein du Conseil des Cent Quatre. Il restera sourd à ses demandes si celui-ci, voyant nos troupes ravager le Beau Promontoire et ses environs, l'adjure de revenir. Il profitera même de l'affaiblissement de nos forces pour lancer sur la Lucanie ou la Campanie l'un de ses audacieux coups de main dont il a le secret.

« C'est contre lui que nous devons consacrer toute notre énergie. Il faut que la flotte l'empêche de recevoir le moindre ravitaillement et que notre infanterie le traque sans pitié. Nous finirons bien par l'épuiser et il devra alors se rembarquer. C'est en Italie que nous devons combattre. Il n'est pas naturel, il est même impie d'attaquer le pays des autres avant de défendre le sien. Chassons d'abord de chez nous la peur et l'effroi avant de les porter en terre étrangère pour autant que cela soit nécessaire. Car je ne cache pas être profondément hostile à l'idée d'un débarquement en Afrique. Les plus vieux d'entre nous se souviennent encore du malheureux précédent de Marcus Attilius Régulus et de sa mort loin des siens. Je ne souhaite pas à Publius Cornélius Scipion de connaître pareille mésaventure et c'est la raison pour laquelle je m'oppose à son projet.

— Est-ce vraiment la seule ? fit un sénateur, partisan du futur consul.

— Tu m'obliges à aborder un sujet délicat. Je ne méconnais pas ses qualités de militaire mais je redoute ses ambitions politiques. Il veut faire un coup d'éclat pour s'attirer les sympathies de la plèbe et devenir le maître incontesté de notre ville. Tout comme Hannibal, il a une fâcheuse tendance — nous l'avons bien vu lors de ses campagnes en Ibérie — à décider lui seul de la conduite des opérations sans prendre la peine de nous consulter. Il y a quelques années de cela, il a obtenu un imperium militaire alors qu'il n'avait exercé aucune magistrature importante. Aujourd'hui, auréolé de la dignité que lui a conférée le peuple, il n'a aucune raison de changer de comportement et cela m'inquiète au plus haut point.

— Sans doute préférerais-tu le voir guerroyer dans le Bruttium et toi être désigné pour mettre le siège devant Carthage ? tonna un autre sénateur. Pareille victoire couronnerait ta carrière et priverait ton rival d'un triomphe bien mérité.

— Tu as tort, dit Quintus Fabius Maximus. Je ne veux pas de cette expédition en Afrique car elle ne décidera en rien du sort de la guerre. Lors de notre précédent conflit avec la cité d'Elissa, les opérations qui ont conduit notre plus mortel ennemi à signer un traité avec Gaïus Lutatius se sont déroulées en Sicile et c'est parce qu'Hamilcar a été obligé d'abandonner

Drepanum et le mont Eryx que nos emblèmes ont été victorieux. Quelle meilleure gloire y aura-t-il pour notre jeune consul : défaire Hannibal sous les murs de Carthage ou bien être le libérateur de l'Italie après avoir été celui de l'Espagne ? S'il tient tellement à affronter le général borgne, qu'il le fasse sur notre sol !

— Les propos de Quintus Fabius Maximus, rétorqua Scipion, sont en apparence empreints de sagesse et de prudence. Nous lui savons tous gré d'avoir su rétablir la situation de nos armées après les écrasantes défaites que leur infligea Hannibal. Il a gagné du temps, évité de nouvelles batailles, pour lesquelles nous n'étions pas préparés, et cette politique a porté ses fruits, en son temps.

« Cette époque, Pères conscrits, est toutefois désormais révolue car c'est Carthage et non Rome qui est maintenant aux abois. Nos ennemis ont perdu leurs possessions au-delà des colonnes de Melqart, Hasdrubal Barca a trouvé la mort le long du fleuve Métaure. Hannibal n'est pas en meilleure posture et il n'est pas besoin d'envoyer contre lui nos légions. Il se charge lui-même d'organiser sa propre défaite et je n'entends pas le priver de ce plaisir.

« Un fait nouveau est de surcroît intervenu : le changement d'attitude des princes numides. Tu as mentionné avec raison le précédent de Marcus Attilius Régulus. Si ce dernier a été vaincu, c'est parce qu'il ne disposait pas d'alliés sur place. Ce n'est pas notre cas. Syphax, le roi des Masaesyles, a signé un traité d'amitié avec nous et ses troupes se joindront aux nôtres pour porter à Carthage un coup fatal.

— Tu n'ignores pas que ses promesses n'ont aucune valeur, fit Quintus Fabius Maximus. Déjà, dans le passé, il s'était proclamé notre ami et avait reçu de nous de somptueux présents. Pourtant, il est demeuré fidèle à la cité d'Elissa et sa cavalerie a combattu contre nous à Sagonte comme à Ilipa.

— Certes, mais nous lui avons permis de s'emparer du royaume de son rival Masinissa et il ne peut l'oublier. Il sait que, tôt ou tard, nous lui demanderons de nous rendre la pareille.

— En es-tu sûr ? Il a obtenu ce qu'il voulait et, dans le meilleur des cas, il se contentera d'observer une prudente neutralité, attendant de voir à qui la victoire sourit avant de prendre une décision.

— Tu fais comme s'il était notre seul allié possible. Nous pouvons, s'il déçoit nos espérances, nous tourner vers Masinissa que j'ai rencontré à Gadès et qui sera trop heureux de bénéficier de notre aide pour reconquérir ses domaines. Il se trouve actuellement dans les Emporta et je suis en liaison avec lui. L'un de ses émissaires est venu me voir il y a peu pour m'apporter la réponse à la question que je lui avais posée lors de notre entrevue à Gadès. Après avoir mûrement réfléchi, il est prêt à se ranger à nos côtés et il peut rassembler plusieurs milliers de cavaliers et de fantassins. Que ce soit Syphax ou Masinissa, nous sommes donc assurés d'obtenir des renforts sur place et c'est la raison pour laquelle il me paraît indispensable de préparer ce débarquement en Afrique. Il est grand temps que cette terre subisse ce que l'Italie endure depuis tant d'années. De la sorte, nous vengerons nos morts bien-aimés et tous ceux qui ont dû abandonner leurs foyers ravagés et détruits par les Carthaginois.

— Tes arguments, dit un vieux sénateur, Quintus Fulvius Flaccus, m'ont ébranlé. Reste le problème soulevé par Fabius Maximus : le peu de cas que tu fais de l'avis du Sénat. Dans Rome, on murmure même que, si nous refusons de te donner satisfaction en te confiant comme province la Sicile, tu serais prêt à faire appel de cette décision devant les Comices, infligeant ainsi à tes pairs un désaveu intolérable. Peux-tu nous donner l'assurance que tu te conformeras à l'avis de tes collègues sans consulter le peuple ?

— Je puis t'assurer d'une chose : j'agirai toujours

dans le sens de l'intérêt de Rome. Y a-t-il là chose plus sacrée à tes yeux ?

— Ta réponse est habile mais ambiguë. Car qui est à même de savoir quel est l'intérêt de l'Etat ? Toi ou nous ?

— Ma famille compte au nombre des plus anciennes de notre cité et l'a toujours servie avec fidélité et courage. Ce que j'ai fait depuis des années, à la suite de mon père et de mon oncle, notamment la reconquête de Sagonte, de Carthagène et de Gadès, plaide en ma faveur. Avez-vous eu à vous plaindre des résultats de mes initiatives ? Vous évoquez des rumeurs, des soupçons et de vagues inquiétudes, je vous réponds par la réalité. A vous donc de juger ce qui sera le plus utile à notre patrie.

Finalement, le Sénat se prononça en faveur de l'attribution de la Sicile à Publius Cornélius Scipion et l'autorisa à passer en Afrique s'il l'estimait nécessaire. Il est vrai que Publius Licinius Crassus avait fait basculer une large partie des votants en rappelant que ses fonctions religieuses lui interdisaient de quitter l'Italie et qu'il était solidaire, en tous points, de son collègue.

*
* *

Le jeune consul avait eu la chance de voir le débat tourner court. Quelques semaines plus tard, il n'aurait pas obtenu l'approbation des sénateurs car un événement était intervenu, de nature à modifier profondément la suite des opérations. Publius Cornélius Scipion s'était vanté d'avoir obtenu de Syphax la signature d'un traité d'amitié avec Rome. Or le roi masaesyle, comme l'avait prévu Quintus Fabius Maximus, dénonça ce pacte solennel pour se rallier définitivement à Carthage.

L'artisan de ce revirement avait été Hasdrubal, fils

de Giscon. Au lendemain de son entrevue avec Scipion, il avait compris que le départ précipité du chef romain de Siga tenait à ce que ce dernier avait obtenu de leur hôte ce qu'il souhaitait. Il avait fait mine de ne pas réagir et avait pris congé fort aimablement du souverain masaesyle, lui promettant qu'il reviendrait sous peu le voir. A peine arrivé dans la cité d'Elissa, le rival d'Hannibal avait rencontré son protecteur, Hannon le grand, pour l'informer de la trahison de leur ancien allié et envisager une riposte.

Le chef du parti anti-barcide avait hoché la tête de dépit et interrogé son interlocuteur :

— Que comptes-tu faire ? Sa défection constitue un danger intolérable pour notre cité mais nous manquons d'hommes pour ramener Syphax dans le droit chemin.

— Une femme le fera.

— Qu'entends-tu par là ?

— J'ai une fille, Cafonbaal, la « protégée de Baal », que l'on désigne en grec sous le nom de Sophonisbé. Elle est, tu le sais, d'une beauté éblouissante, et de nombreux jeunes Carthaginois seraient prêts à tout pour avoir le privilège de l'épouser. Par amour pour ma cité, j'ai décidé qu'elle serait notre nouvelle Elissa. Elle devra se sacrifier pour assurer l'avenir de Carthage. Sous peu, je partirai avec elle pour Cirta et je suis prêt à parier la moitié de ma fortune qu'en l'apercevant Syphax en tombera éperdument amoureux. Je lui accorderai la main de ma fille bien-aimée à une seule condition, qu'il dénonce son alliance avec Rome.

— Tu t'imposes là un lourd fardeau. Ne crains-tu pas que certains de nos compatriotes ne te reprochent d'avoir vendu ton enfant à un étranger et de déshonorer ainsi le nom de ta lignée ?

— Tu sais mieux que quiconque ce que je pense de ces maudits Numides et je n'ai jamais fait mystère de mes sentiments, y compris devant l'un d'entre eux, Masinissa. Ce sont des êtres sauvages et incultes, infiniment moins intelligents que nos esclaves grecs. Je pouvais rêver pour ma fille d'un meilleur parti mais, après avoir mûrement réfléchi, je ne vois pas d'autre solution pour nous sortir d'affaire. Il est de mon devoir de l'obliger à prendre pour mari Syphax, à condition que celui-ci rompe son alliance avec Rome. J'y vois un autre avantage : affaiblir la position d'Hannibal.

— De quelle manière ?

— Tu le sais, les Barca ont toujours favorisé les Massyles, que ce soit Gaïa ou Masinissa. En nous alliant avec celui qui l'a dépossédé de son royaume, nous montrerons à ce dernier que Carthage est la seule à régner sans partage sur ces rivages. Il se sentira trahi par nous mais surtout par son ami, le fils d'Hamilcar, qui n'a pas la possibilité de s'opposer à notre décision. Il est loin, très loin, et certains de ses partisans ne partagent pas son engouement pour les Numides. Nous priverons de la sorte notre généralissime d'un allié précieux qui ira se jeter dans les bras des Romains si ces derniers veulent bien d'un proscrit et d'un exilé. De surcroît, il défaillira de jalousie à l'idée que ma fille, dont il connaît de réputation la beauté, devienne la femme de son rival, infiniment plus âgé et moins beau que lui. Il cherchera à se venger et, pendant que lui et Syphax s'entre-déchireront, nous réglerons leurs comptes aux Romains.

— Leur consul, m'a-t-on dit, envisage de débarquer en Afrique.

— Oui, car il croit que le roi des Masaesyles l'aidera à mettre le siège devant notre ville. Quand il s'apercevra que son allié est devenu mon gendre, il regrettera amèrement de s'être lancé dans une telle aventure. Ce sera un nouveau Régulus mais, cette fois-ci, aucun Barca ne sera là pour lui permettre d'échapper à la captivité.

— Ta fille acceptera-t-elle de partager la couche de ce vieillard ?

— J'en suis convaincu.

Avec l'approbation d'Hannon le grand, Hasdrubal, fils de Giscon, partit pour Cirta en compagnie de Sophonisbé. Celle-ci, âgée d'à peine vingt ans, était d'une beauté époustouflante. Ses cheveux noirs, son teint mat, sa taille fine, ses yeux marron et sa bouche sensuelle n'étaient rien à côté de son intelligence et du charme un peu languissant de sa conversation. Les mots qui tombaient de sa bouche étaient comme des gouttes d'eau s'écoulant d'un puits dans le désert. Son regard transperçait tous ceux qui avaient l'audace de la contempler, fascinés par sa démarche soigneusement étudiée. Son père lui avait fait donner des leçons de chant par un esclave grec, musicien renommé, et elle savait s'accompagner en tirant d'une lyre des sons plaintifs ou langoureux.

Lors de la première soirée qu'ils passèrent dans le palais royal de Cirta, Hasdrubal put observer le regard de convoitise que jetait son hôte sur son invitée. Tard dans la soirée, le fils de Giscon demanda à Sophonisbé de régaler le souverain de quelques mélodies. Elle se fit prier, puis s'exécuta avec un sourire malicieux. Quand sa voix s'éleva, cristalline, le Numide se sentit envahi par une étrange sensation. Pareille beauté devait lui appartenir et il était prêt à tout pour parvenir à ses fins.

Sur un signe de son père, Sophonisbé s'éclipsa discrètement pour regagner ses appartements, laissant les deux hommes en tête à tête.

— Hasdrubal, mon ami, je suis heureux de te revoir. Tu m'avais promis de me rendre visite dans ma capitale mais je ne savais pas que cela me vaudrait l'honneur de faire la connaissance de ta fille. J'ai cru avoir devant mes yeux une déesse.

— Chaque jour, je remercie les dieux de m'avoir donné une si belle enfant. Pourtant, je dois te l'avouer, mon cœur de père est triste.

— Comment est-ce possible ?

— Cette péronnelle que tu admires tant a refusé

la main de plusieurs jeunes aristocrates carthaginois appartenant aux meilleures familles de notre cité.

— Pourquoi ? dit, d'un ton faussement désintéressé, le souverain numide.

— Elle a prétendu qu'ils étaient trop jeunes. D'après ce que m'a dit son ancienne nourrice, qui est toujours attachée à son service, ma fille ne se complaît que dans la compagnie de personnes plus âgées qu'elle.

— Je ne saurai lui donner tort.

— Et je ne te parle pas de ses lubies !

— Lesquelles ?

— Je l'ai élevée dans le respect de nos traditions et dans la fidélité à notre culture. Elle n'a jamais refusé de célébrer les sacrifices que toute adolescente doit offrir à Tanit et à Baal Hammon. Mais je ne suis pas sûr qu'elle soit véritablement carthaginoise.

— Avec un père comme toi, qui oserait en douter ?

— Vois-tu, la plupart de nos servantes sont numides et elles n'ont cessé de lui parler de votre peuple et de ses coutumes. C'est un sujet qui la passionne à tel point qu'elle nourrit d'étranges idées.

— J'ai hâte d'en apprendre plus.

— Elle est persuadée que vous, les Numides, et, nous les Carthaginois, devrions former une seule et même nation tout en préservant, chacun, certaines de nos spécificités respectives. Je suis sûr que, s'il ne tenait qu'à elle, elle épouserait plutôt l'un de vos jeunes gens que le fils d'un membre du Conseil des Cent Quatre.

— Je ne saurais lui donner tort sur ce point. Toutefois, ne m'as-tu pas confié qu'elle avait une prédilection pour les personnes plus âgées qu'elle ?

— C'est vrai. Songerais-tu à l'un de tes neveux ou de tes fils ? Ils ont tous dépassé la trentaine, m'a-t-on raconté.

— J'ai peine à le croire car ce sont des gamins écervelés qui se conduisent comme s'ils étaient encore sous la surveillance de leur précepteur. Non, une autre idée m'était venue mais elle est si folle que je n'ose même pas t'en parler.

— Je suis ton ami et tu me peux confier ton secret sans crainte de me choquer.

— Crois-tu qu'elle accepterait de devenir ma femme ? Je puis t'assurer qu'elle ne trouvera pas mari plus attentionné que moi. Voilà, je t'ai dit ce que j'avais sur le cœur et je ne te demande pas de réponse immédiate. Tu passes pour ne pas aimer notre peuple et je crois qu'il te répugnerait de m'avoir pour gendre.

— Syphax, j'ai beaucoup d'ennemis, à commencer par les Barca qui ont toujours protégé ton rival Gaïa et ses fils, Juba et Masinissa. Ils ont répandu sur mon compte et sur celui de mon ami, Hannon le grand, bien des calomnies dénuées de tout fondement. Ils nous ont décrits comme des ennemis des Numides, partisans de réduire ceux-ci en esclavage. C'est faux, archi-faux. Crois-tu qu'un ennemi des Masaesyles aurait laissé sa fille se passionner pour votre histoire et pour vos légendes ? Tu m'as parlé franchement et je te répondrai sans détour : je ne ferai pas obstacle à ton union avec Sophonisbé si celle-ci y consent.

— Tu fais de moi le plus heureux des hommes car je devine qu'elle se pliera à ta volonté.

— J'y mets toutefois une condition.

— J'y souscris d'avance.

— Je n'en suis pas certain car il s'agit d'une question politique.

— Je t'écoute.

— Tu es un souverain habile et rusé, prêt à tout pour conserver et agrandir tes domaines. Des années durant, tu as été notre allié fidèle et tes cavaliers nous ont plusieurs fois épargné la défaite sur le champ de bataille. Lorsque le sort des armes nous a été contraire, tu t'es rapproché des Romains. Ne proteste pas, tu as fait ce que te dictait ta conscience et, à ta place, je n'aurais pas agi autrement. Lors de notre dernière rencontre à Siga, tu as conclu un traité secret d'amitié avec Rome, et Publius Cornélius Scipion, lorsqu'il débarquera en Afrique, te demandera de venir le rejoindre avec tes troupes.

« Jusqu'à maintenant, tu étais libre de tes gestes, tu ne l'es plus désormais si Sophonisbé devient ton épouse et si ton beau-père n'est autre qu'Hasdrubal, fils de Giscon. Je ne pourrais supporter qu'un membre de ma propre famille porte les armes contre ma ville. Aussi, la condition que je mets à ton union avec mon unique enfant est que tu dénonces le pacte que tu as passé avec la cité de Romulus.

— Je te promets de le faire.

— Cette fois-ci, je ne puis me contenter de bonnes paroles de ta part. Tu devras envoyer un émissaire à Scipion qui se trouve actuellement en Sicile et celui-ci sera accompagné par Héraklès, l'un de mes conseillers. C'est un Grec et, officiellement, il te servira d'interprète. Ton ambassadeur sera porteur d'un message ainsi rédigé : « Noble Romain, je ne désire rien d'autre que de vivre en paix avec ta cité. Tu peux être assuré que jamais je n'enverrai mes troupes fouler le sol de ta patrie pour y porter la ruine et la désolation. J'attends de toi que tu te comportes de la même façon. Sache donc que, si tu débarques sur nos côtes et si tu t'approches de Carthage, je me verrai dans l'obligation de me battre pour l'Afrique où je suis né et pour la patrie du père de ma future femme. » Quand ton ambassadeur se sera acquitté de cette mission dont Héraklès me rendra compte, nous célébrerons ton mariage et je puis te promettre que l'on parlera pendant longtemps de cette fête somptueuse.

CHAPITRE 7

A Rome, les esprits étaient inquiets de la multiplication de prodiges tous plus étonnants les uns que les autres. Une ânesse avait donné naissance à un ânon doté de deux têtes. Un peu partout en Italie, l'on signalait des pluies de pierres dont certaines avaient la taille d'un poing. Pour couper court aux rumeurs, le Grand Pontife Publius Licinius Crassus décida de consulter l'oracle de Delphes auquel Publius Cornélius Scipion avait fait parvenir les trésors pris aux Carthaginois dans leur repaire de Carthagène. Une délégation se rendit donc au sanctuaire d'Apollon et fut autorisée à consulter les Livres sibyllins. On y trouva une prophétie, jusque-là négligée, susceptible d'expliquer les étranges phénomènes dont la cité de Romulus était le théâtre : « Le jour où un ennemi d'une autre race aura porté la guerre sur le sol de l'Italie, on ne pourra l'en chasser et le battre qu'à condition d'amener de Pessinonte à Rome, la mère des dieux, déesse de l'Ida. » Outre ce texte, les envoyés eurent la surprise de constater que les entrailles des nombreux animaux qu'ils avaient offerts en sacrifice à Apollon Pythien étaient toutes favorables. L'oracle en avait conclu que, sous peu, le peuple romain remporterait une victoire beaucoup plus importante que celle en l'honneur de laquelle il avait offert au temple les fabuleuses richesses amassées par les Carthaginois.

Au Sénat, un débat particulièrement agité eut lieu pour savoir s'il convenait de faire venir sur les bords du Tibre la pierre sacrée que les habitants de Pessinonte en Phrygie considéraient comme représentant la Mère des dieux et qui était conservée dans un sanctuaire, propriété d'Attale, roi de Pergame. Bon nombre de Pères conscrits y étaient opposés. Farouchement attachés aux traditions, ils étaient hostiles à l'introduction à Rome de cultes étrangers, grecs ou orientaux, par crainte de voir les fidèles délaisser les sanctuaires des dieux protecteurs de la cité et provoquer ainsi leur courroux. Néanmoins, sous la pression de la plèbe, l'on décida d'envoyer en Phrygie une ambassade composée de Marcus Valérius Laevinus, deux fois consul, Marcus Caecilis Métellus, ancien préteur, Servius Servilius, ex-prêteur, ainsi que les questeurs Gnaeus Trémellius Flaccus et Marcus Valérius Falto.

A Pergame, Attale les accueillit chaleureusement et les conduisit lui-même à Pessinonte pour leur remettre la pierre consacrée. Avant le départ de ses invités, il eut un entretien avec Marcus Valérius Laevinus.

— Sache, lui dit-il, que le don de cette statue signifie que je suis désormais votre allié. A l'origine, j'étais partisan de ne pas donner suite à votre requête mais mon fils, Eumène, m'a persuadé du contraire. Il estime que, bientôt, nous devrons faire appel à vos légions pour nous protéger contre nos ennemis.

— Qui oserait s'attaquer à un souverain aussi pacifique et aussi généreux que toi ?

— J'ai deux adversaires redoutables. Le premier est Philippe de Macédoine que tu connais puisqu'il a jadis conclu avec Hannibal un traité. Le second est Antiochos Séleucide. C'est un être dévoré par l'ambition et il rêve de s'emparer de mon royaume ainsi que de la Grèce tout entière.

— Nous ne le laisserons pas accomplir ce forfait. Quiconque attaquera Athènes, Sparte, Chalcis ou les autres cités dont vos ancêtres sont venus il y a bien longtemps menacera les intérêts de Rome et devra recevoir le châtiment qu'il mérite. Quant à toi, ton geste généreux mérite une récompense et tu peux être assuré de notre protection. Si un souverain étranger franchit les frontières de tes Etats, il trouvera face à lui nos légions.

— Je te remercie au nom de mon peuple. Je suis confus cependant de devoir t'annoncer une nouvelle désagréable.

— Laquelle ?

— Je lis sur ton visage l'inquiétude. Rassure-toi, il ne s'agit pas d'une catastrophe, tout au plus d'une question d'étiquette qui pourrait te valoir quelques légers désagréments. La coutume veut que, lorsqu'elle est prêtée à une ville étrangère, la statue de la Mère des dieux soit accueillie par le citoyen le plus illustre de cette cité. Il vous faudra donc choisir celui qui parmi vous mérite le plus ce titre.

— Sois assuré que nous respecterons scrupuleusement cette tradition. J'ai affronté bien des périls durant ma vie et je crois que je parviendrai à convaincre mes collègues de faire taire leur orgueil et de désigner celui qui nous semblera le mieux incarner le génie de Rome.

A son retour sur les bords du Tibre, l'ancien consul constata que sa tâche serait infiniment plus difficile que prévu. Nombreux furent en effet les sénateurs ou les membres d'illustres familles patriciennes à revendiquer pour chacun d'entre eux la qualité de meilleur citoyen de la cité de Romulus. L'on vit même des personnages à la respectabilité douteuse dépenser de véritables fortunes pour obtenir les suffrages des Pères conscrits. Réunis à huis clos, ceux-ci choisirent Publius Cornélius Nasica, le cousin de Scipion, dont le père, Gnaeus, avait péri en Ibérie. C'était un jeune homme de vingt-quatre ans et il n'avait exercé aucune magistrature. Pourtant, il était très populaire tant auprès de la plèbe que de l'aristocratie. Jamais on ne l'avait entendu formuler la moindre critique à l'égard de l'un de ses compatriotes et il s'était toujours refusé à utiliser à son profit le nom qu'il portait ou la mort héroïque de son père.

Quand son cousin s'était présenté au consulat, sa tante, Pomponia, lui avait demandé de faire campagne en faveur de son parent. Chacun se souvenait encore de sa réponse : « Il serait indigne de ma part de soutenir la candidature d'un membre de ma famille tout comme il serait honteux que je la désapprouve. C'est au peuple et aux sénateurs de décider si, comme je le pense, Publius Cornélius Scipion a toutes les qualités requises pour exercer la magistrature suprême. Mon avis n'a aucune importance et je crains que mon parent ne veuille par la suite m'accorder un traitement privilégié pour me remercier de l'aide que je lui aurais apportée. Aussi, je jure de ne jamais briguer aucune magistrature afin que l'on ne puisse nous accuser de confisquer le pouvoir au profit d'un seul clan. » Il avait tenu parole et se tenait à l'écart de la vie publique. Cette modestie et la générosité dont il faisait preuve à l'égard des indigents et des malheureux lui valurent d'être désigné pour accueillir la pierre sacrée.

La cérémonie, à laquelle tous les habitants de la ville avaient été conviés, débuta à Ostie. Une trirème, dont la proue était ornée de colliers de fleurs, se présenta à l'embouchure du Tibre. Le jeune Publius Cornélius Nasica monta seul à bord et redescendit tenant précautionneusement dans ses bras la Mère des dieux qu'il remit à des matrones choisies dans les meilleures familles patriciennes. Il eut un geste de recul lorsqu'il vit se détacher de leur groupe Claudia Quinta. Elle avait obtenu de ses sœurs, sans doute grâce à de somptueux présents, le privilège d'être la récipiendiaire du précieux fardeau. Or si son vis-à-vis méritait à juste titre l'appellation de « meilleur citoyen romain », elle aurait tout au plus été considérée comme la femme la moins farouche de la cité.

Il aurait fallu plusieurs plaques de bronze pour graver les noms de ses amants et l'on murmurait qu'elle ne répugnait pas à partager la couche de jeunes esclaves qu'elle se procurait après les avoir soigneusement examinés dans l'arrière-boutique du marchand. Visiblement, la matrone entendait racheter sa conduite douteuse en participant à la cérémonie. Il était trop tard pour tenter de l'en dissuader et elle reçut, le visage empreint d'émotion et de gravité, la pierre qu'elle porta pendant une partie de la route avant de la remettre à ses compagnes. Tout le long de l'itinéraire emprunté par le cortège, la foule s'était rassemblée et brûlait dans des cassolettes de l'encens en chantant des hymnes et en psalmodiant des prières. La Mère des dieux fut conduite dans l'allégresse générale jusqu'au temple de la Victoire sur le mont Palatin. Ce sanctuaire, de par son nom, était le plus approprié pour la recevoir car c'était le triomphe de leurs armées que les Romains souhaitaient obtenir par son intercession.

Bien qu'il se trouvât en Sicile, Publius Cornélius Scipion avait suivi de près les préparatifs de la cérémonie et demandé à sa mère, Pomponia, d'offrir de nombreux sacrifices en l'honneur de la pierre sacrée de Pessinonte. Sa piété naturelle l'y incitait mais elle était aiguisée par un scandale qui risquait de l'éclabousser. Son légat, Flaminius, avait en effet laissé ses hommes piller le temple de Proserpine à Locres et les habitants de cette ville, outrés par ce sacrilège, avaient envoyé au Sénat une délégation pour obtenir l'ouverture d'une enquête et le châtiment des coupables et de leurs supérieurs. Le consul avait donc décidé de prendre les devants et de couper court aux accusations d'impiété qui pourraient être formulées à son encontre. Non seulement Pomponia s'acquitta brillamment de sa tâche mais elle obtint que les Pères conscrits nomment, pour élucider l'affaire, l'un de ses parents, Marcus Pomponius Matho. Ce dernier dédommagea généreusement les Locriens et pratiqua la décimation des contingents soupçonnés d'avoir commis l'horrible forfait. Il rassembla les hommes sur une vaste esplanade et parcourut leurs rangs, désignant, par groupes de dix, une victime. Deux cents légionnaires furent ainsi sélectionnés et décapités sous les yeux horrifiés de leurs camarades.

Débarrassé de cette maudite affaire, Publius Cornélius Scipion put se consacrer, durant toute l'année de son consulat, aux préparatifs de l'expédition en Afrique. Il s'était installé dans la vieille forteresse de Lilybée et avait pris le commandement des deux légions exilées dans l'île depuis une dizaine d'années. Elles étaient formées pour l'essentiel de vétérans ayant combattu à la Trébie et à Cannae et qui brûlaient de prendre leur revanche sur les Carthaginois. Il avait reçu en outre sept mille hommes recrutés en Ombrie, dans la Sabine, chez les Marses et les Péligniens.

Les trente navires de la flotte de Laelius avaient été mis à sa disposition mais étaient insuffisants pour transporter de l'autre côté de la grande mer un corps expéditionnaire. Durant la bonne saison, le généralissime employa ses hommes à abattre des arbres dans les forêts surplombant Panormos et les arsenaux de cette cité reçurent l'ordre de construire vingt quinquérèmes et dix trirèmes ainsi que plusieurs centaines de navires de charge, équipés de vastes plates-formes, dans les délais les plus rapides. Des centaines d'ouvriers et d'esclaves travaillèrent sans relâche, jour et nuit, à la lumière du soleil comme à la lueur des torches, pour s'acquitter de cette mission. Quand les bateaux furent prêts, Scipion constata qu'ils ne pouvaient prendre la mer car le bois était encore trop vert. Il fit allumer, à bonne distance, d'immenses bûchers qui brûlèrent tout l'hiver et permirent d'assécher la coque et la charpente des quinquérèmes et des trirèmes. Dans son camp régnait une perpétuelle agitation et celle-ci gagna vite le reste de l'Italie.

Les alliés de Rome rivalisèrent d'émulation pour fournir à ses légions le matériel dont elles avaient besoin. Des chantiers de Populania, de Tarquinies et de Volterra en Etrurie, vinrent l'outillage de fer, les charpentes, les voiles et les cordages des navires cependant qu'Arretium se distinguait par ses libéralités en envoyant d'énormes quantités de haches, de bêches, de faucilles et de paniers d'osier ainsi que de petites meules à grain que les soldats utiliseraient pour moudre le blé qui leur était fourni pour leur nourriture.

Lorsque les deux nouveaux consuls, Marcus Cornélius Céthégus et Publius Sempronius Tuditanus, prirent leurs fonctions, ils trouvèrent l'armée prête au départ et le Sénat prorogea le commandement de Scipion en lui accordant le proconsulat. C'est alors qu'une trirème numide accosta dans le port de Lilybée. A son bord se trouvaient un envoyé de Syphax et son interprète, un nommé Héraklès, qui demandèrent à être reçus le plus rapidement possible par Publius Cornélius Scipion. Pressentant que Syphax s'apprêtait à lui jouer un mauvais tour et désireux que l'affaire ne s'ébruitât pas, il fit interdire aux délégués de débarquer, sous le prétexte qu'une épidémie de fièvre maligne ravageait la cité. Il ne voulait pas, dit-il, mettre leurs vies en danger et leur fixa rendez-vous à quelques dizaines de stades de Lilybée, dans une baie isolée. Escorté par un fort contingent de cavaliers, Scipion se rendit dans cet endroit et monta, seul, à bord du navire pour prendre connaissance du message que le souverain masaesyle avait rédigé dans les termes dictés par Hasdrubal, fils de Giscon. Au fur et à mesure de la lecture, le visage du proconsul se décomposait. Bientôt, son courroux se déchaîna :

— Sachez, dit-il à Héraklès et à son compagnon, que mes propos ne vous concernent pas personnellement. Vous avez rang d'ambassadeur et je veillerai à ce que vous puissiez regagner librement Siga.

D'autres que moi vous auraient infligé les pires supplices mais je ne vous tiens pas pour responsables de la fourberie de Syphax. Pour l'amour d'une femme, il a choisi de commettre un parjure et de trahir les espoirs que nous placions en lui. Sous peu, il regrettera amèrement ce geste idiot car mes légions ravageront ses domaines et il ne doit s'attendre à aucune pitié de notre part. Longtemps, nous avons fermé les yeux sur ses volte-face perpétuelles et avons espéré qu'il serait sensible à cette marque d'indulgence de notre part. Il est temps, oui grand temps, de mettre un terme à cette comédie. Levez l'ancre dès demain et faites voile vers l'Afrique pour annoncer à votre prince qu'entre lui et nous, c'est désormais la guerre à outrance. Qu'il se prépare à mourir au combat ! Ce serait la plus glorieuse des fins pour lui. Si nous le faisons prisonnier, il aura beau implorer mon pardon, il figurera enchaîné dans le cortège que je conduirai dans les rues de Rome pour célébrer mon triomphe et ses enfants connaîtront l'amertume de l'esclavage.

De retour à Lilybée, Publius Cornélius Scipion fut pressé de questions par ses officiers. Il ne voulut pas prendre le risque de leur avouer la vérité par crainte qu'ils ne lui conseillent de retarder son expédition. Aussi, feignant la plus grande satisfaction, il confia à ses adjoints :

— Nous avons perdu beaucoup de temps et nos amis numides nous pressent de les rejoindre au plus vite. Ils brûlent d'en découdre avec Carthage et s'étonnent de notre lenteur où ils voient l'amorce d'une trahison. Tout délai supplémentaire les entraînera à ouvrir des négociations avec le Conseil des Cent Quatre et celui-ci dispose d'assez d'argent pour corrompre nos alliés. Qu'on hâte donc les préparatifs ! A la prochaine lune, la flotte prendra la mer.

En quelques jours, Lilybée devint le centre d'une agitation fébrile. Les légions installèrent leurs camps à l'extérieur de l'enceinte, faute de pouvoir trouver asile dans la citadelle. Quant au port, il regorgeait de navires de toutes tailles et beaucoup durent mouiller au large. Scipion se trouvait à la tête d'un corps expéditionnaire de trente-cinq mille fantassins et cavaliers. Laelius, le commandant de la flotte, fit monter à bord les rameurs et les matelots ainsi que des vivres en grandes quantités. On embarqua des provisions de blé pour quarante-cinq jours, puis ce fut au tour des chevaux et des machines de siège d'être hissés à bord des bateaux. Alors, et alors seulement, le proconsul convoqua Laelius et le pilote chargé de conduire l'expédition, un marin expérimenté qui connaissait tous les pièges de la grande mer. Il vérifia qu'ils avaient pris soin d'entreposer dans les cales des réserves d'eau suffisantes pour les hommes et les chevaux. Quand il fut rassuré sur ce point, il donna l'ordre aux légionnaires et aux contingents alliés de gagner les navires de transport à bord d'une multitude de barques. Un matin, une sonnerie de trompettes donna le signal du départ.

Les quatre cents navires de transport formaient la partie centrale de l'armada et étaient escortés, sur la droite et sur la gauche, par vingt trirèmes et quinquérèmes. Un ingénieux système de signalisation permettait aux capitaines de se repérer. Le navire amiral était équipé de trois feux, ceux de transport de deux et les autres d'un seul.

Tous les habitants de Lilybée étaient sortis de leurs demeures pour admirer le spectacle. Jamais une flotte aussi nombreuse n'avait été rassemblée par Rome. Celle de Lucius Manlius Vulso et de Marcus Atilius Regulus ne comptait que trois cent cinq navires. L'année suivante, l'expédition envoyée à leur secours était forte de trois cent cinquante unités. Là, on était en présence d'un demi-millier de navires et Publius Cornélius Scipion, conscient du caractère extraordinaire de l'événement, rassembla tous ses capitaines pour une prière en commun. La voix brisée par l'émotion, il prononça ces quelques mots :

« Dieux et déesses protecteurs de Rome, habitants de la terre et de la mer, je sollicite votre aide et vos faveurs. Puisse mon action passée, présente et future tourner à l'avantage de ma cité et de ses alliés. Accordez à mes valeureuses troupes la victoire et veillez à ce que tous reviennent sains et saufs dans leurs foyers, couverts de gloire et de butin. Donnez-moi la grâce de rendre au centuple aux Carthaginois les souffrances qu'ils ont fait endurer à nos concitoyens. » A la fin de cette oraison, il offrit en sacrifice un animal dont les entrailles furent jetées à la mer.

*
* *

Le lourd convoi s'ébranla sous un soleil éclatant et le vent, de force moyenne, permit de faire hisser les voiles et de soulager ainsi la tâche des rameurs. Peu à peu, un épais brouillard recouvrit la flotte, rendant la manœuvre difficile. Durant deux jours et deux nuits, les bateaux naviguèrent au jugé, puis, au matin du troisième jour, la brume se leva et l'on aperçut au loin la côte d'Afrique. Scipion fit jeter l'ancre et ordonna aux capitaines de le rejoindre afin de décider de l'endroit le plus propice au débarquement. Il demanda le nom du promontoire qui se détachait dans le lointain. On lui répondit que c'était le Beau Promontoire, également connu sous le nom de cap Bon, ce qui le mit en joie : « J'accepte le présage, prenez cette direction. » Puis il envoya en éclaireur une trirème afin d'établir une tête de pont sur le rivage.

En fait, il s'agissait d'une ruse de sa part. Il n'avait pas l'intention d'accoster dans la région d'Aspis comme l'avait fait son malheureux prédécesseur Marcus Atilius Régulus. Il avait jeté son dévolu sur la ville d'Utique, réputée pour la qualité de son mouillage. Le pilote l'avait d'ailleurs prévenu que, la nuit suivante, une tempête se lèverait et rejetterait ses navires de ce côté. Les Carthaginois, informés de l'arrivée d'un bateau romain dans la région du Beau Promontoire, ne manqueraient pas d'y envoyer des renforts, privant Utique des secours qu'elle ne tarderait pas à demander. Le stratagème réussit à merveille et les Romains établirent un solide camp retranché sur les hauteurs dominant la ville.

Leur débarquement provoqua un véritable vent de panique chez les populations des environs. Par milliers, les paysans, avec leurs femmes, leurs enfants et leur bétail, s'enfuirent vers Carthage et s'entassèrent dans le quartier de Mégara où l'on comptait encore de nombreuses exploitations agricoles. Réunis en séance extraordinaire, les membres du Conseil des Cent Quatre décidèrent la fermeture des portes de la ville et établirent des patrouilles de surveillance. L'on craignait en effet que des espions romains ne se soient glissés dans la foule des fugitifs et, effectivement, certains d'entre eux furent arrêtés et aussitôt crucifiés.

Hasdrubal, fils de Giscon, fut désigné pour prendre la direction des opérations militaires en dépit de la farouche opposition d'Itherbaal et des partisans des Barca. Ceux-ci faisaient remarquer que ce général était réputé plus pour ses défaites que pour ses victoires. C'était à cause de ses maladresses que la cité d'Elissa avait perdu ses possessions en Ibérie et il paraissait douteux qu'il puisse rétablir la situation. Le Sénat en décida autrement car il était le beau-père de Syphax et le seul à pouvoir rallier à lui le souverain numide et ses contingents. Les premières escarmouches entre Romains et Carthaginois tournèrent au désavantage de ces derniers. Sous la conduite d'un nommé Hannon, plus de deux mille cavaliers engagèrent le combat contre les hommes de Scipion et se firent tailler en pièces. Ce désastre n'empêcha pas Hasdrubal d'envoyer un autre Hannon, fils du sénateur Hamilcar, prendre ses quartiers à Salaeca[1]. Informé de ce fait, Publius Cornélius Scipion éclata de rire : « Des cavaliers à la caserne en plein été ! Ils peuvent bien être encore plus nombreux à condition de conserver ce chef ! »

Le général romain était d'autant plus confiant qu'il avait eu la joie de voir arriver dans son camp Masinissa, de retour d'exil, en compagnie de deux mille cavaliers, rejoints, les jours suivants, par des centaines de vétérans ayant servi sous les ordres de Gaïa. Le jeune prince était bien résolu à venger dans un bain de sang le double affront que lui avait fait la cité d'Elissa : d'une part, le priver de son héritage, d'autre part, avoir donné à son plus mortel ennemi, Syphax, la main de Sophonisbé dont il était éperdument amoureux en secret depuis des années. Scipion et Masinissa encerclèrent Salaeca et mirent au point un stratagème tellement simple qu'il était étonnant de voir invariablement les meilleurs généraux succomber à ce piège grossier. Un matin, les cavaliers romains se dissimulèrent derrière les collines surplombant la cité. Les Numides de Masinissa, eux, caracolèrent fièrement devant les murailles, insultant les défenseurs et les invitant à venir se mesurer à eux. Hannon, fils d'Hamilcar, piqué dans son orgueil, effectua une sortie massive avec ses hommes devant lesquels Masinissa fit mine de battre en retraite, entraînant à sa suite les Carthaginois, dans la direction des collines. C'est alors que les Romains fondirent sur eux et les massacrèrent sans pitié. Au nombre des victimes relevées sur le champ de bataille figuraient Hannon et deux cents jeunes nobles appartenant aux plus grandes et aux plus riches familles de la ville qui retentit bientôt des cris de désespoir des mères éplorées.

Chargés de butin, Scipion et Masinissa repartirent

1. Localité située près de l'actuelle Macteur.

pour Utique dont ils voulaient à tout prix s'emparer. Ils durent renoncer à ce projet car Hasdrubal avait réussi à mobiliser plus de trente mille fantassins et trois mille cavaliers cependant que son gendre, Syphax, le rejoignait avec cinquante mille hommes et dix mille cavaliers. Pour éviter d'être pris à revers, le proconsul préféra se retirer sur un promontoire s'avançant assez loin en direction de la mer et dont l'accès par voie de terre était étroit et facile à défendre. Il fit tirer sur la grève ses bateaux et construire des abris pour ses soldats qui ne tardèrent pas à surnommer l'endroit Castra Cornélia, la forteresse de Cornélius. C'est là qu'il hiverna après avoir fait venir de Sicile et de Sardaigne des couvertures, des manteaux et des tentes pour protéger ses hommes des frimas.

Face à eux, les Carthaginois et les Masaesyles avaient établi deux camps distincts, l'un construit en dur, l'autre fait de huttes de feuillages. Ayant aperçu Syphax se promenant au milieu de ses compagnons, Scipion, surmontant son aversion initiale, décida de renouer contact avec lui et lui envoya des émissaires accompagnés d'esclaves porteurs de somptueux présents. En fait, ces esclaves étaient des officiers chargés d'observer les positions numides et de repérer les points faibles de leur système de défense. Pendant qu'ils se livraient à ces activités, les ambassadeurs discutaient avec le monarque de la conclusion d'un traité. Le souverain numide se comporta comme il en avait l'habitude, tentant de finasser et de louvoyer. Plutôt que de se prononcer en faveur de l'un ou de l'autre, il suggéra le compromis suivant : Scipion s'engagerait à quitter l'Afrique en échange de quoi Carthage rappellerait d'Italie toutes ses troupes.

C'était là un marché de dupes. Publius Cornélius Scipion savait que, de toute manière, Hannibal devrait rejoindre l'Afrique pour protéger sa cité natale. Néanmoins, pour endormir la méfiance de Syphax, il fit mine de s'intéresser à son projet, lui demandant sans cesse des précisions supplémentaires et ergotant sur les garanties à fournir par chaque partie.

Un soir, le chef romain convoqua ses officiers et Masinissa sous sa tente pour leur dire :

— Nous nous trouvons dans une impasse et cette situation ne peut plus durer. Grâce aux renseignements collectés par vos soins, nous savons que le camp des Masaesyles est mal défendu et que la discipline s'y est considérablement relâchée. Nous pouvons tromper la vigilance des sentinelles et y pénétrer pour mettre le feu aux huttes de feuillages. De la sorte, nous provoquerons chez l'adversaire une panique telle que nous le contraindrons à prendre la fuite. Cette nuit, nous effectuerons une sortie en masse et je diviserai notre armée en deux groupes. Le premier attaquera les positions de Syphax, le second se tiendra en retrait et, quand je lui en donnerai l'ordre, il se lancera à l'assaut des positions carthaginoises. Toute l'opération doit être menée dans le plus grand silence. Ordonnez à vos hommes de se munir de torches et de flambeaux en grand nombre car ils en auront besoin.

Tard dans la soirée, Romains et Massyles se mirent en route sans faire le moindre bruit. Le premier contingent pénétra facilement dans le camp de Syphax par une porte dont les gardiens s'étaient assoupis, fatigués par des nuits de veille inutile. En quelques minutes, les huttes flambèrent et leurs occupants, brusquement réveillés, sortirent dans l'obscurité sans songer à prendre leurs armes. Pour eux, il s'agissait d'un incendie accidentel, dû à l'imprudence d'un des leurs qui avait omis d'éteindre un foyer de cendres incandescentes. Aussi tombèrent-ils comme des mouches sous les coups que leur portaient les hommes de Masinissa, placés aux endroits stratégiques du camp, en particulier à proximité des puits vers lesquels les fuyards se dirigeaient naturellement.

De leurs positions situées à une dizaine de stades de là, les Carthaginois, observaient les flammes détruire les retranchements de leurs alliés. Bientôt, portées par le vent, des étincelles mirent le feu à leurs propres baraquements et fortifications. Là encore, les soldats d'Hasdrubal se rassemblèrent sans armes pour tenter d'éteindre les foyers d'incendie et furent surpris par l'entrée en force des troupes romaines qui avaient progressé en silence et massacrèrent leurs adversaires désarmés ou surpris encore endormis sur leurs lits. Au petit matin, le sol était jonché de plus de quarante mille cadavres, la plupart calcinés. Seuls deux mille fantassins et cinq cents cavaliers, conduits par Syphax et Hasdrubal, avaient pu s'enfuir dans la direction d'Utique, abandonnant cinq mille prisonniers, dont onze sénateurs, cent soixante-quatorze enseignes militaires, deux mille sept cents chevaux et sept éléphants.

Publius Cornélius Scipion n'eut guère le temps de profiter de cette victoire inattendue car ses adversaires reconstituèrent rapidement leurs forces. Syphax reçut ainsi le renfort de quatre mille mercenaires ibères qui avaient jadis combattu sous ses ordres près de Carthagène et qui avaient repris du service, sachant qu'il se montrait fort généreux dès lors que ses intérêts étaient menacés. Hasdrubal, lui, opéra une levée en masse dans les cités libo-phéniciennes de la côte. Bientôt, les deux chefs se trouvèrent à la tête de trente mille hommes qui se rassemblèrent au lieudit Les Grandes Plaines[1], à cinq jours de marche d'Utique.

Le général romain, accompagné de Masinissa, se porta à leur rencontre mais tarda à engager la bataille. Durant trois longues journées, les deux armées s'observèrent et seules quelques patrouilles isolées croisèrent le fer. Au matin du quatrième jour,

1. Près de l'actuelle Béja en Tunisie.

les trompettes résonnèrent dans les deux camps et chacun gagna les positions définies la veille au soir lors des ultimes réunions des états-majors. Les légionnaires se rangèrent sur trois lignes. La première était constituée par les hastati, la seconde par les principes et la troisième par les triaires tandis que les vélites, armés de courts javelots, se plaçaient à proximité des retranchements adverses.

Dès le début de l'engagement, les cavaliers italiens et numides chargèrent furieusement la cavalerie lourde carthaginoise qui ne tarda pas à s'enfuir. Les mercenaires ibères, isolés, subirent les assauts des légionnaires. Ignorant tout de la région et sachant que Scipion ne les épargnerait pas — leurs chefs ayant signé des traités d'amitié avec Rome, ils étaient considérés comme des rebelles et des parjures —, ils se firent tuer jusqu'au dernier non sans infliger de lourdes pertes à l'ennemi.

Après cette défaite, Hasdrubal regagna Carthage à la hâte, pressentant que les troupes du proconsul viendraient sous peu assiéger la ville. Syphax, lui, se retira dans ses Etats pour rassembler ses derniers fidèles et tenter une contre-offensive. Mal lui en prit car, lors d'un engagement avec un détachement romain, il fut jeté à terre par son cheval blessé mortellement d'un trait de javelot. Immédiatement encerclé par une nuée de cavaliers, il fut conduit jusqu'aux Castra Cornélia et mis aux fers. Pour Masinissa, l'heure de la revanche était arrivée. Le prince massyle, décidé à s'emparer de Cirta, demanda au proconsul de lui livrer Syphax. Quand les défenseurs de la cité, juchée sur un piton escarpé et entourée de gorges profondes, virent leur souverain chargé de chaînes, ils préférèrent capituler.

Le fils de Gaïa gagna la citadelle où Sophonisbé, la fille d'Hasdrubal, se jeta en larmes à ses pieds, l'implorant de ne pas la livrer aux Romains :

— Jeune prince, les dieux et ton courage t'ont rendu maître de ce palais et je suis désormais ta captive. Tu as sur moi droit de vie et de mort et je suis prête à voir ma tête rouler sous la hache du bourreau. Cependant, quel que soit le sort que tu me réserves, je sollicite de toi une faveur : ne me livre pas à Scipion. Celui-ci serait trop heureux de faire pression sur mon père. Hasdrubal m'adore et je redoute que, pour me sauver, il ne soit tenté d'accepter une paix honteuse et de trahir les intérêts de Carthage. Aussi, je t'en supplie, délivre-moi de mes soucis en m'ôtant la vie.

Dès que l'épouse de Syphax avait commencé à parler, Masinissa n'avait pu détacher son regard de son visage. Il était ensorcelé par la jeune femme que la douleur et la peur embellissaient encore plus. Il la releva et, la serrant étroitement contre lui, lui murmura des mots d'amour à l'oreille. Il lui jura qu'elle ne serait pas emmenée aux Castra Cornélia. Il était prêt à l'épouser sur-le-champ. Devenue la reine des Massyles, elle serait intouchable et les Romains, qui devaient tant de choses à Masinissa, n'oseraient pas faire obstacle à cette union.

C'est pourtant ce qui se produisit. Arrivé à Cirta, Laelius, dès qu'il eut vent de l'affaire, entra dans une violente colère et fit interrompre la cérémonie de mariage, ordonnant à ses légionnaires de reconduire dans ses appartements Sophonisbé. Quant à Masinissa, il reçut l'ordre de se présenter devant Scipion.

Ce dernier, quand il fut informé de cette délicate situation, hésita longtemps avant de prendre une décision. Il admirait le courage et la fidélité du jeune Numide et répugnait à contrarier ses sentiments. Ce qui le poussa à le faire fut l'entrevue qu'il eut avec Syphax. Ce dernier, fou de rage à l'idée que son rival puisse désormais partager la couche de sa femme, jugea habile de la discréditer auprès du chef romain :

— Sache, Publius Cornélius, que la fille d'Hasdrubal est la principale cause du revirement de mon attitude à votre égard. C'est un démon qui, par ses sortilèges, a perverti mon jugement et m'a obligé à signer un pacte avec son père. Dans mon malheur, une seule chose me console. Masinissa l'aime et il ne tardera pas à commettre, sous son influence maléfique, les mêmes erreurs que moi. A son tour, il se détournera de Rome pour se rapprocher de Carthage et ce geste lui fera perdre le trône qu'il a arraché de mes mains. Je puis maintenant mourir en paix car je tiens d'ores et déjà ma revanche.

Ces propos jetèrent le trouble dans le cœur du proconsul et, quand Masinissa se présenta devant lui, il l'admonesta sévèrement :

— A Gadès, lors de notre première rencontre, je t'ai promis de veiller sur toi et sur tes véritables intérêts. C'est ce que je fais en ce moment. Je sais que mes paroles risquent de te choquer et de te peiner mais je te considère presque comme mon fils et je ne souhaite pas qu'il t'arrive malheur. Tu es un brillant général et tu feras un excellent monarque. Tu es promis à un bel avenir à condition toutefois que tu apprennes à maîtriser tes sens et à ne pas laisser ceux-ci obscurcir ton jugement. Crois-moi, celui qui sait, en domptant ses passions, les tenir en bride, gagne un plus beau titre de gloire et une bien plus belle victoire que nous, pour avoir vaincu Syphax.

— Que me conseilles-tu ? demanda le Numide.

— Renonce à Sophonisbé si tu veux conserver mon amitié. Je ne puis tolérer sa présence à tes côtés car elle risque, par ses artifices diaboliques, d'instiller dans ton cœur la haine de Rome. Tu es jeune et je comprends qu'il te soit difficile de résister à pareille créature. Aussi, il est préférable que tu ne cherches pas à la revoir. Sous peu, mes hommes viendront la chercher et la conduiront à Rome où elle devra répondre devant le Sénat de ses crimes. Pendant ce temps, parcours ton royaume et tu verras que, loin d'elle, tu ne tarderas pas à perdre jusqu'au souvenir de son visage.

— Tu exiges de moi un lourd sacrifice mais je me conformerai à tes désirs car tu parles le langage de la sagesse et de la raison. Puissé-je ne jamais avoir à le regretter !

De retour sous sa tente, Masinissa s'écroula sur sa couche et pleura longuement. Se rappelant la promesse qu'il avait faite à la jeune femme, il se jura de la tenir. Il convoqua son plus fidèle serviteur et lui remit une dose de poison destinée à l'épouse de Syphax. Il lui ordonna de la prévenir de l'arrivée prochaine de ses geôliers et de l'engager à leur échapper en se résolvant au sacrifice suprême.

La fille d'Hasdrubal se comporta en véritable Carthaginoise. Lorsque les légionnaires pénétrèrent dans le palais pour s'emparer d'elle, elle versa dans une coupe de vin le poison fourni par Masinissa et dit à son serviteur :

— Remercie ton maître de sa générosité à mon égard. J'accepte avec gratitude le cadeau de noces de celui qui aurait pu être mon époux car il m'évitera de connaître le déshonneur. La seule chose que je regrette est de ne pouvoir vivre assez longtemps pour voir le triomphe, dont je ne doute pas, de ma cité. Puisse mon sacrifice hâter celui-ci !

Quand elle vit un centurion pénétrer dans la pièce, elle but d'un trait la coupe et tomba foudroyée aux pieds de ses servantes.

Lorsque Scipion apprit cette fin tragique, il fut saisi de frayeur à l'idée que Masinissa, en proie au désespoir, ne cherche lui aussi à mettre fin à ses jours. Aussi décida-t-il de l'honorer publiquement. Il fit rassembler l'ensemble de ses troupes sur le champ de manœuvre des Castra Cornélia et prononça un éloge appuyé du jeune chef numide :

— Soldats, vous avez tous pu admirer le courage dont Masinissa a fait preuve tout au long de cette campagne. Sans son aide, nous n'aurions pu infliger de sanglantes défaites à Syphax et à Hasdrubal. Le premier est déjà notre prisonnier et le second ne tardera pas à croupir dans nos prisons. Pour récompenser le dévouement de notre allié, j'ai décidé, au nom du Sénat romain, de lui marquer notre amitié par un geste exceptionnel. Il n'y a pas pour notre peuple de plus belle récompense que les triomphes, et les triomphateurs n'ont jamais reçu de plus belles distinctions que celle dont les Pères conscrits ont jugé digne notre ami. Nous lui conférons le titre de roi des Numides et nous lui remettons les insignes de sa fonction : une couronne, une coupe en or, une chaise curule et un bâton en ivoire, une toge brodée et une tunique ornée de palmes. Longue vie à Masinissa, souverain des Massyles et des Masaesyles, allié et protégé du peuple romain.

Une formidable ovation salua ces paroles. Masinissa, ému jusqu'aux larmes, put à peine balbutier quelques mots de remerciements et confia plus tard à Publius Cornélius Scipion que ce dernier pouvait compter sur son amitié indéfectible.

*

* *

A Carthage, la défaite des Grandes Plaines avait suscité la plus vive des inquiétudes. Le Conseil des Cent Quatre se réunit en séance extraordinaire pour discuter de la stratégie à adopter. Une violente altercation opposa Itherbaal à Hannon le grand. Le premier, chef du parti barcide, critiqua violemment les erreurs d'Hasdrubal :

— En deux batailles, le fils de Giscon a perdu près de cinquante mille hommes. Confions-lui notre flotte et elle sera sous peu réduite à néant. C'est à croire qu'il œuvre secrètement en faveur de Rome et qu'il n'a qu'un seul désir : conclure la paix avec le plus farouche de nos ennemis. La mort de sa fille Sophonisbé l'a plongé dans le désespoir et il n'est plus en mesure d'assumer pour le moment le commandement de nos troupes. Bientôt, Scipion sera sous nos murs. Certes, nous disposons de provisions suffisantes pour soutenir un long siège à l'abri de nos puissantes murailles mais, tôt ou tard, il nous faudra briser cet encerclement.

— Que suggères-tu ? dit Hannon le grand. Tu sais critiquer mais tu n'apportes pas de solutions constructives.

— Tu as tort. Hannibal et Maharbal sont en Italie avec des milliers de fantassins et de cavaliers. Il nous suffit de les rappeler. Ce sont d'excellents généraux et ils sauront repousser l'ennemi.

— Comme tu l'as fait remarquer, ils sont loin de nos rivages. Pourrons-nous tenir jusqu'à leur retour ?

— Tu sous-estimes grandement l'état de nos forces. Notre ville est puissamment fortifiée et les Romains n'ont pas assez de navires pour bloquer l'entrée du port. Que deux trirèmes partent dès demain pour le Bruttium. Nous, en attendant, nous tenterons de gagner du temps en endormant la méfiance de Scipion.

— De quelle manière ?

— En lui envoyant une ambassade pour sonder ses intentions.

— Toi, Itherbaal, le chef du parti barcide, tu suggères que nous engagions le dialogue avec les Romains ! J'avoue ne pas comprendre.

— Je ne me fais aucune illusion sur l'issue de ces négociations et, même si elles aboutissaient, je me battrais de toutes mes forces pour que nous poursuivions la lutte contre la cité de Romulus. Mais je veille aux intérêts de ma cité et je sais faire taire les passions partisanes quand elles risquent de porter préjudice au bien commun. Cela dit, pour des raisons aisément compréhensibles, je ne puis faire partie de la délégation qui rencontrera le chef romain. Ma présence serait considérée comme une provocation de notre part. Mieux vaut donc que tu prennes la tête de nos ambassadeurs en compagnie de ton cousin, Hasdrubal le chevreau.

— Comme cela, tu pourras nous accuser par la suite d'être les serviteurs des Romains !

— Par Melqart, je jure de ne jamais formuler à ton encontre pareille accusation et je te remettrai un document signé de ma main, attestant que tu as agi à ma propre demande.

— A ces conditions, j'accepte ta proposition.

Trois jours après, trente sénateurs, vêtus de leurs plus riches tenues, sortirent de Carthage et se dirigérent vers les positions romaines édifiées à proximité de Tunès[1]. Ils étaient escortés par un petit détachement de cavalerie. Quand ils arrivèrent aux avant-postes ennemis, Hannon le grand ordonna aux soldats de mettre pied à terre et de jeter leurs armes. Puis il se dirigea vers un officier et lui demanda d'informer le proconsul qu'une délégation officiellement mandatée par le Conseil des Cent Quatre souhaitait le rencontrer.

Publius Cornélius Scipion hésita quelques instants. Devait-il les recevoir sur-le-champ ou bien les faire patienter pendant quelques heures sous le soleil ? Finalement, sa curiosité l'emporta. Il revêtit sa cuirasse d'apparat et ordonna qu'on amène sous sa tente les ambassadeurs. Sitôt qu'ils se trouvèrent en sa présence, ceux-ci se prosternèrent à ses pieds, frappant le sol de leurs têtes et murmurant les paroles les plus flatteuses envers lui. Gêné, le fils de Pomponia leur ordonna de se relever et de se présenter. Hannon le grand et Hasdrubal le chevreau déclinèrent leur identité et celle de leurs compagnons. Puis ils s'assirent sur les sièges que des légionnaires avaient apportés à la hâte, attendant que leur interlocuteur prenne la parole. Scipion les observa longuement puis finit par s'adresser à Hannon le grand :

— Carthage a enfin compris qu'elle ne peut pas gagner la guerre. Vous venez donc solliciter la paix

1. Tunis.

comme s'il était possible d'effacer d'un coup de glaive des années et des années de souffrances, de privations, de massacres et de pillages. Nous n'avons pas voulu déclencher les hostilités et nous vous avions mis en garde contre les conséquences qu'aurait la prise de Sagonte par vos troupes. Vous êtes restés insensibles à nos avertissements. Vous devrez payer le prix de vos erreurs.

— Je ne saurais te donner tort, dit Hasdrubal le chevreau. Je me suis opposé dès le début aux folles ambitions d'Hannibal et de ses frères. Ce sont eux les véritables responsables de nos malheurs et je puis t'assurer que, le temps venu, nous saurons punir leur insolence et leur indiscipline.

— Il aurait été sage de les empêcher de nuire dès le début.

— Tu le sais, ils comptaient de nombreux partisans dans notre cité et les partisans de la paix étaient dénoncés comme des traîtres et menacés par les plus fanatiques de nos concitoyens. Hannon lui-même a dû se terrer pendant plusieurs jours pour éviter d'être lapidé par les amis d'Hannibal. C'est ce dernier qu'il faut châtier et non Carthage. Dans son Sénat, Rome compte de nombreux alliés désireux de trouver les conditions d'une collaboration loyale entre nos deux villes. Unies, elles pourraient accomplir de grandes choses. Nous avons observé la manière dont tu t'es comporté envers les peuples que tu as vaincus. Tu as su faire preuve de générosité à leur égard et ceux-ci mentionnent ton nom avec respect et gratitude. Je souhaite de toutes mes forces que les descendants d'Elissa puissent un jour faire de même. Nous ne sollicitons pas de toi la pitié mais la justice. Nous sommes prêts à écouter tes conditions.

— Pensez-vous sérieusement que j'ai déjà réfléchi à celles-ci ?

— Oui car tu es un homme sage et avisé. Parle, nous t'écoutons et nous serons heureux de nous plier à tes volontés.

— Sachez, Carthaginois, que je suis venu en Afrique pour semer la terreur dans vos domaines afin de venger les ravages qu'Hannibal a infligés à nos provinces en Italie. Cela dit, je ne veux pas détruire votre ville car Rome est éprise de justice et de légalité. Elle sait déclarer la guerre mais aussi la terminer lorsque la fortune des armes daigne lui sourire comme c'est le cas aujourd'hui. Voici donc mes exigences : vous devrez rappeler Hannibal et Magon, rendre les prisonniers, les déserteurs et les esclaves fugitifs qui se trouvent dans vos murs. Vous devrez renoncer à toutes vos prétentions sur l'Ibérie et abandonner toutes les îles que vous occupez illégalement entre l'Afrique et ma patrie. Vous devrez livrer toute votre flotte de guerre, à l'exception de vingt navires, et vous engager à envoyer à Rome cinq cent mille boisseaux de blé et trois cent mille boisseaux d'orge. Enfin, vous devrez payer une indemnité de guerre de cinq mille talents euboïques[1]. Enfin, vous devrez envoyer à Rome une ambassade car seul le Sénat peut officiellement ratifier ces propositions.

— Tu comprendras que nous devons, nous aussi, prendre l'avis du Conseil des Cent Quatre.

— J'attends votre réponse sous trois jours. Passé ce délai, mes troupes se lanceront à l'assaut de vos murailles. Je vous engage à vous promener dans le camp librement et à examiner les machines de siège dont je dispose. Vous serez étonnés par leur nombre et par leur puissance. Croyez-moi, il me sera facile d'ouvrir de multiples brèches dans votre enceinte et mes légionnaires sèmeront alors la terreur dans les rues de votre ville, égorgeant vos femmes et vos parents. A vous de décider sans tarder du sort de votre cité.

— Si nous acceptons, cela signifie-t-il qu'en atten-

1. Un talent euboïque équivaut à vingt-six kilos d'argent.

dant le retour de nos délégués, une trêve sera observée ?

— Oui, je t'en donne l'assurance.

Les ambassadeurs retournèrent à Carthage et rendirent compte au Conseil des propos que leur avait tenus Publius Cornélius Scipion. Itherbaal fut le premier à intervenir :

— Nous devons féliciter Hannon le grand pour la manière dont il s'est acquitté de sa mission. Vous le savez, des messagers ont été envoyés à Magon et Hannibal pour leur ordonner de faire voile sans délai vers nos côtes. Ils seront là dans quelques semaines. Que nos ambassadeurs se préparent à partir pour Rome ! Pour montrer notre bonne volonté, nous les ferons accompagner par certains de nos captifs. Nous leur livrerons également quelques dizaines de leurs déserteurs. La vie de ces traîtres n'a aucune importance à nos yeux.

— Pour une fois, dit Hasdrubal le chevreau, je suis d'accord avec mon vieil ennemi Itherbaal. Acceptons la trêve proposée par le chef romain et puisse Hannibal faire preuve de discipline en obéissant à nos ordres et en se précipitant au secours de sa patrie.

Dès le lendemain, Hannon le grand se rendit à nouveau auprès du proconsul pour l'informer que le Conseil des Cent Quatre acceptait d'ouvrir des négociations sur la base de ses propositions. Aussitôt, les hostilités cessèrent. Toutefois, Scipion se refusa à laisser les paysans qui s'étaient réfugiés à Carthage regagner leurs villages et leurs fermes comme le lui demanda son interlocuteur. Il savait que la ville ne serait pas en mesure de nourrir longtemps tant de bouches et que cela inciterait ses dirigeants à se plier à ses exigences. C'était d'ailleurs l'époque des moissons et des vendanges et les légionnaires, réduits à l'inaction, se transformèrent en paysans pour récolter le blé et les raisins, aussitôt expédiés sur les rives du Tibre.

Les ambassadeurs carthaginois partirent à la fin

de la belle saison, accompagnés par Quintus Fulvius Gillo, à bord d'une quinquérème. A leur arrivée à Rome, ils ne furent pas autorisés à pénétrer dans la ville. Son accès était interdit aux représentants des cités en guerre contre elle et ils furent logés dans une maison acquise par le Sénat sur le champ de Mars, à proximité du temple de Bellone. C'est dans ce sanctuaire qu'étaient reçus les généraux victorieux avant que l'on décide s'ils recevraient ou non les honneurs du triomphe. C'est là que se déroulèrent les discussions entre les Pères conscrits et les émissaires de la cité d'Elissa conduits par Hasdrubal le chevreau. Ce dernier, la voix brisée par l'émotion, s'adressa aux Romains :

— Je me réjouis de rencontrer des hommes aussi sages et aussi avisés que vous. Dans le malheur qui est le nôtre, c'est là une consolation appréciable. Je ne viens pas en suppliant même si tout devrait m'inciter à le faire. Vos armées campent sous les remparts de Carthage et, chaque soir, mes concitoyens aperçoivent les feux allumés par vos soldats pour se protéger du froid qui sévit dans nos contrées lors de la mauvaise saison.

« Je ne viens pas en suppliant mais en homme épris de paix et de concorde. Vous n'êtes pas sans savoir que je me suis toujours opposé à la folie criminelle des trois frères Barca. Je considère que ceux-ci sont responsables du malentendu qui existe entre nos deux cités. En prenant Sagonte puis en envahissant l'Italie, Hannibal n'a pas obéi aux ordres que nous lui avons donnés mais a agi de sa propre initiative. Vous avez eu raison de lancer contre lui vos légions car vous vous trouviez en situation de légitime défense. Toutefois, je le répète, à aucun moment, il n'a agi avec notre autorisation et c'est la raison pour laquelle nous ne lui avons jamais fait parvenir de renforts, à sa grande fureur. Aussi comprendrez-vous que je ne suis pas venu pour discuter la conclusion d'un nouveau traité de paix puisque notre Sénat n'a jamais dénoncé celui que nous avions signé avec Gaïus Lutatius Catulus après notre défaite en Sicile, il y a de cela bien longtemps.

— Que disait ce traité ? tonna Marcus Valérius Laevinus, un ancien consul.

— Je dois avouer que je connais mal ses dispositions. J'étais alors un tout jeune homme et je n'étais pas associé à la vie publique de notre cité.

— Voilà bien une nouvelle manifestation de la fameuse perfidie punique ! Hasdrubal le chevreau ose nous affirmer que, durant des années, nous avons eu affaire à un individu isolé et non à Carthage et, de surcroît, il nous demande de remettre en vigueur un traité très avantageux pour les siens en faisant comme si Rome n'avait pas subi des dommages importants et perdu des milliers de ses fils. Que diraient leurs mânes si elles apprenaient que nous nous sommes laissé prendre à un piège aussi grossier. Publius Cornélius Scipion vous avait exposé nos conditions et vous vous étiez engagés à les accepter. C'est pour cela qu'il a commis l'erreur de décréter une trêve. Je suggère à mes collègues de dénoncer celle-ci et de vous renvoyer dans votre ville afin que vous l'avertissiez qu'elle n'a plus rien à attendre de nous.

— J'appuie la proposition de Marcus Valérius Laevinus, fit Caius Servilius Geminus, membre d'une famille notoirement hostile à la gens Cornélia. Scipion a pris une décision que rien ne justifie. Qu'il reprenne donc les hostilités tant que les Carthaginois ne se plieront pas à nos exigences.

— Honorables Pères conscrits, fit Quintus Caecilus Metellus, je comprends votre courroux. Vous ne pouvez toutefois pas reprocher à Hasdrubal le chevreau de tout faire pour obtenir un assouplissement des mesures édictées à l'encontre des siens. Toute négociation suppose des concessions de part et d'autre. Nous savons tous qu'il n'a jamais cessé de lutter contre les partisans du clan barcide et s'est fait l'avocat, à plusieurs reprises, de la cessation des combats. Si nous le renvoyons à Carthage après l'avoir accusé de perfidie, nous diminuerons d'autant son crédit auprès de ses collègues du Conseil des Cent Quatre. Nul ne sait ce que sera la suite des événements et il convient de ne pas insulter l'avenir. Je suis donc favorable à la poursuite de la trêve à une seule condition et j'attends de lui qu'il me fournisse la réponse que j'espère à la question qui me brûle les lèvres : vos magistrats ont-ils ordonné à Magon et à Hannibal de quitter l'Italie ?

— Oui, je puis te le jurer par ce que j'ai de plus sacré au monde, dit le Carthaginois.

— Dans ce cas, notre patrie sera débarrassée sous peu de ses envahisseurs. C'est là une victoire considérable que nous fêterons par des cérémonies grandioses afin de remercier la Mère des dieux d'avoir exaucé nos vœux. Attendons donc le départ de notre sol de Hannibal et de Magon pour décider de la suite à donner à ces pourparlers.

A une large majorité, le Sénat vota le maintien de la trêve et les ambassadeurs furent informés qu'ils pourraient regagner leur cité dès que la navigation redeviendrait possible sur la grande mer. Pour l'heure, ils seraient les hôtes du peuple romain et bon nombre de patriciens tinrent à leur rendre visite pour faire plus ample connaissance avec eux. Après tout, si la paix était un jour signée, Rome et Carthage reprendraient leurs échanges commerciaux et chacun des protagonistes avait intérêt à avoir dans la cité de son alter ego un interlocuteur avec lequel il aurait déjà établi quelques liens solides.

*
* *

Comme on le sait, Hannibal, en maugréant contre l'impéritie de siens, s'était embarqué avec vingt mille de ses hommes pour regagner l'Afrique. La seule consolation qui lui restait était de savoir qu'il reverrait sous peu son frère Magon, dont il était séparé depuis de longues années. Les vents le portèrent vers Lepti Minus[1], un port situé entre Thapsus[2] et Ruspira[3]. De là, il gagna Hadrim[4], ville à proximité de laquelle il possédait d'importants domaines. C'est dans l'un d'entre eux qu'il reçut, un matin, la visite d'Itherbaal, le chef du clan barcide, venu le saluer et lui apprendre la mort de ses deux frères. Atterré, le général borgne murmura douloureusement :

— La malédiction poursuit ma lignée. Bientôt, je crains fort que ne vienne l'heure de mon propre trépas. J'ai dû commettre une faute grave, dont j'ignore tout, contre Melqart, qui protégea si longtemps notre famille. Magon et Hasdrubal me manqueront cruellement non seulement parce qu'ils étaient mes frères chéris mais parce que j'aurais eu grand besoin de leurs qualités de stratèges. Je préfère ne pas en dire plus pour ne pas raviver ma douleur. Dis-moi plutôt ce qui se passe à Carthage et ce que l'on attend de moi.

— Ton arrivée a rendu l'espoir à bon nombre de nos concitoyens et tous espèrent que tu ne tarderas pas à te présenter aux portes de la ville où un accueil délirant te sera réservé.

— Une fois de plus, je crains fort de décevoir mes partisans. Je n'ai pas l'intention de me rendre dans ma cité natale. Si je le faisais, je serais prisonnier de Hannon le grand et des deux Hasdrubal qui prétendront vouloir me dicter ma conduite. Ils ne connaissent rien à l'art de la guerre et je n'ai pas la patience de le leur apprendre. Je préfère rester ici. Mon armée ne manque de rien et peut enfin jouir

1. Actuelle Lemta en Tunisie.
2. Actuel Ras Dimass.
3. Aujourd'hui Monastir.
4. Sousse.

d'un repos bien mérité après tant d'années passées à l'étranger. Elle doit impérativement reprendre des forces avant que de passer à l'offensive car cette trêve ne durera pas éternellement. Les troupes de Scipion sont épuisées et démoralisées par leur séjour dans un pays hostile où les frimas succèdent à la canicule. Laissons-les se déliter progressivement et, quand la révolte grondera dans leurs rangs, je leur infligerai une défaite encore plus cruelle que celle de Cannae. Retourne à Carthage et je compte sur ta diplomatie pour expliquer à Hannon le grand que je ne puis, pour le moment, dégarnir mes positions autour d'Hadrim. Surveille-le attentivement et, à la moindre occasion propice, fais en sorte que la trêve soit rompue. Je te laisse le choix des moyens et je te ferai remettre avant ton départ l'argent nécessaire pour stimuler le zèle et l'ardeur de nos partisans. Sache que, pour le salut de notre ville, il faut impérativement que Scipion reprenne les hostilités. A ce moment-là, je ferai mouvement vers le nord et j'attirerai son armée dans un piège qui lui sera fatal.

Dans la cité d'Elissa, la situation devenait critique. Les réserves en grains commençaient à décliner dangereusement et le port n'accueillait plus de navires chargés de ravitaillement car les négociants, inquiets de la tournure prise par les événements n'avaient aucune envie de livrer des cargaisons qui ne leur seraient pas payées. Ce n'était pas la famine mais, tôt ou tard, le Conseil des Cent Quatre devrait imposer un rationnement strict des vivres, ce qui ne serait pas sans provoquer des émeutes populaires.

C'est alors qu'un miracle se produisit. Une trirème, qui patrouillait au large des côtes, annonça l'arrivée de deux convois de ravitaillement romains. Le premier, composé de cent navires de charge escorté par vingt navires de guerre, avait quitté la Sardaigne sous les ordres du préteur Publius Lentulus et accosta à proximité d'Utique. Le second, venant de Sicile et commandé par Gnaeus Octavius, était deux fois plus important : deux cents bateaux de vivres et trente quinquérèmes pour les défendre. Or, il fut dérivé de sa route par des vents puissants et bon nombre de ses bateaux s'échouèrent sur les rivages du Beau Promontoire, au lieudit Les Eaux Chaudes[1]. Massée sur les murailles de Carthage, la foule affamée avait observé avec de grands cris de joie les difficultés de la flotte romaine. Puis elle se réunit sur le maqom et exigea des sénateurs que ceux-ci envoyassent des navires faire main basse sur les vivres protégés par des contingents réduits de légionnaires. Hasdrubal le chevreau eut beau expliquer que ce geste signifierait la fin de la trêve, il fut décidé de confier au navarque Hasdrubal le soin de s'emparer des bateaux échoués et de les conduire jusqu'à la cité d'Elissa, tâche dont il s'acquitta avec brio.

Sitôt qu'il fut informé de cette grave atteinte aux accords passés entre lui et les Carthaginois, Scipion envoya à Hannon le grand une ambassade composée de Lucius Baebius, Lucius Sergius et Lucius Fabius. Venus par mer, ils débarquèrent dans l'enceinte du cothôn d'où on les conduisit, sous forte escorte, au Sénat. Dans les rues de Carthage, une foule hostile s'était massée et hurlait des insultes et des menaces à leur passage. Quelques audacieux s'enhardirent même à lancer sur les trois Romains des immondices et des pierres, obligeant la garde du Conseil à les protéger en constituant avec les boucliers une sorte de tunnel à l'abri duquel ils progressèrent lentement. Admis dans la salle de délibérations des magistrats carthaginois, les émissaires élevèrent une vigoureuse protestation tant contre l'acte de piraterie dont leur convoi avait été la victime que contre l'accueil qui leur avait été réservé. Soucieux de ne pas envenimer la situation, Hannon

1. Actuel Korbous, dans le cap Bon, une station thermale réputée depuis l'Antiquité.

le grand prononça un discours empreint de flagornerie :

— Romains, au nom du Conseil des Cent Quatre, je tiens à vous présenter nos excuses. Nos gardes ont appréhendé certains des manifestants et je veillerai personnellement à ce que nos juges leur infligent des peines corporelles et de lourdes amendes.

« Cet incident a toutefois un côté positif. Il montre que notre peuple, à court de vivres, est prêt au pire si la guerre ne se termine pas rapidement. Nous attendons le retour prochain de nos ambassadeurs et nous espérons qu'ils seront porteurs de bonnes nouvelles. Toutefois, prévenez Scipion que tout retard affaiblit ici la position des partisans de la réconciliation avec Rome et renforce les rangs de vos adversaires les plus irréductibles.

— Tes paroles sont sensées mais elles ne nous satisfont qu'à moitié, fit Lucius Baebius. Nous exigeons des preuves tangibles de votre bonne volonté.

— Sous peu, je puis te l'assurer, les navires qui vous ont été pris vous seront rendus avec leur cargaison, du moins ce qu'il en reste. Ce qui a été pillé et distribué à la populace vous sera payé intégralement.

— Je rapporterai tes propos à mon général pour autant que mes collègues et moi puissions regagner notre navire sans être assassinés par la foule dont j'entends d'ici les grondements de haine.

— Ne craignez rien. Un souterrain secret mène de ce bâtiment au port marchand. Vous l'emprunterez accompagnés d'hommes qui me sont entièrement dévoués. De surcroît, l'un de nos amiraux, Bostar, a déjà reçu l'ordre de préparer deux trirèmes qui vous escorteront jusqu'à l'embouchure du fleuve Bagradas[1].

Hannon le grand, tout entier occupé à calmer la

1. Actuelle Medjerda qui, dans l'Antiquité, se jetait dans la baie d'Utique.

colère des Romains, ne prit même pas la peine de consulter ses collègues et de mettre aux voix ses propositions. Itherbaal et les siens se tinrent cois durant la séance si bien que leur silence passa pour un accord tacite de leur part. Hannon y vit la preuve que son rival se souvenait de l'accord que tous deux avaient conclu il y a quelques mois de cela. Cette méprise lui fut fatale. Ni lui ni Hasdrubal le chevreau ne remarquèrent le geste discret que fit le chef du parti barcide à l'un de ses lieutenants, Azerbaal, qui s'éclipsa aussitôt en direction du cothôn.

Comme prévu, les trois ambassadeurs romains avaient pu quitter Carthage sains et saufs et leur quinquérème fut en effet accompagnée par deux navires de guerre carthaginois. Leur entrevue avec Hannon les avait rassurés et ils se réjouissaient à l'avance des récompenses que leur vaudrait l'heureuse issue de leur mission. C'est à peine s'ils remarquèrent le départ de leur escorte. Soudain, alors qu'ils étaient en vue de l'embouchure de la Medjerda, trois trirèmes puniques, placées en embuscade, attaquèrent leur quinquérème, tentant, mais en vain, de l'éperonner. L'un des bateaux s'approcha assez près du navire romain pour jeter sur son pont plusieurs passerelles d'abordage sur lesquelles s'engouffrèrent des dizaines d'hommes repoussés à grand-peine par les légionnaires.

Lucius Sergius, qui se battait avec un grand courage, remarqua que, sur le rivage, des soldats romains observaient le combat et encourageaient de leurs cris les leurs. Il ordonna au capitaine du navire de jeter ce dernier sur la côte. C'était le seul moyen pour échapper au piège tendu par Azerbaal, agissant sur l'ordre d'Itherbaal. Le chef de la chiourme fit accélérer la cadence de ses rameurs dont le zèle redoubla sous les coups de fouet de leurs gardiens. Bientôt, la quinquérème se fracassa sur un éperon rocheux et fut évacuée à la hâte par ses occupants cependant que les trirèmes puniques voguaient vers le large et regagnaient Carthage où Azerbaal rendit compte de sa mission aux partisans d'Hannibal.

Au petit matin, un officier se présenta devant le Conseil des Cent Quatre pour annoncer qu'une patrouille, accomplissant une reconnaissance de routine comme elle le faisait chaque jour, avait été attaquée par un détachement de cavalerie romaine. La trêve avait pris fin et la nouvelle s'en répandit rapidement dans les rues de la cité soulevant une extraordinaire vague d'enthousiasme. Trois jours après, le Sénat se réunit en séance au temple d'Eshmoun. Ecumant de rage, Hannon le grand interpella Itherbaal :

— Un jour, nos enfants, lorsqu'ils se promèneront sur les ruines de notre cité, te qualifieront à juste titre de criminel. Tu as trahi la confiance que j'avais placée en toi bien naïvement. Je m'étais réjoui de ta modération et je pensais qu'elle était motivée par le patriotisme le plus noble. En fait, ce n'était là qu'une ruse démoniaque dont toi et les tiens êtes coutumiers à l'instar de votre maître, Hannibal. Par ta faute, la guerre a repris et Rome nous fera payer cher, très cher, cette trahison.

— Tu es un enfant et tu raisonnes comme un gamin. Nous étions tombés d'accord pour gagner du temps en attendant l'arrivée d'Hannibal. C'est pour cette raison que nous avons conclu une trêve avec Publius Cornélius Scipion. Nos troupes sont revenues d'Italie et n'attendent qu'un ordre de nous pour quitter Hadrim et voler à notre secours.

— Tu oublies que nos ambassadeurs se trouvent toujours sur les rives du Tibre et que les Romains pourraient exercer sur ces hommes, qui comptent parmi les meilleurs citoyens de notre ville, de cruelles représailles.

— Je prends à témoin nos collègues de ta stupidité. Crois-tu que j'aie agi à la légère et que j'aie voulu mettre en danger la vie de nos émissaires parmi lesquels je compte des amis chers ? Depuis longtemps, mes espions m'avaient prévenu de leur départ. Ils sont arrivés aux Castra Cornélia le jour où nous avons reçu ces trois maudits Romains et c'est parce que je savais qu'ils se trouvaient sur nos côtes que j'ai donné l'ordre à Azerbaal de passer à l'action.

— Scipion les fera mettre à mort.

— Là encore, tu es mal, très mal informé. Cet homme est imprévisible et il semble délibérément vouloir nous humilier en répondant à chacune de nos traîtrises par un acte d'une insigne générosité. Il les a libérés, estimant qu'ils ne pouvaient être tenus pour responsables de nos agissements. Sous peu, comme me l'ont rapporté mes agents dans le camp romain, ils se présenteront aux portes de notre ville.

— Crois-moi, Itherbaal, c'est à Scipion et non à toi qu'ils devront de conserver leur tête sur leurs épaules.

— Peu importe. Pour l'heure, nous avons d'autres soucis.

— Tu nous avais promis que Hannibal ne tarderait pas à venir à notre aide.

— C'est chose faite. L'un de ses messagers m'a prévenu qu'il avait reçu des renforts de cavaliers numides qui ont été amenés par Tychaios, un lointain cousin de Syphax. Le fils de ce dernier, Vermina, lève actuellement des fantassins par milliers.

— Puisque tu es si bien informé, sais-tu quelles sont les intentions de ton chef ? Conformément à ses habitudes, il ne prend pas la peine de nous consulter. Nous ne sommes rien à ses yeux et il devra, un jour ou l'autre, rendre compte de cette inexplicable négligence.

— Il a quitté Hadrim pour prendre position à Zama[1], à cinq jours de marche de notre cité. Comme

1. Les historiens sont en désaccord sur la localisation exacte de l'endroit mais certains penchent pour le site de Seba Biar, à dix-sept kilomètres de Mactar, ou pour celui de Jama, à une trentaine de kilomètres du précédent.

vous avez pu le constater, les troupes de Scipion ont quitté leur camp de Tunès et se sont portées à sa rencontre. Sous peu, nous serons fixés sur l'issue de cette bataille.

Si Hannibal avait reçu les renforts de Tychaios et de Vermina, Scipion avait été rejoint par Masinissa escorté de quatre mille cavaliers. En apparence, les choses se présentaient plutôt bien pour le chef carthaginois. Il se trouvait à la tête de cinquante mille hommes, dont une grande partie était composée de mercenaires baléares, gaulois et ligures, ainsi que de quatre-vingts éléphants cependant que son adversaire ne disposait que de vingt-trois mille légionnaires et de dix mille Numides.

Pendant plusieurs jours, les deux armées s'observèrent. Le chef romain avait installé son camp dans une localité nommée Naggara[1]. Le fils d'Hamilcar envoya quelques détachements reconnaître les positions de l'adversaire. Ces patrouilles furent interceptées par la cavalerie numide et conduits auprès de Cornélius Publius Scipion qui, loin de les considérer comme des captifs, leur fit visiter son camp avant de les renvoyer à Hannibal.

Ce geste intrigua au plus haut point ce dernier. Aussi, sollicita-t-il du chef romain une audience. Ce serait la première rencontre entre les deux hommes et Scipion accepta avec joie le principe de cette entrevue. Il brûlait d'envie de faire la connaissance du vainqueur de Cannae dont il admirait le génie militaire. Il était flatté qu'en cherchant à le voir ce dernier le désignât implicitement comme son égal et qu'il tînt ses propres exploits comme analogues aux siens. Pourtant, lui, le fils de Pomponia, n'avait pas traversé les Pyrénées et les Alpes ni défait en rase campagne des troupes infiniment supérieures aux siennes. Des émissaires firent la navette entre les

1. L'emplacement de cette cité n'est pas connu.

deux camps pour fixer les modalités de cette rencontre sans précédent dans l'histoire. Il fut décidé qu'elle se déroulerait sur un terrain découvert à mi-chemin des deux camps. Les deux généraux s'avanceraient, accompagnés d'une escorte réduite, et prendraient place sous une tente gardée par un nombre égal de leurs soldats respectifs.

Au jour convenu, Hannibal et Scipion se retrouvèrent face à face. Ils restèrent longtemps silencieux, intimidés l'un par l'autre et ne sachant pas s'ils devaient se donner l'accolade ou garder leurs distances. Scipion fut le premier à prendre la parole[1] :

— Je suis heureux de te rencontrer bien que tout nous sépare. Je te connais plus que tu ne peux l'imaginer et ma famille a toujours eu le plus grand respect pour la tienne. Nous n'avons jamais oublié le geste de ton père Hamilcar qui fit rendre les ultimes honneurs à l'un de nos parents tombé devant Carthage lors de la malheureuse expédition de Marcus Atilius Régulus.

— Mon père m'a longuement et souvent raconté cette histoire. Il avait connu ton parent à Rhégium et avait sympathisé avec lui. Aussi a-t-il considéré que c'était pour lui un devoir impérieux que de retrouver sur le champ de bataille le cadavre de son ami et de le faire brûler sur un bûcher conformément à vos coutumes.

— Je puis te l'avouer, ce faisant, il a commis une erreur.

— Laquelle ?

— La gens Cornélia est la seule famille de Rome à ne pas pratiquer l'incinération de ses morts.

— Puissent alors les mânes du défunt nous pardonner ce sacrilège involontaire.

— Vous ne pouviez pas connaître cette tradition et votre geste a ému jusqu'aux larmes mes aïeux.

1. Pour le récit de cette entrevue, nous suivons ici, pour l'essentiel, la version qui en a été donnée par Tite-Live.

Crois-moi, je regrette sincèrement que le sort ait voulu que nous soyons ennemis car nous aurions pu accomplir de grandes choses ensemble.

— Cela n'est pas impossible.

— Qu'entends-tu par là ?

— Je suis venu te proposer de conclure une paix entre nos deux peuples et d'éviter que nos troupes ne s'affrontent dans un ultime combat inutile. Trop de sang a déjà été versé et les vétérans de nos deux armées nous sont assez chers pour que nous préférions épargner leurs vies. Ce ne sera pas pour toi le moindre de tes titres de gloire d'avoir vu Hannibal, à qui les dieux ont donné tant de victoires sur vous, s'incliner devant toi et de terminer une guerre durant laquelle nos succès ont été plus nombreux que les vôtres.

— Tu parles de paix car mes armées campent sous les murs de Carthage.

— Les miennes auraient pu faire de même devant Rome, tu le sais bien.

— Cela ne s'est pas fait et tes généraux te l'ont assez reproché.

— Je comprends ta réaction. Par amour-propre, tu peux préférer la victoire à la paix. Tu es jeune et je suis vieux. Aussi je vais te parler au nom de mon expérience. Sache que, si les dieux laissaient aux hommes leur lucidité dans le bonheur, ceux-ci devraient tenir compte non seulement du passé, mais aussi des incertitudes de l'avenir. Plus on approche de la félicité absolue, plus l'on doit se méfier du sort. Actuellement, votre situation est bonne, la nôtre difficile ; la paix, pour toi qui nous la donnes, est noble et généreuse, pour nous qui la demandons, plus nécessaire que glorieuse. Une paix assurée est un bien plus précieux et plus stable que l'espoir de remporter la victoire ; l'une nous appartient, l'autre appartient aux dieux.

— Tu sollicites la paix et tu agis en patriote soucieux des intérêts de ta ville. Quel prix es-tu prêt à payer pour l'obtenir ?

— Tu me demandes de prononcer moi-même le châtiment qui s'abattra sur Carthage. Tu verras que je sais me montrer sévère envers les miens. Je puis te garantir que nous renoncerons à tous les territoires que nous possédions jadis hors d'Afrique et que nous vous laisserons la totale maîtrise de la grande mer.

— Qui peut m'assurer que tu tiendras parole, toi qu'on accuse d'être un maître en perfidie ?

— Ma personne répond de mes paroles. Jusqu'ici, vous avez discuté avec Hannon le grand et Hasdrubal le chevreau qui n'ont pas l'autorité nécessaire pour imposer à mes compatriotes les sacrifices que je viens de te décrire. Moi, je le peux, parce que j'ai remporté tant de victoires qu'on ne pourra pas me soupçonner d'agir par peur ou par lâcheté. A toi donc de décider s'il est encore utile de nous affronter.

— J'aurais voulu te donner satisfaction mais il est trop tard pour le faire. Je n'ai aucun intérêt à te ménager et crois que je le regrette. Demain, nos troupes se battront et les dieux décideront à qui reviendra la victoire. Au vaincu, quel qu'il soit, je souhaite une mort glorieuse à la tête de ses armées. Au vainqueur reviendra alors la lourde tâche de savoir faire preuve de générosité envers ses adversaires infortunés. Je sais que toi et moi nous agirons en êtres humains et que celui qui aura remporté la bataille saura faire preuve de clémence envers l'autre. Terminons ici cet entretien car nous n'avons plus rien à nous dire.

— J'aurais eu une faveur à te demander. Masinissa se trouve dans ton camp. J'ai grandi à ses côtés et je l'aimais, je l'aime toujours, comme un frère, même s'il a choisi, pour des raisons que je comprends, de s'allier à Rome après que Carthage a fait preuve d'une noire ingratitude à son égard. J'aurais voulu le saluer.

— J'avais prévu cette demande et j'ai longuement insisté pour qu'il se joigne à nous. Je n'ai pu le convaincre de renoncer à son refus de te voir et j'en suis le premier désolé.

— Sa décision me peine mais je me console en pensant que tu as eu la loyauté de ne pas t'opposer à une rencontre entre nous deux. Fais-lui savoir qu'il reste mon ami et que je lui souhaite d'obtenir de toi ce que la cité d'Elissa a eu la bêtise de lui refuser.

Les deux généraux regagnèrent leurs camps respectifs et tardèrent à rendre compte à leurs officiers de leur entrevue. En fin de journée, ils se décidèrent à rassembler leurs hommes pour les haranguer. Hannibal expliqua à ses soldats qu'ils n'avaient rien à craindre. Ils étaient en nombre supérieur à celui des Romains et ils avaient en face d'eux deux légions exilées pendant dix ans en Sicile pour avoir été défaites à Cannae. Une fois de plus, ces vétérans connaîtraient l'amertume de la déroute. En passant parmi les mercenaires, le général borgne prenait soin d'adresser la parole à des frondeurs baléares ou à des fantassins ligures pour leur rappeler les actes d'héroïsme dont ils avaient été les auteurs. Flattés, ils promettaient de faire honneur à leur réputation.

Scipion, lui, se conduisait autrement. Il informa ses troupes que son adversaire lui avait demandé de conclure une paix immédiate et de ne pas livrer la bataille le lendemain.

— Romains, c'est la preuve qu'en dépit de sa supériorité numérique il est trop las et trop fatigué pour remporter la victoire. L'espoir a changé de camp. Ne vous laissez pas impressionner par les premières charges de l'ennemi. Il tentera de semer la panique dans vos rangs et aura vite épuisé ses forces. A ce moment-là, ce sera à vous de le bousculer et de le contraindre à prendre la fuite. Demain soir, je vous le promets, nous fêterons notre victoire.

Quand le soleil se leva, une chaleur accablante régnait déjà sur le champ de bataille. Les troupes carthaginoises furent les premières à prendre leurs positions. Hannibal avait rangé en première ligne ses quatre-vingts éléphants. Jamais il n'en avait engagé autant dans une seule opération. Derrière eux, il fit placer ses auxiliaires gaulois et ligures qu'il renforça par ses contingents de frondeurs baléares et des fantassins numides qui lui avaient été amenés par Tychaios. En deuxième ligne, se trouvaient l'infanterie carthaginoise et son homologue libo-phénicienne. Enfin, en retrait, se tenaient les vétérans de ses armées d'Italie. La droite et la gauche de ce dispositif étaient protégées par la cavalerie.

En face, Scipion avait rangé sur trois lignes ses légions flanquées de la cavalerie italienne et numide commandée par Masinissa. Il avait opéré un seul changement significatif en espaçant au maximum les manipules, créant ainsi de vastes couloirs. Les vélites s'approchèrent le plus possible des lignes carthaginoises et, aidés par les sonneurs de cors et les trompettes, ils firent un tel vacarme que les éléphants, refusant d'obéir à leurs cornacs, commencèrent à charger, s'enfonçant dans les couloirs séparant les différentes unités de l'infanterie romaine qui les criblèrent de traits. Les lourds animaux firent demi-tour et se lancèrent à l'assaut de leurs propres lignes. Hannibal ordonna alors à son infanterie lourde de présenter ses lourdes et longues lances si bien que les éléphants obliquèrent sur la droite et sur la gauche, puis quittèrent en désordre le champ de bataille.

L'infanterie carthaginoise était désormais rangée sur une seule ligne. Une charge fougueuse de Masinissa dispersa la cavalerie ennemie. Quand les légionnaires se lancèrent à l'assaut des positions carthaginoises, les vétérans d'Hannibal supportèrent le choc avec courage et repoussèrent une première fois les attaquants. Ils s'apprêtaient à se lancer à leur poursuite quand ils furent pris à revers et sur leurs arrières par la cavalerie de Masinissa qui avait rebroussé chemin. Encerclés, les plus anciens compagnons d'Hannibal périrent tous. Le soir venu, on dénombra plus de vingt mille cadavres de Carthaginois jonchant le sol et les Romains s'étaient emparés d'un nombre identique de prisonniers ainsi que de cent trente-deux enseignes et de onze éléphants. Scipion, lui, n'avait perdu que deux mille hommes.

*
* *

Avec les débris de son armée, Hannibal gagna Hadrim d'où il envoya un messager prévenir le Conseil des Cent Quatre de sa défaite à Zama. Il n'entendait pas se rendre dans l'immédiat à Carthage pour des raisons aisément compréhensibles. Il savait quel sort sa ville réservait aux généraux vaincus et le fait qu'il fût le fils d'Hamilcar Barca et le vainqueur de tant de batailles ne l'aurait pas protégé d'une condamnation à la crucifixion. Il préféra donc gagner du temps, afin que ses partisans puissent mobiliser l'ensemble de leurs forces et garantir sa sécurité. Quand il eut obtenu toutes les assurances nécessaires, il monta à bord d'une trirème qui le conduisit jusqu'au cothôn. En franchissant l'étroit chenal montant aux ports marchand et militaire, il ne put s'empêcher de verser des larmes. Voilà trente-six ans qu'il avait quitté sa patrie. Il était alors un jeune adolescent et partait se couvrir de gloire aux côtés de son beau-frère, Hasdrubal, le fondateur de Carthagène. Aujourd'hui, vieilli et épuisé par les épreuves, il revenait vaincu pour assister à la reddition de l'orgueilleuse cité. Conduit au Sénat, il conseilla à ses compatriotes de mettre bas les armes :

— Les dieux nous ont abandonnés et il est inutile d'attiser leur colère en cherchant à poursuivre la lutte. Si Publius Cornélius Scipion décide de prendre d'assaut nos murailles, il réussira à s'introduire dans notre enceinte et vous savez ce que cela signifiera.

— Tu es toujours aussi insolent, tonna Hannon le grand. Tu es le principal responsable de nos malheurs et tu viens nous abreuver de leçons et de conseils.

— En d'autres circonstances, je t'aurais fait payer cher tes remarques. Pendant des années j'ai remporté victoire sur victoire et je vous ai fait parvenir des sommes d'argent considérables. En contrepartie, je n'ai reçu de vous aucun secours. Vous empochiez mon or et mon argent mais vous n'étiez pas prêts à le dépenser pour aider ceux qui portaient dans les terres les plus lointaines la gloire de Carthage. Vous m'avez demandé d'abandonner mes positions en Italie du Sud pour voler à votre secours. Ai-je reçu en renfort un seul détachement de fantassins ou de cavaliers ? M'avez-vous fait parvenir des vivres ou des sacs d'or pour nourrir et payer mes soldats ? Non. Il a fallu que je puise dans les réserves de mes domaines et sur ma fortune personnelle pour conserver à notre ville une armée. Cesse donc de faire porter sur mes épaules le poids de la défaite, toi qui as tout fait pour réduire à néant les résultats de nos triomphes. L'heure n'est plus aux querelles mais à l'union. Sachons affronter de concert l'adversité afin que l'ennemi ne profite pas de nos discordes pour nous imposer une paix encore plus rigoureuse.

Pendant ce temps, Scipion avait regagné par voie de terre les Castra Cornélia. De là, il partit en bateau pour Tunès. En doublant le cap Carthage, il eut la surprise de voir une trirème punique venir à sa rencontre. Le bateau était recouvert de bandelettes et de rameaux d'oliviers et portait à sa proue le caducée des hérauts. Hannon le grand et Hasdrubal le chevreau se trouvaient à son bord et donnèrent l'ordre au capitaine de se rapprocher le plus possible du navire romain. Ils informèrent Scipion que le Conseil des Cent Quatre les avait mandatés pour conclure la paix aux conditions fixées par le vainqueur. Le proconsul, l'air narquois, leur répondit :

— J'aurai donc aussi vaincu Carthage sur mer puisque c'est au large de vos côtes que vous venez m'offrir votre capitulation. Ce n'est pas le bon endroit pour discuter. Rebroussez chemin et retrouvez-moi à Tunès où je vous recevrai en présence de mes officiers.

Le lendemain, les trente ambassadeurs carthaginois se présentèrent, en habits de deuil, à l'entrée du camp romain. Ils durent remonter l'allée principale sous le regard goguenard des légionnaires. Scipion les accueillit sous sa tente et leur communiqua les termes du traité. Ils devraient renoncer à faire la guerre en Afrique et en dehors de l'Afrique sans l'autorisation préalable de Rome, abandonner toute prétention sur l'Ibérie, la Sardaigne, la Corse, les Baléares et les autres îles de la grande mer, rendre les prisonniers et les déserteurs en leur possession, livrer tous leurs navires de guerre, à l'exception de dix trirèmes, remettre aux Romains tous leurs éléphants et s'engager à ne plus en posséder, indemniser Masinissa pour les dommages que ce dernier avait subis de leur fait, enfin verser dix mille talents d'argent en cinquante versements annuels. La bonne exécution de ces dispositions non négociables serait garantie par la livraison de cent otages âgés de quatorze ans au moins et de trente ans au plus, appartenant aux meilleures familles de la ville et qui seraient conduits à Rome.

Quand Hannon le grand voulut prendre la parole pour demander qu'on laisse à sa cité plus que les dix trirèmes prévues, Scipion le coupa sèchement :

— Tu es venu pour écouter et non pour discuter. Sache que mes propositions sont bien douces à côté de celles qui avaient la préférence du Sénat romain et de nombre de mes officiers. Ils souhaitaient purement et simplement la disparition de votre ville. C'est ce qui arrivera d'ailleurs si vous n'exécutez pas scrupuleusement les clauses de ce traité. L'acceptez-vous ?

— Oui, murmura, la voix brisée, Hannon le grand.

— Dans ce cas, nos deux villes sont désormais en paix.

En donnant son accord, Hannon s'était imprudemment avancé. Quand la délégation revint à Carthage, elle dut rendre compte de sa mission au peuple assemblé sur le maqom. Lorsqu'il eut fini son exposé, un nommé Giscon, partisan des Barca, s'avança pour adjurer ses concitoyens de périr les armes à la main plutôt que de vivre dans la servitude. Furieux de voir cet homme invoquer son autorité alors qu'il était lui-même partisan de la paix, Hannibal le jeta en bas de l'estrade ce qui coupa court à toute discussion. Plus tard, Itherbaal lui reprocha de s'être comporté de la sorte avec cet homme :

— A Carthage, chaque citoyen a le droit de s'exprimer. Tu devras te faire à cette règle.

— Jusque-là, je n'ai connu que la vie militaire et, quand un général donne un ordre, il est immédiatement obéi. Me voilà redevenu ou plutôt devenu civil. A toi de m'apprendre le droit, les institutions et les usages qui régissent cette ville et les assemblées sur le maqom.

— Je n'y manquerai pas car notre cité aura besoin de tes conseils dans la période difficile qu'elle va traverser.

— A mes yeux, l'essentiel est que les Romains n'aient pas exigé sa destruction. Certes, le coup que nous venons de subir est rude mais rien ne nous interdit de préparer dans le plus grand secret notre revanche. Je dois te le dire : je ne me considère pas comme vaincu. Pour une simple raison : les fils de la Louve affirment qu'un général n'est pas vainqueur tant que son adversaire ne le tient pas pour tel. Jusqu'à mon dernier souffle, je me refuserai à leur faire ce plaisir. Scipion aura beau avoir les honneurs du triomphe et se voir décerner le titre d'Africanus, il guettera toujours le moment où j'avouerai avoir été battu par lui. Ses cheveux blanchiront tout comme les miens et il sera toujours en train d'attendre de ma part le mot qui le délivrera de son insatisfaction.

— Tu peux te satisfaire de cette consolation, Hannibal. Mais que diras-tu à nos concitoyens ?

— Qu'ils n'ont pas à rougir de ce revers. L'Histoire retiendra d'eux qu'ils ont combattu courageusement pour la liberté des peuples gaulois, ibères et italiens afin de les délivrer ou de les préserver du joug romain. Ils sont morts pour défendre certains principes dont on ne peut mettre en cause la générosité et la noblesse. Dans plusieurs générations, les cités qui gémiront sous le poids des exactions commises par les fils de la Louve se souviendront qu'une ville, Carthage, notre ville, se dressa pour leur éviter ces malheurs. Son nom traversera les années et sera synonyme de justice et de grandeur d'âme. Crois-moi, il y a de quoi les consoler de nos vicissitudes passagères.

CHAPITRE 8

Après la défaite de Zama, la conclusion de l'odieux traité avec Scipion, désormais surnommé l'Africain, et l'incendie de la flotte de guerre au large de Carthage, Hannibal s'était prudemment tenu à l'écart des affaires publiques. Il savait qu'il devait la vie sauve uniquement à l'intercession en sa faveur du généralissime romain. S'il n'avait tenu qu'aux membres du Conseil des Cent Quatre, il aurait expié sur la croix l'insuccès de ses armées et l'écroulement de ses rêves de conquêtes territoriales tout autour de la grande mer. Dans le plus grand secret, ses ennemis avaient commencé à instruire son procès et à réunir contre lui preuves et témoignages. Averti, le vainqueur avait convoqué l'un des représentants du clan antibarcide pour le tancer d'importance :

— Longtemps, nous, les Romains, nous avons fait grief à Hannibal de sa perfidie. Il m'en coûte d'en convenir mais c'était une calomnie si je compare ses actes à vos agissements. Lui s'est montré toujours loyal envers celui auquel il accordait son estime, fidèle en cela à la mémoire de son père, le vaillant Hamilcar, qui fit rendre les ultimes honneurs à l'un de mes parents tombé sous les murs de Mégara. Vous, vous ne cessez d'ourdir des complots et des intrigues dans le seul but de plaire au maître de l'heure.

— C'est une pure calomnie, noble Scipion, et tu le

sais. Avec Hannon le grand, j'ai toujours mis en garde mes concitoyens contre la folie qu'il y avait à s'attaquer à Rome, y compris lors de vos plus graves défaites : Trasimène, Cannae. Si la paix a pu être signée, c'est parce que nous avons ramené à la raison tous les jeunes écervelés qui rêvaient de poursuivre le combat jusqu'à la dernière goutte de notre sang et de votre sang. Oserais-tu, compte tenu de ces services, nous accuser de félonie ?

— Ma ville n'a pas besoin d'esclaves tels que vous pour la servir. Un lâche fait toujours un mauvais allié. Ce dont je t'accuse, c'est de préparer avec les tiens le procès d'Hannibal que je respecte car rarement l'histoire aura connu plus grand général que lui.

— J'en connais beaucoup, dans ton Sénat, qui ne partagent pas ton point de vue.

— Un proverbe de mon pays dit : *Asinus asinum fricat*. Qui se ressemble s'assemble ! Nous aussi, nous avons des hommes prêts à sacrifier les intérêts de leur patrie à la défense de leurs immenses fortunes amassées par des moyens illicites. J'ai naguère fait tomber les têtes de certains pour inspirer une terreur sacrée à leurs complices. Aussi invoquer leur protection ne te servira à rien, si ce n'est à accroître mon courroux envers toi.

— J'avoue mal comprendre ce que tu veux de nous.

— Une seule chose : laissez en paix Hannibal et sachez que, si vous le traînez devant le Conseil des Cent Quatre, j'ordonnerai le blocus maritime de votre ville.

— Mais il est votre ennemi juré !

— Tu ne connais rien à la politique. Je préfère savoir Carthage affaiblie par les querelles entre partisans et adversaires des Barcides que gouvernée par un seul parti. La sécurité de Rome repose sur vos intrigues et votre incapacité de prendre une décision à la majorité requise par vos lois. Pour cela, le sort du fils d'Hamilcar ne m'est pas indifférent.

— Nous obéirons à tes ordres mais que faire de lui ? En principe, il est toujours à la tête de notre armée et il pourrait être tenté de guerroyer contre vos nouveaux alliés numides.

— L'avenir en décidera mais je doute fort qu'il choisisse cette voie. Il compte trop d'amis parmi eux pour ne pas résoudre pacifiquement les éventuels litiges.

De retour à Carthage, le sénateur rendit compte de cette entrevue à ses collègues tout aussi perplexes que lui. Prudents, ils décidèrent d'arrêter les procédures judiciaires engagées contre Hannibal. Ce dernier, au demeurant, était hors d'atteinte. Avec ses hommes, il avait quitté la ville et s'était installé dans les vastes propriétés qu'il possédait dans la région du Beau Promontoire et d'Hadrim. Des espions, envoyés sur place, revinrent porteurs d'une incroyable nouvelle : l'ancien général en chef et ses soldats s'étaient transformés en paysans et cultivaient les vignobles, les champs de blé et les oliveraies épargnés par les destructions. Hannibal s'était mué en fermier comme jadis son père Hamilcar auquel Adonibaal avait voulu donner une leçon. A vrai dire, le vainqueur de Cannae, même s'il avait lu les traités d'agronomie de Magon, n'éprouvait pas une particulière attirance pour sa nouvelle vocation. Mais il lui fallait songer à payer à ses hommes leurs soldes, le Sénat carthaginois se montrant une fois de plus défaillant. Par ailleurs, c'était un moyen commode pour lui d'accumuler des réserves d'or et d'argent au cas où il serait contraint de prendre la fuite précipitamment et verrait ses biens confisqués.

Depuis la conclusion de la paix, la nature était particulièrement bienveillante pour les vaincus. La pluie tombait en abondance à l'automne, les hivers étaient cléments et, dès le printemps, le blé poussait dans les champs cependant que les grains de raisin mûrissaient lentement au soleil. A l'inverse, à Rome et dans les territoires alliés, les terribles ravages exercés par Hannnibal continuaient à se faire sentir, aggravés par un temps exécrable : gelées précoces, pluies et grêles abondantes une année suivies de sécheresse la suivante. Pour nourrir sa population et ses armées envoyées guerroyer contre les Grecs, la cité de Romulus devait faire appel à celle d'Elissa. Un an après Zama, Carthage expédia à Ostie deux cent mille modii[1] de blé et une quantité identique au corps expéditionnaire en Macédoine.

Par dizaines, des marchands puniques traversaient la mer et étaient reçus avec déférence sur les marchés situés non loin du Capitole. Ils avaient appris à parler latin et leurs interlocuteurs baragouinaient le punique. Quand les mots ne suffisaient pas, ils avaient recours aux gestes de la main et les affaires se concluaient dans un joyeux tumulte. Venus avec du blé, les marchands puniques repartaient, leurs navires chargés de céramique campanienne, à la pâte ocre, dont les Carthaginoises raffolaient. L'on vit une chose extraordinaire se produire. Carthage n'avait plus de flotte de guerre et, en principe, de flotte commerciale, encore que ses armateurs aient affrété des navires auprès de leurs compatriotes tyriens. Devant l'afflux des bateaux, il fallut agrandir le port militaire, désormais affecté à des fins civiles, et le port marchand. Pour gagner de l'espace, on abattit même la vieille porte de la Mer dont les gigantesques blocs de terre servirent de soubassement à un nouveau quartier.

Une véritable euphorie s'était emparée de la ville et l'on vit des fortunes spectaculaires s'édifier grâce à deux ou trois opérations commerciales bien menées. Nul ne se souvenait plus ou ne voulait pas se souvenir que cette cité avait, il y a peu encore,

1. Boisseaux. Un boisseau équivaut à 8,75 litres.

failli soumettre militairement tous les peuples vivant le long de la grande mer, d'Utique à Gadès en passant par Massalia et Rhegium. Ce que la guerre ne lui avait pas permis d'acquérir, elle l'obtenait par la paix et drainait vers elle les richesses de l'Occident et de l'Orient.

Dans sa propriété du Beau Promontoire, Hannibal méditait douloureusement sur cette évolution. A Maharbal, l'un de ses derniers fidèles, il expliquait :

— On m'a jadis accusé — tu fus le premier à le faire — d'avoir laissé mon armée se vautrer et se défaire dans les délices de Capua. Il est vrai que je n'ai pas eu alors le courage d'insuffler à mes hommes un surcroît d'énergie et d'exiger d'eux des efforts encore plus grands que ceux qu'ils avaient dû déjà consentir. Ce fut notre perte et la cause de notre défaite. Aujourd'hui, j'ai bien peur que les Romains ne nous réservent une autre mauvaise surprise. Notre cité est pareille à un fruit dont ils attendent qu'il mûrisse. Quand il sera à point, ils le cueilleront et le dévoreront. Personne ne pourra s'y opposer puisque nos concitoyens ont désappris l'art de la guerre. Je nc vois d'autre issue que de provoquer un choc salutaire dans nos rangs en mettant à bas ce bel édifice, ce cheval dc Troie construit par nos pires adversaires.

— Je partage ton avis mais, pour cela, tu dois quitter la retraite où tu te morfonds depuis des années. Une seule solution s'offre à toi : briguer le mandat de suffète. Les élections ont lieu bientôt et, si tu te présentes, des milliers d'hommes t'apporteront leurs suffrages. Peu importe que tu doives supporter à tes côtés la présence d'un autre magistrat de même rang. Je ne donne pas cher de lui. Tu sauras, par la ruse et la flatterie, le réduire à l'impuissance et à l'inaction.

— Tu n'as pas toujours été amical envers moi, Maharbal, et je me souviens encore de ton apostrophe au soir de Cannae : « Tu sais vaincre, Hannibal, mais tu ne sais pas profiter de ta victoire ! » Mais tu es un partenaire fidèle et loyal et j'ai confiance en toi. Proclame donc dans Carthage que je briguerai le suffétat.

La nouvelle eut l'effet escompté. Hannibal fut triomphalement élu à ce poste jadis occupé par le père d'Adonibaal, son bisaïeul. Au Sénat et au Conseil des Cent Quatre, une agitation fébrile régnait. Pour les uns, le fils d'Hamilcar était un démagogue soucieux de faire alliance avec la populace et les rebuts de la société afin de se débarrasser des aristocrates. Pour les autres, qui se rappelaient les objurgations de Hannon le grand, il ne rêvait que de se faire proclamer roi par la foule réunie sur le maqom. Sa première réforme sema la zizanie. Azerbaal, un magistrat dont l'honnêteté n'était pas la vertu première, fut accusé par les enfants d'un prospère marchand, en litige pour l'héritage paternel, d'avoir détourné à son profit une partie des sommes confiées à sa garde. Convoqué à plusieurs reprises par le suffète, il refusa de se présenter, arguant que, devant entrer, à l'expiration de sa charge, dans l'ordre des juges nommés à vie, il était assuré de l'immunité accordée à ceux-ci. Mal lui en prit. Un petit matin, une escouade de cavaliers numides vint le chercher dans sa propre maison située sur la colline de Byrsa pour le conduire devant l'assemblée du peuple où Hannibal décrivit par le menu ses indélicatesses. Puis il proposa une réforme adoptée dans l'enthousiasme : désormais, les juges seraient nommés pour une année et ne pourraient solliciter qu'un seul renouvellement de leur mandat.

Sitôt connue, la décision provoqua la colère du Conseil des Cent Quatre, eux aussi nommés à vie et dont la conduite n'était pas toujours irréprochable. Qui pourrait empêcher le suffète de leur imposer un traitement identique ? De plus, on murmurait que le fils d'Hamilcar envisageait de faire examiner les livres de comptes du Trésor public. A ses yeux, il était inadmissible que les citoyens les plus pauvres soient les plus fortement frappés par les impôts doublés sous prétexte de payer aux Romains l'indemnité de guerre. Certains des Carthaginois les plus fortunés échappaient, eux, au fisc au prix de curieuses acrobaties juridiques. Plus grave, les contrôles faits auprès des comptables du Trésor, placés sous bonne garde et mis dans l'impossibilité de communiquer avec les sénateurs, révélèrent que l'on avait exonéré les commerçants des taxes d'octroi et de douane. Or elles représentaient à elles seules le montant d'une annuité de la somme due à Rome. Ce scandale couvait depuis au moins quatre ans et des hérauts, dépêchés aux quatre coins de la ville, annoncèrent l'institution de commissions d'enquête munies des pleins pouvoirs et chargées de récupérer les sommes dues. Dans les maisons des aristocrates, les pleurs et les cris fusaient. Les hommes accusaient leurs épouses d'être responsables, par leur cupidité, leur avarice et leur goût du luxe, de l'affaire. Les femmes reprochaient à leurs maris de trembler devant Hannibal comme des agneaux devant le sacrificateur ou le boucher.

Finalement, réunis en petit comité, les membres les plus résolus de la faction antibarcide décidèrent de faire appel aux Romains. Pour attiser le zèle de ceux-ci, ils firent état des projets du suffète de conclure une alliance diplomatique et militaire avec Philippe V de Macédoine et Antiochos III. La chose n'avait rien d'invraisemblable. Au lendemain de la victoire de Cannae, alors qu'il cherchait des alliés capables de lui rallier les cités grecques de Lucanie et du Bruttium, il avait conclu un traité avec Philippe de Macédoine[1]. Or celui-ci s'était trouvé un nouveau partenaire en la personne du chef de la dynastie séleucide, fondée par l'un des innombrables géné-

1. Voir supra, p. 151.

raux d'Alexandre le Grand. Tous deux convoitaient l'Egypte lagide, dont le pharaon était un enfant de cinq ans, et ses possessions qui s'étendaient des sables de la Libye à la Cilicie, à Chypre et aux rives du Pont-Euxin. Les deux compères avaient battu le ban et l'arrière-ban de leurs armées et étaient entrés en campagne avec des résultats mitigés. Si Antiochos avait fait main basse sur la Syrie, sur la Palestine et sur Tyr, cité chère aux cœurs des Carthaginois, Philippe, lui, avait parcouru la Thrace et la Chalcédoine de Chersonèse, avant de s'emparer de Samos, célèbre pour ses vins, et de Chios, menaçant les territoires des Rhodiens et d'Attale de Pergame, ami de la ville aux sept collines de longue date.

Des envoyés de Rhodes et de Pergame furent dépêchés à Rome pour demander de l'aide et dénoncer les agissements d'Antiochos et de Philippe contre les Grecs des détroits et de la mer Egée. Or, par une singulière coïncidence, la délégation arriva sur les bords du Tibre alors que les Comices centuriates, sous l'influence de Sulpicius Galba, avaient officiellement déclaré la guerre à Philippe. Une guerre inutile car, en dépit du traité passé avec Hannibal, le souverain macédonien n'avait jamais menacé Rome et ses possessions. Mais — et ce fut la conclusion qu'en tira le suffète — la cité de Romulus, en paix à l'Occident, rêvait de s'attaquer à l'Orient, à cette vaste contrée regorgeant de richesses et de bonnes terres à blé. Bien entendu, l'on déguisa cette soif de rapines sous les motifs les plus nobles. Le consul Titus Quinctius Flaminius prétendit œuvrer en faveur des libertés de la Grèce menacées par les ambitions tyranniques des Macédoniens et des Séleucides.

Les armes lui furent favorables. Les puissantes phalanges macédoniennes, invincibles depuis Alexandre, furent écrasées dans les collines dites Cynocéphales car leur forme faisait penser à des têtes de chien. Privé de ses troupes, Philippe dut signer le traité de Tempé par lequel il s'engageait à abandonner toutes les garnisons qu'il tenait en Grèce, y compris celles appartenant à son propre domaine. Pour donner encore plus de solennité à l'événement, Flaminius décida de se rendre à Corinthe pour y ouvrir les Jeux isthmiques, les jeux les plus célèbres après ceux d'Olympie. Là, il frappa les imaginations des délégués des principales cités helléniques en proclamant un manifeste non exempt d'arrière-pensées : « Le Sénat de Rome et Titus Quinctius, général en chef, ayant vaincu le roi Philippe, laissent libres selon leurs lois, sans tribut ni garnison, les Corinthiens, les Rhodiens, les Locriens, les Lubéens, les Achéens de Phliotide, les Magnètes, les Thessaliens, les Perrhèbes. » En fait, certaines cités libérées conservèrent leurs troupes romaines. Ce fut le cas de Démétrias en Thessalie et de Chalcis en Eubée. Il n'était pas question de les laisser sans protection alors qu'Antiochos était parti à la conquête des villes grecques d'Asie et avait, après avoir franchi l'Hellespont, ravagé la Chersonèse de Thrace. Jadis, les Grecs de Grèce avaient appelé à leur secours Rome, maintenant c'était aux Grecs d'Asie de le faire.

Pour Hannibal, c'était là une occasion rêvée de reprendre la lutte contre la cité de Romulus, en mettant ses qualités de stratège au service d'Antiochos. Même s'il n'avait pas encore pris sa décision, ses ennemis entretinrent la suspicion et affirmèrent à leurs correspondants romains qu'il recevait, dans sa propriété du Beau Promontoire, de nombreux émissaires tyriens envoyés par Antiochos. Au Sénat de Rome, les adversaires du Barcide prêtèrent une oreille attentive à ses propos. Seul Scipion, comme à l'accoutumée, estima « indigne du peuple romain de souscrire aux haines des accusateurs d'Hannibal, et de commettre l'autorité publique romaine dans le jeu des factions carthaginoises ». Ce sage avertissement ne fut pas entendu et une ambassade fut envoyée à la cité d'Elissa afin de demander la mise en jugement du suffète. La délégation comprenait Cnaeus Servilius Caepio, Marcus Claudius Marcellus, tous deux hostiles à Scipion, et Quinctius Terentius Culleo. Officiellement, ils étaient chargés d'arbitrer des litiges territoriaux survenus entre Carthage et Masinissa.

De passage à Mégara, le fils d'Hamilcar n'accorda pas le moindre crédit à cette fable. Il pressentait que, dès l'arrivée de l'ambassade, le Conseil des Cent Quatre le décréterait d'arrestation. Le moment était arrivé pour lui de quitter, peut-être pour toujours, sa patrie dont il n'avait reçu, tout au long de son existence, que des marques de méfiance et d'ingratitude. Dans sa retraite d'Hadrim, il avait eu le temps de préparer minutieusement le moindre détail de sa fuite, avec ses derniers fidèles. Le plus important, il le savait, était de ne rien laisser paraître de ses sentiments. Aussi passa-t-il la journée à inspecter les fortifications et l'état des rues de la cité. Il prit soin d'ordonner certains travaux, précisant qu'il viendrait lui-même ultérieurement en vérifier l'exécution. Les espions du Sénat, qui ne l'avaient pas quitté d'un pas, finirent par se lasser de ce train-train et préférèrent aller apaiser leur soif dans une auberge. Il serait temps, le soir venu, de se mettre en faction devant la résidence de Mégara où Hannibal ne manquerait pas de retourner sagement.

Dès que le suffète s'aperçut de leur disparition, il gagna le quartier du port et se changea dans une demeure amie où deux serviteurs l'attendaient. En leur compagnie, il sortit de la ville par la porte du Nord, se mêlant aux paysans regagnant leurs villages après avoir vendu leurs produits sur les différents marchés de la cité. Il ne se retourna même pas pour contempler une dernière fois la colline de Byrsa et l'enceinte fortifiée. Il les reverrait sans doute un jour si ses plans réussissaient. Pour l'heure, une seule chose importait : retrouver l'esclave venu de Mégara avec trois chevaux, les meilleurs coursiers de son écurie. L'homme était là, au bord de la route, guettant du regard ceux avec lesquels il avait rendez-vous. Son visage tressaillit de joie quand il les aperçut. En silence, les trois fugitifs enfourchèrent leurs montures et s'élancèrent alors que la nuit tombait.

Ils galopèrent à bride abattue dans l'obscurité, s'arrêtant, tous les cent stades, pour changer de chevaux à des relais minutieusement préparés. Au petit matin, après avoir parcouru environ six cent stades[1], ils parvinrent dans une baie isolée où mouillait une quinquérème. Dans ses cales, les esclaves de son domaine du Beau Promontoire avaient, depuis plus d'un mois, entassé coffres d'or et d'argent, statues, meubles, armes et divers documents convoyés discrètement par une noria de chariots circulant le jour tombé. Les hommes avaient respecté le silence le plus absolu sur ces préparatifs. Ils seraient de l'expédition comme rameurs et leur maître leur avait promis qu'arrivés en Orient, ils recevraient tous leurs lettres d'affranchissement et un pécule assez important pour subvenir à leurs besoins le restant de leur vie.

Hannibal monta à bord du navire et donna l'ordre de faire voile vers Cercina[2]. C'est là qu'il avait rendez-vous avec Jacob, l'arrière-petit-fils d'Abraham le Cohen, l'homme qui avait jadis, à la demande d'Hamilcar, hébergé le consul Marcus Atilius Regulus. Les Barca étaient restés en étroites relations avec la tribu des Hébreux de l'île des Lotophages[3] et ces derniers n'avaient jamais refusé d'aider leur puissant protecteur. Quelques semaines auparavant, Hannibal avait convoqué Jacob à Mégara et l'avait longuement interrogé. L'adolescent lui avait expliqué que,

1. Cent vingt kilomètres.

2. La principale île de l'archipel des Kerkennah, au large de Sfax.

3. Djerba.

las de l'existence monotone qu'il menait auprès des siens, il ne rêvait que d'une chose : se rendre en pèlerinage à Jérusalem, la cité de ses ancêtres, maintenant passée sous la domination des Séleucides. Le suffète lui avait alors révélé qu'il comptait s'embarquer pour l'Orient et qu'il le prendrait à son bord, du moins jusqu'à Tyr où leurs routes se sépareraient. Mais, pour cela, il avait besoin de son aide et de l'aide de tous les siens.

Le fils d'Hamilcar avait alors demandé à Jacob si de nombreux navires phéniciens ou carthaginois croisaient au large de Cercina ou relâchaient dans son port. Le jeune Hébreu lui avait dit que oui et ajouté que les capitaines de ces bateaux étaient en contact constant avec les autorités d'Hadrim auxquelles ils signalaient tous les mouvements maritimes. Les deux hommes avaient alors mis au point un stratagème. Il ne faisait aucun doute qu'en mouillant dans l'archipel Hannibal serait reconnu. Il affirmerait donc à ceux qui le presseraient de questions qu'il se rendait en ambassade officielle à Tyr pour apporter au temple local de Melqart le tribut annuel payé par la cité d'Elissa à sa métropole d'origine. Puis, il annoncerait qu'avant de s'embarquer il souhaitait, conformément à la tradition, offrir un sacrifice propitiatoire et convierait tous les présents à un banquet, à charge pour Jacob de préparer tout ce qui était nécessaire à ce dernier. Comme les festivités se dérouleraient en plein jour, sous un soleil ardent, l'on demanderait aux équipages des autres navires de prêter leurs voiles et leurs vergues afin de dresser une tente et d'abriter les convives. De la sorte, ils ne pourraient quitter les eaux de Cercina. Un émissaire viendrait, une semaine auparavant, le prévenir de l'imminence de l'affaire.

Une veille de shabbat, Jacob reçut la visite d'un domestique de Mégara, l'avertissant que, quatre jours plus tard, un ami l'attendrait à l'endroit convenu. Avec quelques gens de son âge, qui partageaient son rêve, il avait quitté l'île des Lotophages et fait, en route, provision de bœufs et d'amphores de vin en prévision des festivités. A Cercina, il avait distribué aux marins qu'il rencontrait diverses gratifications pour s'assurer de leur amitié et nul ne s'inquiétait de ses allées et venues sur les quais. Le soir, il regagnait son campement, situé en bordure de la ville, récitant avec ses compagnons les prières rituelles.

Quand on lui annonça, en fin de matinée, qu'un navire était en vue, il sut ce qu'il devait faire. Ses hommes commencèrent à allumer des feux pour faire rôtir les bœufs et à disposer sur des tréteaux des planches devant servir de tables. Puis il se mêla à la foule sur le quai et vit le suffète descendre à terre. Immédiatement reconnu, Hannibal fut entouré par les capitaines phéniciens et carthiginois et pressé de questions. Comme prévu, il annonça non sans une certaine solennité la mission qui lui avait été confiée par le Sénat et proposa que cet événement soit célébré comme il se devait. Après tout, pour la première fois de sa vie, le suffète se rendait dans la métropole de ses ancêtres et ce serait faire insulte à Melqart que de ne pas lui offrir un sacrifice suivi d'un banquet auquel il conviait tous ses interlocuteurs. Il ne fallait pas perdre un instant et le fils d'Hamilcar demanda aux capitaines de leur prêter leurs voiles afin de dresser une immense tente destinée à les abriter du soleil. Circonvenus par Jacob, les marins, sans attendre les ordres de leurs officiers, firent amener les grandes pièces de toiles multicolores et les transportèrent au campement des Hébreux. Dans l'agitation générale, nul ne prit la peine de s'étonner de l'état déjà très avancé des préparatifs de la fête, contrastant avec son caractère improvisé. En milieu de journée, les invités commencèrent à arriver et, après avoir participé au sacrifice d'un agneau, se mirent à table, faisant honneur aux mets et, surtout, aux vins. Hannibal circulait parmi eux, détendu et souriant, ne manquant pas d'avoir un mot aimable pour chacun des capitaines et leur proposant de porter des libations à Carthage et à Tyr. Si ces convives vidaient d'un trait leurs coupes, lui se contentait de n'en boire que quelques gouttes. A la fin de la journée, officiers et matelots étaient ivres ou s'étaient dispersés sur la plage en compagnie de quelques courtisanes recrutées par Jacob.

A la tombée de la nuit, sûr que ses éventuels poursuivants se trouvaient dans l'impossibilité de faire le moindre mouvement, le suffète s'éclipsa discrètement avec Jacob et ses hommes et leva l'ancre dans la pénombre. Quand les convives du banquet se réveillèrent tard, le lendemain matin, ils comprirent qu'ils avaient été joués. Penauds, ils décidèrent d'observer le plus grand silence sur ce qui s'était passé car le Conseil des Cent Quatre, s'il l'apprenait, pourrait les châtier rudement. Ils attendirent près d'une semaine pour envoyer un émissaire à Hadrim où les autorités les questionnèrent longuement, cherchant à savoir si un navire avec à son bord Hannibal avait fait escale à Cercina. Ils répondirent qu'ils avaient aperçu au loin, en haute mer, une quinquérème portant les insignes de Carthage, ce qui ne les avait pas inquiétés. C'était peut-être un navire de surveillance chargé de poursuivre des pirates, nombreux dans ses parages. Les magistrats d'Hadrim les congédièrent, excédés par leur stupidité. Hannibal, lui, voguait sur la grande mer et se trouvait déjà en vue de Tyr.

La ville paraissait minuscule par rapport à Carthage bien que son port connût une activité intense. En proie à une intense émotion, le fils d'Hamilcar se rendit au temple de Melqart pour remercier cette divinité de l'avoir, une fois de plus, protégé. Il avait demandé à Jacob de l'accompagner mais ce dernier avait décliné l'offre, arguant que la loi de son peuple lui interdisait formellement de participer à des rites étrangers. Les deux hommes se retrouvèrent un peu plus tard pour se faire leurs adieux.

— Jacob, nos chemins se séparent ici et je ne sais pas s'ils se croiseront à nouveau un jour. Je te souhaite bonne route jusqu'à Jérusalem et je te remets le sauf-conduit que les autorités de Tyr, à ma demande, m'ont accordé pour toi et tes compagnons. Que vas-tu faire ?

— Apporter à notre temple les offrandes de ma communauté et prier au milieu des miens. Puis je repartirai, dès que l'occasion s'en présentera, pour l'île des Lotophages afin de perpétuer, sous d'autres cieux, nos traditions. Et toi, quels sont tes plans si je ne suis pas trop indiscret ?

— Me rendre à la cour d'Antiochos et lui offrir mes services contre les Romains. Je vais reprendre la lutte pour redonner à Carthage, malgré la volonté de ses dirigeants, la place qui doit être la sienne.

— Seras-tu bien accueilli ?

— Je l'espère. Bien sûr, Antiochos est entouré de conseillers intrigants et il hésitera longtemps avant de me faire connaître sa décision. Mais sa réponse sera finalement positive. Je sais que Rome veut se débarrasser de lui comme elle a tout fait pour réduire la puissance de ma ville. Tôt ou tard, je lui deviendrai indispensable.

— Puissent tes vœux se réaliser ! Sache que je ne t'oublierai jamais et que l'avenir de nos deux peuples demeurera scellé pour l'éternité.

Les deux hommes s'étreignirent longuement, sans un mot, puis partirent, chacun de leur côté, vers leur destin.

*
* *

A Tyr, l'ex-suffète avait reçu la visite d'émissaires d'Antiochos venus lui souhaiter la bienvenue de la part de leur maître et lui indiquer que ce dernier, retenu en Thrace, le recevrait, à l'automne suivant, à Ephèse. Il rongea donc son frein pendant de longs mois. Incertain du sort qui lui serait réservé, il ne voulut pas acheter de maison et fut hébergé par un marchand, Ariston, dont les navires se rendaient souvent à Carthage. C'est ainsi qu'il apprit, sans trop de surprise, que le Conseil des Cent Quatre avait ordonné la confiscation de tous ses biens et décrété l'arrestation des plus importants de ses partisans, dont le fidèle Maharbal. Ses ennemis étaient désormais les maîtres absolus de la cité et multipliaient les gestes d'amitié avec Rome. C'était pour eux un moyen de montrer que la fuite d'Hannibal ouvrait une ère nouvelle dans les rapports entre les deux villes, puisque le principal objet de leur discorde ne constituait plus une menace. Le fils d'Hamilcar pleura de honte quand il apprit que le Sénat carthaginois avait envoyé deux ambassades assister aux triomphes de Caton, vainqueur des montagnards ibères révoltés, et de Titus Quinctius Flaminius, le « libérateur de la Grèce ». Désormais, très souvent, il faisait la nuit le même cauchemar : il se voyait attaché au char d'un consul, marchant jusqu'au temple de Jupiter Capitolin, essuyant les crachats et les insultes de la foule, avant d'être égorgé dans un cachot obscur. Chaque fois, il se réveillait, ruisselant de sueur, et mettait un temps fou à retrouver le sommeil. Consulté, un médecin lui conseilla de boire, tous les soirs, avant de s'assoupir, une coupe de vin chaud et, surtout, lui remit un poison foudroyant qui le tuerait en quelques secondes s'il venait à être pris. C'était devenu une obsession. Partout où il allait, il vérifiait soigneusement qu'il avait à portée de main l'une des doses contenues dans le chaton d'une bague.

A l'automne, comme prévu, Antiochos lui accorda une audience dans sa capitale, Ephèse, une cité magnifique, ornée de temples somptueux. Le palais, immense, regorgeait de richesses et une foule de courtisans grouillaient dans les allées et les couloirs, surveillant chaque nouveau venu et jaugeant, à sa mine, s'il fallait ou non lui accorder crédit. Escorté par des gardes auxquels il avait remis son glaive, le vainqueur de Cannae fut conduit dans un vaste jardin ombragé où le Séleucide aimait à passer ses journées, entouré de ses favoris et de ses conseillers. Fait rare et noté par l'assemblée, le monarque se leva dès qu'on annonça l'arrivée du fils d'Hamilcar et s'avança à sa rencontre.

— Ainsi, dit-il d'une voix joyeuse, voilà l'homme qui a traversé les Alpes, défait les Romains en de nombreuses batailles et que les poètes comparent à Alexandre. Je suis heureux de te rencontrer et de t'offrir mon hospitalité.

— Tes nobles paroles me touchent profondément. Pourtant, je ne suis plus qu'un proscrit, chassé de sa patrie par des intrigants. La gloire que tu évoques appartient au passé.

— Je comprends ton amertume. Rien n'est cependant définitivement joué et tu pourras, si les dieux le souhaitent, reprendre un jour la place qui est légitimement la tienne.

— Il m'arrive parfois d'en douter. Ma famille n'a cessé de se dévouer pour Carthage. Adonibaal, mon grand-père, n'en a tiré aucun profit, mon père, mon beau-frère et mes deux frères ont péri à son service et, moi, le dernier représentant de cette lignée, me voici banni.

— Je sais lire dans le cœur des hommes. Tu ne penses pas véritablement ce que tu viens de dire. Car ton nom suffit à faire trembler les plus puissants et tes compétences sont telles qu'un souverain serait bien mal avisé de ne pas les utiliser. Tu es, tous le reconnaissent, le meilleur général de notre temps et tu sais mieux que quiconque mener une armée à la bataille et dresser des plans qui t'assurent la victoire même lorsque tes troupes sont numériquement inférieures à celles de l'adversaire.

— Ces talents, que tu veux bien reconnaître, sont à ta disposition. Je suis prêt à servir sous tes ordres et à combattre tes ennemis, à commencer par le plus féroce d'entre eux, Rome.

— Tu ne manques pas de perspicacité. Sous peu, je te ferai savoir mes intentions à ton sujet. Pour le moment, un palais sera mis à ta disposition à Ephèse et je te convoquerai chaque fois que j'aurai besoin de tes conseils. Prends encore un peu de repos car de grandes tâches t'attendent.

— Je te remercie de ta générosité et il me tarde de te prouver ma reconnaissance.

Sitôt l'audience terminée, Antiochos s'enferma avec l'un de ses principaux conseillers, l'Etolien Thoas, pour lui raconter l'entrevue et solliciter son avis. L'homme, retors et fin politique, jaugea rapidement la situation et confia au Séleucide :

— Majesté, tu peux t'estimer heureux d'avoir attiré auprès de toi un homme de cette valeur. Rome, désormais, y réfléchira à deux reprises avant de te faire la guerre car elle n'a pas oublié les coups terribles qu'il lui porta jadis. Tu disposes d'une pièce maîtresse dans ton jeu et fais en sorte de la conserver.

— Je perçois dans tes propos comme une certaine réticence. Tu me décris les avantages de sa présence à ma Cour mais tu dois en supputer les inconvénients.

— Ceux-ci existent. L'un est à écarter d'emblée. Tant qu'il sera ton hôte, le Punique ne cherchera pas à te trahir ou à intriguer contre toi. C'est un soldat loyal et intègre qui n'a jamais voulu nuire à ses alliés. Mais c'est un personnage d'une telle envergure qu'il est difficile de lui accorder un poste en rapport avec ses compétences sans le mécontenter ou mécontenter autrui. En faire un simple conseiller froissera son orgueil. Le nommer à la tête de tes armées irritera tes généraux, furieux de voir ce privilège accordé à un étranger. Ils surestiment leurs propres capacités et nombre d'entre eux, je le sais, se croient supérieurs à Hannibal parce qu'ils n'ont pas encore connu l'amertume de la défaite.

— Je n'aurai qu'à parler et ils s'inclineront devant mon autorité. Sinon, je les broierai en jouant sur les rivalités qui les opposent. Ce sont des animaux féroces prêts à s'entre-dévorer et aucun n'a le génie du fils d'Hamilcar. Ce dernier peut très bien faire fonction de généralissime. Son passé parle pour lui.

— A ceci près qu'Hannibal a toujours été son propre maître et n'a jamais eu de comptes à rendre à quiconque. Il a vécu loin de Carthage durant la plus grande partie de sa vie et le Sénat de cette ville apprenait par la rumeur publique les décisions qu'il avait prises et les exploits qu'il avait accomplis. Jamais il ne consultait le Conseil des Cent Quatre, estimant que c'était une perte de temps. Il tient avant tout à son indépendance et n'a pas l'habitude de recevoir des ordres. Il se conduira avec toi comme il a agi avec les magistrats de sa cité. Pour ton bien, certes, mais tu ne pourras t'empêcher d'en concevoir une légitime irritation. Aussi, ne te hâte point. Tu occupes la Thrace et tu vas marier ta fille Cléopâtre au pharaon Ptolémée IV Epiphane. Tu es désormais le maître de l'Orient.

— Je le suis presque car des cités grecques d'Asie, en particulier Lampsaque et Smyrne, conseillées par ce maudit Eumène de Pergame, refusent toujours de me faire allégeance. J'ai bien essayé de circonvenir Eumène en lui offrant pour épouse une autre de mes enfants mais il a dédaigné cette proposition. Il se croit protégé par Rome qui lui a promis son appui militaire et financier.

— Tout est pour le mieux, fit Thoas. Entre Eumène et toi, la cité de Romulus saura bien vite discerner qui pèse le plus. Il te suffit d'envoyer une ambassade sur les bords du Tibre pour proposer au

Sénat un partage du monde entre lui et toi. Qu'ils gardent l'Occident et qu'ils te laissent l'Orient ! Crois-moi, si tu leur abandonnes la Grèce, ils se soucieront bien peu de Pergame.

— Tu as raison. Il en sera fait ainsi. Que deux plénipotentiaires partent pour Rome sonder ses intentions !

L'ambassade partit au début de l'hiver et arriva au printemps à destination. Le Sénat confia à Titus Quinctius Flaminus le soin de mener les pourparlers avec les deux émissaires dont les propositions, dévoilées petit à petit, éveillèrent l'attention de leur interlocuteur. Celui-ci rêvait de supplanter les Scipions et leur clique et de devenir le maître de l'Urbs. Aussi le vainqueur de Philippe de Macédoine, après avoir longuement rappelé qu'il avait été le restaurateur des libertés grecques, finit par laisser entendre qu'un accord était possible. Rome était prête à se désintéresser des Grecs d'Asie à une condition : Antiochos devait renoncer à toutes ses possessions de l'autre côté de l'Hellespont, c'est-à-dire la Thrace qu'il tenait de son grand-père Seleucos Ier. Les ambassadeurs, ravis d'avoir piégé leur hôte, n'opposèrent pas à cette demande un non catégorique. Ils se contentèrent de faire savoir qu'ils ne disposaient pas des pouvoirs nécessaires pour accéder à une telle requête mais que celle-ci ne leur paraissait pas exorbitante. C'était toutefois à Antiochos et à Antiochos seul que revenait le droit d'aliéner son patrimoine personnel, moyennant de substantielles compensations financières. Pour cela, il suffisait au Sénat romain d'envoyer à son tour à Ephèse une ambassade de très haut rang pour discuter de la question et mettre au point les détails de l'accord. On convint donc que, le printemps suivant, une délégation serait reçue par le monarque séleucide à sa cour.

Au Sénat, d'âpres débats eurent lieu à ce sujet et T. Quinctius Flaminus triompha aisément de l'opposition des Scipions. Trois anciens consuls, Publius

Sulpicius Galba, Publius Villius Tappulus et Sextus Aelius Paetus, reçurent l'ordre de se rendre à Ephèse non sans, au préalable, avoir fait une halte à Pergame pour discuter avec Eumène. Celui-ci, conscient que l'avenir de sa dynastie dépendait de l'échec des négociations, prêcha la fermeté à ses interlocuteurs, dénonçant même la présence d'Hannibal auprès d'Antiochos. A l'en croire, ce dernier n'avait qu'un seul but : gagner du temps. Quand il aurait obtenu de Rome la signature du traité et soumis à son joug les cités grecques d'Asie, il se tiendrait tranquille tout au plus pendant deux ans, puis violerait ses engagements en reprenant la Thrace et en menaçant la Grèce afin d'obtenir de nouvelles concessions.

L'ambassade quitta Pergame pour Ephèse, amputée de Publius Sulpicius Galba, tombé gravement malade et contraint de demeurer sur place, dans l'inconfortable situation d'un plénipotentiaire menacé de devenir, du jour au lendemain, otage. Quand ils parvinrent à Ephèse, une mauvaise nouvelle attendait ses deux collègues. Antiochos n'était pas là car il avait dû partir mater une révolte en Pisidie. Ils cachèrent leur désappointement et partirent pour la capitale de cette province, Apamée, où ils purent commencer les négociations avec le monarque. Malheureusement, celles-ci furent interrompues par le deuil frappant la dynastie séleucide : la mort du jeune prince héritier Antiochos, victime d'une fièvre contractée en Syrie. Publius Villius Tappulus et Sextus Aelius Paetus se conduisirent en parfaits diplomates. Après avoir présenté leurs condoléances et celles du peuple romain au souverain, ils proposèrent le report des discussions à l'automne suivant, à la fin de la période de deuil. Pour l'heure, ils se retirèrent à Pergame.

A la date prévue, on leur fit savoir qu'ils étaient attendus à Ephèse et ils s'y rendirent en compagnie de Publius Sulpicius Galba, remis de sa maladie. Dans le palais, les trois légats croisèrent Hannibal et ne se firent pas faute de le saluer amicalement. Soucieux de ne pas froisser les invités de son hôte, le chef punique fut obligé de faire preuve d'amabilité avec eux. Publius Villius Tappulus vit immédiatement tout le parti qu'il pouvait tirer de cette situation. En faisant une cour assidue au fils d'Hamilcar, il le compromettrait aux yeux du souverain séleucide, convaincu que le proscrit cherchait à négocier avec Rome son retour dans sa patrie. Il poussa même la perfidie jusqu'à convier à dîner le vainqueur de Cannae. Contraint d'accepter, le chef punique se montra au début peu loquace. Ne reculant devant aucune flagornerie, le Romain, s'affirmant passionné par les questions militaires, demanda à son interlocuteur qui était, à ses yeux, le plus grand général de tous les temps. La réponse tomba sèche comme un couperet :

— Alexandre. Il a fondé un empire et parcouru des milliers de stades jusqu'aux rives de l'Hindus[1] tout en respectant les coutumes des peuples conquis et les laissant se gouverner selon leurs propres lois. Il serait devenu le maître du monde si la mort ne l'avait pas emporté prématurément.

— Tu as sans doute raison, fit le Romain. Quel serait le second ?

— Pyrrhus, roi d'Epire, parce qu'il était le meilleur dans l'art de construire et d'assiéger des forteresses et qu'il excellait dans la pratique de la diplomatie. Il savait éviter les guerres en concluant des traités avantageux pour lui mais ménageant la susceptibilité de la partie adverse.

— Et si tu avais vaincu Scipion à Zama, quel rang te serais-tu attribué ?

— Le premier.

— C'est plutôt flatteur pour ton vainqueur.

— Je l'estime à sa juste valeur, contrairement à

1. Le Gange.

certains de ses concitoyens au nombre desquels, m'a-t-on dit, tu figures en bonne place.

L'émissaire romain rapporta scrupuleusement à Antiochos les propos du Punique, soulignant qu'à aucun moment celui-ci n'avait jugé bon de mentionner le Séleucide parmi les grands militaires de l'histoire. Furieux, le roi fit convoquer le fils d'Hamilcar :

— On te dit adversaire résolu de Rome mais tu dînes avec l'un de ses représentants.

— Il est ton invité et je voulais éviter tout incident. Il aurait pu être vexé de mon refus et t'obliger de la sorte à d'inutiles concessions.

— Tu n'as pas tort. Cela dit, est-il vrai que tu doutes de mes capacités militaires ?

— En aucun cas. Je constate que les fils de la Louve veulent semer la discorde entre nous et qu'ils ont failli réussir. A toi que je considère comme un ami, je peux faire une confidence. Il y a longtemps de cela, alors qu'il était sur le point de partir pour l'Ibérie, mon père réunit tous ses enfants dans le sanctuaire de Baal Hammon. Là, il nous fit prêter le serment suivant : « Par Baal Hammon, je jure de haïr Rome et les Romains jusqu'à mon dernier souffle et de tout faire pour que cette race et cette ville maudites disparaissent de la surface de la terre. » Je suis toujours resté fidèle à cette promesse et j'espère la réaliser avant que la mort ne vienne me prendre. Si tu partages, comme je le pense, ce point de vue, tu trouveras en moi l'allié le plus loyal.

— Tu oublies de répondre à ma question : doutes-tu de mes capacités militaires ?

— Parce que je n'ai pas cité ton nom avec ceux d'Alexandre, de Pyrrhus et de Scipion ? J'étais sûr que notre ami romain se servirait de ce fait contre moi. Je ne l'ai pas fait pour une seule raison : tu as déjà remporté des victoires mais elles ne sont rien à côté de celles qui t'attendent si tu ne tombes pas dans le piège tendu par les trois consuls. Ils veulent conclure la paix avec toi pour te priver des lauriers que te vaudront de nouveaux combats. Et ces lauriers seront d'autant plus glorieux qu'ils récompenseront les triomphes obtenus non pas sur quelques roitelets grecs mais sur la première puissance de l'Occident, Rome.

— Je ne tolérerai pas pareil attentat à ma gloire. D'ailleurs, je puis te le dire, ces négociations tournent en rond. Je ne suis pas disposé à céder la Thrace que je tiens de mon grand-père et je suis excédé par les disputes incessantes des délégués des cités grecques que j'ai eu le tort d'inviter à cette conférence. Excités par Eumène, ils ne cessent chaque jour de se montrer de plus en plus arrogants et de défier mon autorité. Dès demain, je renverrai à Rome ses ambassadeurs. Quant à toi, mets-toi au travail et soumets-moi le plus rapidement possible un plan de campagne contre Rome.

De retour dans son palais, Hannibal s'enferma avec quelques officiers et travailla d'arrache-pied, jour et nuit, pendant plus d'un mois, s'accordant à peine quelques heures de sommeil au petit matin. Du fruit de ces cogitations naquit un projet extraordinaire, digne du meilleur des stratèges.

Avec une centaine de vaisseaux spécialement équipés pour transporter dix mille fantassins et mille cavaliers, le chef punique s'embarquerait pour Carthage où il prendrait le pouvoir et lèverait de nouveaux contingents pour les faire passer en Sicile et en Italie. Pendant ce temps, le monarque séleucide prendrait à revers les Romains en Grèce avant de gagner le sud de la péninsule italienne pour y faire sa jonction avec le fils d'Hamilcar. Tous deux marcheraient alors sur Rome et obligeraient cette dernière à renoncer à toutes ses conquêtes au sud du Tibre.

Pour préparer son retour dans sa patrie, l'ancien suffète avait envoyé sur place un émissaire dans lequel il avait toute confiance, Ariston, le marchand tyrien qui l'avait hébergé à son arrivée en Asie. En tant que négociant et propriétaire de nombreux navires, il disposait d'une couverture idéale pour ses autres activités. Il se rendit donc à Carthage, officiellement pour y acheter du blé et de l'huile, officieusement pour rencontrer les dirigeants encore en liberté du parti barcide. C'étaient le plus souvent des hommes d'humble condition, des vétérans des campagnes d'Ibérie, de Gaule et d'Italie, attachés à leur général et prêts à reprendre le combat dès qu'il foulerait le sol de sa patrie. Bien entendu, les allées et venues du Phénicien attirèrent l'attention de la police du Conseil des Cent Quatre et ce d'autant plus que la discrétion n'ayant jamais été la qualité la plus marquante des Carthaginois, les ruelles de la ville bruissèrent bientôt de rumeurs sur les préparatifs en cours et sur les instructions secrètes dont Ariston était le porteur.

Le Sénat décida de le mettre en état d'arrestation mais, au dernier moment, revint sur ce décret. Après tout, c'était un sujet du monarque séleucide et le commerce avec les Etats de ce dernier contribuait pour beaucoup à la prospérité de la cité. L'appréhender risquait de provoquer des représailles contre les commerçants carthaginois stationnés dans les ports phéniciens et la rupture des traités commerciaux entre Carthage et son ancienne métropole. Le souci bien compris de leurs intérêts amena donc les ennemis d'Hannibal à fermer les yeux sur les démarches d'Ariston, invité cependant à partir le plus vite possible. Il le fit, à sa manière. La cité fut en effet saisie d'une crise de fou rire quand, après son départ, l'on découvrit les affichettes placardées au tribunal des suffètes proclamant que les fameuses instructions secrètes dont il était le porteur n'étaient pas destinées uniquement aux membres du parti barcide mais concernaient aussi les sénateurs, soupçonnés de la sorte de tremper dans le complot. Dans les réunions publiques, les principaux magistrats s'observaient avec méfiance, chacun se demandant si son interlocuteur n'était pas en liaison avec Ariston.

Pour assainir ce climat et dissiper les doutes, le Conseil des Cent Quatre décida d'envoyer une ambassade à Rome à la fois pour rendre compte de l'affaire et pour se plaindre des agissements de Masinissa. Celui-ci revendiquait la région des Emporia dont la capitale était la riche cité de Leptish[1]. Le souverain numide ordonna à ses représentants sur les bords du Tibre de rabattre le caquet des orgueilleux Carthaginois. Il remit à l'honneur la théorie qu'il avait jadis défendue devant Hannibal alors qu'ils étaient des adolescents. Pour lui, les descendants d'Elissa ne possédaient en toute légalité que le territoire délimité par la peau de bœuf découpé en fines lanières par la sœur de Pygmalion. Chargé de trancher le litige, Scipion l'Africain se rendit à Carthage et décida de calmer les esprits des uns et des autres. L'affaire Ariston avait révélé l'existence d'un important parti barcide favorable à l'alliance avec Antiochos. Mieux valait donc pour Rome ne pas heurter la susceptibilité des Puniques, ce qui aurait pour effet de les pousser dans les bras de son futur ennemi. Masinissa fut ramené à la raison et sommé de reconnaître les droits de son voisin sur les Emporia. Curieusement, et à son corps défendant, Hannibal rendait ainsi service à sa cité, cajolée par les fils de la Louve.

A Ephèse, la situation du fils d'Hamilcar s'en trouva momentanément affaiblie. Sous l'influence de l'Arcanien Alexandre, ancien conseiller de Philippe de Macédoine, il avait été écarté des réunions préparant l'entrée en guerre des troupes séleucides. Hormis son projet de débarquement en Afrique, le reste de son plan grandiose avait été purement et simplement rejeté. Antiochos n'avait nullement envie d'aller

1. Leptis Magna.

guerroyer en Italie et de conduire son armée sous les remparts de Rome. Une seule chose l'intéressait : soumettre les cités grecques d'Asie, conserver la Thrace, et, accessoirement, imposer son protectorat à la Grèce continentale.

Désireux toutefois de témoigner son estime au fils d'Hamilcar, le monarque le convia à passer ses troupes en parade. Dans la plaine, autour d'Ephèse, des milliers d'hommes se rassemblèrent sous un soleil brûlant. L'on voyait l'infanterie, les lourdes phalanges macédoniennes dont les soldats étaient armés de la sarisse, une lance longue de six mètres. Des centaines de fantassins formaient un bloc compact, quasiment inexpugnable, semblable à un gigantesque porc-épic ou à un hérisson. Quand ces phalanges se mirent en mouvement, elles soulevèrent un formidable nuage de poussière et Antiochos leur ordonna bientôt de s'immobiliser pour laisser la place à sa cavalerie légère. Derrière elle, l'on distinguait les chars de combat aux roues munies de faux qui semaient la panique dans les rangs ennemis ainsi que des dizaines d'éléphants lourdement caparaçonnés. Chacun d'entre eux était équipé d'une tour où des archers et des lanceurs de javelots prenaient place. Se tournant vers le chef punique, le souverain lui demanda :

— Penses-tu que les Romains se satisferont d'avoir à affronter pareil ennemi ?

— Je n'en doute pas un seul instant. Et pour une seule raison.

— Laquelle ?

— Ils sont cupides et toute cette armée constituera pour eux un butin suffisant.

— Qu'entends-tu par là ?

— Tu possèdes des troupes aguerries et bien entraînées. Mais elles sont trop difficiles à manœuvrer. La guerre, de nos jours, se remporte grâce à l'action de petites unités très rapides capables d'attaquer l'ennemi quand il ne s'y attend pas. Toi, il te faut au moins une journée pour disposer tes hommes en ordre de bataille, à condition, bien entendu, que l'ennemi accepte de te rencontrer en terrain découvert. Tes phalanges sont redoutables mais que se passera-t-il si elles sont attaquées par surprise et contraintes de se redéployer ? Le temps qu'elles le fassent, elles auront été taillées en pièces par ton adversaire. Crois-moi, si j'avais eu à commander de telles unités, je n'aurais jamais remporté mes victoires à Trasimène et à Cannae.

Vexé, Antiochos ignora dès lors Hannibal, lui préférant ostensiblement Thoas, le chef de la Confédération étolienne, un Grec fourbe et rusé, qui se contentait de dire au monarque ce que ce dernier souhaitait entendre. Son influence à la Cour s'accrut considérablement lorsqu'il obtint des cités membres de sa Confédération la rédaction d'un appel au souverain séleucide. Protecteur de l'hellénisme, ce dernier se devait de voler au secours de la Grèce et de ses libertés menacées par les Romains. En un mot, il lui revenait d'être un nouvel Alexandre. Tout en se méfiant de la flagornerie et de la flatterie, Antiochos ne resta pas insensible à cette déclaration sans pour autant se décider à ouvrir les hostilités.

Thoas eut alors recours à la ruse. Disposant de grosses sommes d'argent, il acheta le chef de la garnison romaine de Demetrias en Thessalie qui livra la place et ses hommes, déclarant se placer sous la protection du Séleucide. Fort de ce premier succès, l'Etolien entreprit de convaincre le roi que confier une flotte à Hannibal afin de mener une opération de diversion en Afrique était inutile. Les navires devaient servir à transporter en Grèce un corps expéditionnaire composé de dix mille fantassins, de cinq cents cavaliers et de quelques éléphants. Dès qu'il foulerait le sol hellène, toutes les cités se soulèveraient et se rangeraient sous la bannière d'Antochios.

Cette fois-ci, ce dernier ne résista pas à la tentation et envoya le contingent souhaité occuper Demetrias, puis Chalcis et l'île d'Eubée. En fait de soulèvement spontané des cités grecques, Thoas ne put s'enorgueillir que du massacre de la garnison romaine de Delium, en Béotie, par les habitants de la ville dont il avait acheté le forfait. Les trois cents légionnaires laissés là par Titus Quinctius Flaminius furent égorgés dans leur sommeil par des hordes déchaînées commandées par Menippe, un officier au service de la Cour d'Ephèse. Le crime était ainsi signé et ce massacre constituait une véritable déclaration de guerre.

Sitôt connue, la tuerie provoqua une grave crise politique à Rome où les partisans des Scipions reprochèrent aux consuls en exercice leur passivité et l'abandon dans lequel ils avaient laissé la garnison de Delium. Les mécontents firent élire pour consul Manius Acilius Glabrio, un ancien tribun de la plèbe, proche de Scipion l'Africain. Le Sénat n'osa pas s'opposer à cette désignation mais prit soin de lui adjoindre comme tribuns militaires deux de ses adversaires, Marcus Porcius Caton et Lucius Valérius Flaccus.

Manius Acilius Glabrio, à peine entré en fonction, s'embarqua pour Appolonia avec vingt mille fantassins et deux mille cavaliers, que vinrent rejoindre les légions du préteur Marcus Baebius Tamphilus, déjà stationnées en Illyrie, ainsi que les troupes de Philippe de Macédoine, l'ancien allié d'Hannibal décidé à jouer désormais la carte romaine pour conserver son trône et ses domaines. Antiochos, lui, avait gagné avec des renforts la Thessalie et, sur les conseils de Thoas, avait décidé d'affronter les Romains au défilé des Thermopyles, là même où Léonidas avait jadis offert sa vie et celle de ses compagnons pour repousser l'envahisseur perse.

Au début, l'engagement, commencé tôt le matin, tourna en la faveur du Séleucide. Ses hommes, juchés sur les hauteurs, criblaient de flèches et de javelots les Romains cependant que les phalanges d'Antiochos, disposées dans le défilé, voyaient les manipules légionnaires s'écraser sur elles. Soudain, l'on entendit à l'arrière un bruit insolite. Ayant marché de nuit avec deux mille hommes, Marcus Porcius Caton prenait à revers les troupes séleucides et occupait les hauteurs. Prise pour cible, la lourde infanterie du monarque tenta de se dégager mais, ainsi que l'avait prévu Hannibal, elle constituait une masse difficilement manœuvrable dans l'étroit espace constitué par le défilé. La panique s'empara des hommes qui se débandèrent en abandonnant leurs lances et leurs boucliers et en massacrant leurs officiers qui s'efforçaient de les retenir. Menacé par l'avancée brusque des légions de Manius Acilius Glabrio, Antiochos dut faire sonner la retraite et gagner, escorté de quelques cavaliers, Chalcis où il s'embarqua pour Ephèse. En une journée, il avait perdu la Grèce et ce pour avoir imprudemment suivi les conseils de Thoas, désormais réfugié à la Cour séleucide.

Hannibal se garda bien de triompher. Il se tint dans une prudente réserve, attendant que son hôte le convoque pour lui demander son avis. Il se contenta de glaner différentes informations, toutes plus alarmantes les unes que les autres. Décidée à porter les opérations en Asie même, Rome avait rassemblé une flotte considérable, près d'une centaine de navires, au nombre desquels figuraient, par une curieuse ironie du sort, six bateaux prêtés par Carthage. Cette armada était de surcroît commandée par Caïus Livius Salinator, le fils du vainqueur de la bataille du Métaure durant laquelle le frère chéri du Barcide, Hasdrubal, avait trouvé la mort.

Appelé par Antiochos à participer à un conseil de guerre extraordinaire, Hannibal se rendit avec ses officiers à cette réunion. Quand le souverain l'interrogea, il prit le temps de longuement réfléchir avant de déclarer :

— J'ai toujours combattu sur terre et c'est là que

j'ai remporté mes plus grands succès. Aujourd'hui, alors que je suis un vieillard, il me faut cesser d'être un fantassin et me transformer en amiral. Car c'est sur mer, dans les eaux de l'Egée, que va se jouer le sort de cette guerre. Caïus Livius Salinator, s'il veut l'emporter, doit opérer la jonction de ses navires avec ceux d'Eumène de Pergame et de ses alliés rhodiens qui sont des marins redoutablement expérimentés. Notre seule chance de salut est que le chef de ta flotte, Polyxénidas, un Rhodien passé à ton service, intercepte immédiatement les bateaux de Pergame et de son ancienne patrie et les détruise tous. Donne-lui l'ordre de faire voile sur-le-champ à leur rencontre.

— Et toi, que feras-tu ? lui demanda Antiochos.

— Je compte me rendre à Tyr et dans tous les ports de Phénicie pour rassembler une flotte de renfort. Je suis sûr de pouvoir compter sur l'aide de mon vieil ami Ariston et, s'il le faut, en ma qualité de Punique, je supplierai mes compatriotes phéniciens de venir en aide à celui qui commanda jadis les armées de la cité d'Elissa dont la famille régna sur leurs villes il y a bien longtemps de cela. Quant à toi, fit-il en s'adressant à Antiochos, ordonne la construction de nouveaux navires car c'est d'eux plutôt que de tes phalanges dont dépend ton sort.

— Tes désirs seront scrupuleusement réalisés. J'ai bien conscience de m'être montré injuste envers toi en préférant écouter les conseils de Thoas. C'est un fin politique mais un mauvais militaire. Tu as désormais toute ma confiance et des messagers porteront cette nouvelle aux quatre coins de mon royaume. Quiconque refusera d'exécuter tes ordres sera considéré comme traître à la couronne et puni comme il se doit.

Lorsqu'il arriva à Tyr, Hannibal y trouva de fort mauvaises nouvelles. Polyxénidas n'avait pu empêcher la jonction entre la flotte romaine et celles de Pergame et de Rhodes. Contraint de livrer bataille au cap Korykos, près de l'île de Chios, il avait essuyé de lourdes pertes mais avait pu s'échapper avec la majeure partie de ses navires et se réfugier dans des criques connues de lui seul. Là, il avait réussi à venger son honneur en détruisant dans la passe de Samos plusieurs dizaines de bateaux rhodiens. Cela avait rafraîchi considérablement l'ardeur des Romains d'autant que ces derniers avaient dû changer de commandants avec l'élection de deux nouveaux consuls, Caïus Laelius et Lucius Cornélius Scipion, frère de Publius Cornélius Scipion l'Africain, lequel avait décidé, contre l'avis du Sénat, de participer à l'opération. Quant à l'amiral Caïus Livius Salinator, il avait été remplacé par le préteur Marcus Aemilius Regillus, réputé surtout pour son excessive prudence.

Pour Hannibal, ce renversement de situation constituait une divine surprise. D'une part, les Tyriens et les Phéniciens, rassurés par le succès de Polyxénidas à Samos, consentirent à armer plus de navires que prévu. D'autre part, le fils d'Hamilcar savait désormais qu'il retrouverait bientôt face à lui Publius Cornélius Scipion et qu'il pourrait, si Melqart le voulait, venger la défaite de Zama en infligeant à son ancien vainqueur une déroute cuisante. C'était là une occasion à ne pas rater et il dut user de toute son influence auprès d'Antiochos pour que ce dernier ne réponde pas aux offres de négociations faites à la Cour d'Ephèse par Marcus Aemilius Regillus. Se sentant en mauvaise posture, le préteur était prêt à envisager les conditions d'un armistice, voire d'une paix. Fort heureusement, l'ennemi juré du monarque séleucide, Eumène de Pergame, s'y opposa avec violence, arguant que pareille décision ne pouvait être prise sans la présence des consuls.

Hannibal quitta Tyr avec environ quarante navires et cingla vers le nord au plus fort de l'été. Les Rhodiens se portèrent, avec trente-six bateaux, à sa rencontre et, par une matinée d'août, les deux flottes se firent face au large des côtes de Pamphylie, non loin de la presqu'île de Sidé. Disposant de la supériorité en nombre, Hannibal passa à l'attaque, commandant l'aile gauche, la droite étant confiée à un amiral séleucide, Apollonios. A bord de sa quinquérème, le chef punique dirigea la manœuvre comme s'il avait toujours commandé sur mer. Ses hommes étaient galvanisés en voyant un général âgé de plus de soixante ans, revêtu d'une lourde cuirasse, aller et venir le long du pont par une forte canicule. Il infligea à l'amiral ennemi, Eudamos, de lourdes pertes, mais dut venir au secours de son second, plutôt médiocre manœuvrier, qui avait déjà perdu une partie de ses bateaux. Constatant que le gros de la flotte rhodienne s'apprêtait à le repousser vers la côte, le fils d'Hamilcar regroupa ses navires et réussit à les faire sortir de ce piège, faisant retraite vers Coracaesium[1], où il obligea ses soldats, pourtant perclus de fatigue, à commencer sur-le-champ les réparations sur les quinquérèmes et quadrirèmes endommagées.

Pour ce premier combat en mer, il n'avait pas remporté de victoire mais n'avait pas essuyé de défaite, tout au contraire. La flotte rhodienne avait subi, elle aussi, de solides pertes, et ne serait pas opérationnelle avant des semaines. Aussi, le vainqueur de Cannae envoya un messager à Antiochos, lui demandant d'attaquer la flotte romaine et celle de Pergame qui stationnaient près du cap Korykos, dans les parages de Myonèsos. En principe, Polyxénidas disposait de la supériorité numérique mais les bateaux adverses infligèrent de nombreuses avaries aux siens, en lançant contre eux des brûlots, des sortes de pots remplis d'un mélange de poix et de soufre enflammé. Ils étaient disposés au bout de longues perches situées à l'avant des quinquérèmes et, en les manœuvrant, les Romains et leurs alliés incendiaient les voiles,

1. Actuelle Antalya en Turquie.

provoquant l'embrasement du bateau que les hommes se hâtaient d'évacuer en se jetant à l'eau. Personne ne prêtait attention aux cris de terreur des rameurs demeurés attachés à leurs bancs et qui périrent tous noyés. Comme ces hommes étaient pour la quasi-totalité des prisonniers ennemis, les capitaines n'éprouvaient aucun scrupule à les abandonner. C'étaient là autant de soldats que l'adversaire ne pourrait récupérer.

Désormais, les Romains étaient maîtres de la mer Egée et Scipion, parvenu sur les bords de l'Hellespont, le franchit à l'automne, pénétrant dans le royaume séleucide, pillant et mettant à feu et à sang les principales cités qu'il rencontrait en route. Antiochos fut repris par ses vieux démons. L'idée de la défaite lui était insupportable et il redoutait d'avoir à subir le sort infligé par Rome aux monarques vaincus. Aussi dépêcha-t-il auprès des consuls un émissaire, Hérakleidès de Byzance, l'un des personnages les plus importants de sa Cour, muni d'instructions précises. Reconnaissant les revers qu'il avait subis et prétendant vouloir épargner des vies humaines dans les deux camps, Antiochos s'offrait à payer aux Romains la moitié de leurs frais de guerre, à renoncer à toutes ses possessions en Europe, y compris la Thrace, et à abandonner ses revendications sur les deux cités grecques d'Asie qui avaient appelé à leur secours, au début du conflit le Sénat, à savoir Lampsaque et Smyrne.

Après avoir pris l'avis de son frère, Publius l'Africain, Lucius Cornélius Scipion rejeta en bloc ces propositions. S'il voulait réellement la fin des hostilités, Antiochos devait abandonner toutes les contrées situées en deçà du fleuve Taurus, c'est-à-dire livrer toute l'Asie Mineure. Hérakléidès, qui savait ces exigences impossibles à satisfaire, demanda une entrevue séparée avec Publius Cornélius Scipion. A l'Africain, il fit part d'un message confidentiel d'Antiochos. Le fils du vainqueur de Zama était prisonnier des troupes séleucides depuis le début des combats. Reconnu, il avait été séparé des autres captifs et traité avec tous les honneurs dus à son illustre lignage. Il avait été mis au secret à l'intérieur du palais d'Ephèse et ne manquait de rien, pas même de compagnie féminine pour le distraire de l'ennui de sa captivité. Son geôlier était prêt à le rendre sans rançon à son père et le jeune homme repartirait porteur d'une forte somme d'argent destinée à l'auteur de ses jours, à charge pour ce dernier de convaincre les autres chefs romains de conclure la paix aux conditions initiales proposées par Antiochos. Bien mieux, ce dernier offrait à Publius Cornélius Scipion de partager les revenus financiers de son royaume.

L'Africain ne se formalisa pas outre mesure de cette offre. Il remercia le monarque séleucide pour avoir rendu d'ores et déjà la liberté à son fils. En échange de cette bonne manière, il le pressait d'accepter les propositions que lui avait faites son frère. S'agissant de l'argent, il n'en dit mot. Il avait appris que les Orientaux croyaient que nul être normalement constitué ne pouvait résister à l'offre de fortunes considérables. Mais les Romains n'étaient pas des êtres ordinaires. Ils se battaient pour leur cité et ne se souciaient pas, du moins pas encore, d'accumuler des richesses gigantesques en pillant les pays tombés sous leur domination. Refuser le présent eût toutefois été insulter gravement le donateur. Aussi Publius Cornélius Scipion entreprit de le distribuer aux légionnaires, prétextant qu'il s'agissait d'une prime exceptionnelle, prise sur sa cassette personnelle, pour récompenser leur zèle. Seul Marcus Porcius Caton, son ennemi irréductible, prit soin de lui faire une remarque à ce sujet :

— Ta famille est riche, très riche, mais pas au point de gaspiller autant d'argent. Je serais ravi d'apprendre d'où te vient cette soudaine fortune.

— Mais de mes économies car, ainsi que tu ne l'ignores pas, j'ai décidé de modeler ma conduite sur la tienne. Je suis devenu aussi économe que toi, pour ne pas dire avaricieux. Tu ne pourras plus prétendre que je fais toujours le contraire de tes agissements. En ce domaine au moins, je suis devenu ton disciple et mes intendants s'en félicitent.

— Je n'aime pas ton ironie caustique. Je me contente pour le moment de cette explication mais sache que le temps venu, je demanderai l'ouverture d'une enquête officielle à ce sujet.

— Je suis sûr que tu ne le feras pas. Car tes collègues du Sénat se plieraient en deux de rire en apprenant la vie ascétique que tu fais mener aux tiens, toi dont les terres te rapportent des milliers et des milliers de sesterces et qui nourrit ta famille d'un maigre brouet.

Après l'échec de ces pourparlers, les armes devaient parler. Les légions romaines et les phalanges séleucides se rencontrèrent, au début de l'hiver, à Magnésie du Sypile, au confluent des fleuves Phrygios et Hermos. Les troupes de la cité de Romulus avaient été confiées à un ancien consul, Cnaeus Domitius Ahenobarbus, assisté d'Eumène de Pergame, qui dirigeait, avec les contingents alliés, l'aile droite. Il suffit aux deux hommes d'une simple matinée pour écraser les troupes d'Antiochos, profondément démoralisées et qui n'avaient reçu aucun ravitaillement depuis plusieurs jours. Plus de cinquante mille soldats périrent et dix mille autres furent faits prisonniers.

Les débris des phalanges parvinrent à grand-peine à Ephèse où leur récit glaça d'effroi les habitants de la ville et les principaux conseillers d'Antiochos. Cédant à leur insistance, celui-ci envoya de nouveaux plénipotentiaires à Sardes où les Scipions avaient pris leurs quartiers. Ils durent accepter les exigences du vainqueur, à savoir le retrait des Séleucides au-delà du Taurus et le paiement d'une énorme indemnité de guerre, quinze mille talents, une somme supérieure de cinq mille talents à celle jadis exigée de Carthage après la défaite de Zama. Une clause secrète prévoyait en outre la livraison par Antiochos de ses âmes damnées, à savoir l'Etolien Thoas et le Punique Hannibal. Le premier devait expier sa responsabilité dans le massacre de la garnison de Delium. Le second, lui, était considéré comme un rebelle. Citoyen d'une cité ayant conclu un accord de paix avec Rome, il avait repris les hostilités contre celle-ci sans en avoir reçu l'ordre du Conseil des Cent Quatre. Il était donc parjure et, comme tel, promis à la mort. Antiochos, faisant fi de toutes les règles de l'honneur, souscrivit à ces conditions. Ses gardes purent s'emparer de la personne de Thoas, livré, pieds et mains enchaînés, à ses geôliers. Hannibal demeura, lui, introuvable.

ÉPILOGUE

Fuir, c'était désormais l'obsession d'Hannibal. Bien qu'il l'ait eu en profonde détestation, il ne pouvait s'empêcher de plaindre le malheureux Thoas livré par Antiochos aux Romains. Il savait que le souverain séleucide aurait fait de même avec lui s'il s'était trouvé à la Cour d'Ephèse. Que valaient les services rendus par un individu, étranger de surcroît, quand l'avenir d'une dynastie était en jeu ? Melqart, sa divinité protectrice, lui avait de nouveau accordé ses faveurs. Bloqué dans la baie de Coracaesium, le chef punique était provisoirement à l'abri. Ses capitaines et ses équipages lui étaient dévoués et constituaient autour de lui un rempart quasiment infranchissable. Le général borgne était toutefois conscient qu'il ne pourrait rester indéfiniment au mouillage dans cette crique peu connue. La flotte rhodienne n'était pas loin et pourrait être tentée de l'attaquer pour s'emparer de sa personne et toucher la récompense promise par les Romains. Car sa tête avait été mise à prix.

Aussi, un soir, alors qu'un vent frais s'élevait de la mer et rendait plus supportable la vie à bord, le fils d'Hamilcar avait convoqué son plus fidèle lieutenant, Aristée, un Grec de mère carthaginoise. Ce dernier entra dans le vif du sujet :

— Que comptes-tu faire ?

— Avant de me préoccuper de mon sort, je dois penser au vôtre. En ne me mettant pas en état d'arrestation, toi et tes hommes avez désobéi aux ordres de votre souverain et il serait en droit de vous le faire payer très cher.

— En principe, oui. Mais il hésitera car nous comptons beaucoup d'amis parmi ses officiers. Or ceux-ci, pour des raisons compréhensibles, le rendent responsable de la défaite et n'accepteront pas que nous lui servions de boucs émissaires. Le palais fourmille d'intrigants et de comploteurs qui attendent l'occasion propice pour passer à l'action. Notre arrestation pourrait constituer un bon prétexte. Le roi, qui tient à son trône, le sait et il feindra d'ignorer notre comportement. Nous n'avons donc rien à craindre, contrairement à toi. Si tu le souhaites, nous pouvons te faire passer en Phénicie où tu comptes de nombreux partisans. Ce pays regorge de montagnes difficiles d'accès et il te sera facile d'y trouver un refuge, au besoin en dissimulant ton identité. Il te suffirait de changer la couleur de tes cheveux et de te raser la barbe.

— Tu oublies que je suis borgne et que cette infirmité me désignera aux espions qui grouilleront tout autour de mon repaire. De plus, cette idée de travestissement me répugne. Jadis, alors que j'étais en Italie, les Romains firent circuler le bruit que, craignant les chefs gaulois au milieu desquels je vivais, j'avais fait confectionner différentes perruques et changeais souvent de tenue afin de surprendre à l'improviste mes adversaires au sein de mon propre camp. C'était une pure calomnie et je ne tiens pas à l'authentifier par mon comportement aujourd'hui. Je sais trop le parti que pourraient en tirer les historiens du futur.

— Je comprends tes scrupules. Peut-être pourrais-tu alors gagner les côtes de Libye et rallier à ta cause les cités puniques des Emporia ?

— Carthage enverrait immédiatement contre moi une armée et je ne veux pas me battre contre mes concitoyens même si j'exècre leurs magistrats. Trop de sang punique a déjà été versé et je ne veux pas être responsable de la mort de mes compatriotes. De plus, Rome en profiterait pour débarquer un corps expéditionnaire et fonder des comptoirs et des villes dans cette région. Tôt ou tard, ceux-ci constitueraient des épines plantées dans le flanc de la cité d'Elissa et, avec l'appui des Numides, leurs troupes viendraient mettre le siège sous les remparts de Mégara pour s'emparer de ma ville.

— Il ne te reste plus qu'à partir à la recherche des comptoirs jadis fondés, près de la Corne d'Occident, par Hannon dont tu m'as raconté le périple extraordinaire.

— J'ai oublié de te dire que mon père avait rencontré un capitaine parti leur porter secours et qui était rentré bredouille de son voyage.

— Il faut bien pourtant que tu puisses trouver refuge quelque part.

— Dès ce soir, avec le reste de ma fortune, je ferai voile vers la Crète. C'est un nid de pirates et de déserteurs et les navires évitent généralement de naviguer dans ces parages. J'y accosterai et, moyennant quelques présents judicieusement distribués, j'obtiendrai des chefs locaux l'autorisation de me cacher auprès d'eux. Je profiterai de ce répit pour envoyer des messagers plaider ma cause auprès des monarques des royaumes situés au-delà de celui d'Antiochos. L'un d'entre eux prendra le risque de m'inviter à sa cour, soit pour bénéficier de mes conseils, soit pour m'attirer dans un piège qu'il me sera facile de déjouer. Les Romains se lasseront bien vite de dépenser des sommes folles en vain pour me capturer et une nouvelle existence pourra alors commencer pour moi.

— Je te le souhaite du fond du cœur. Sache que j'ai fait venir d'Ephèse en grand secret toutes les richesses dissimulées dans ton palais. Elles sont à bord de ton navire et je réponds de son équipage comme de moi-même. Ils me servent depuis des années et savent que tu as acordé la liberté aux rameurs de la quinquérème qui, jadis, te conduisit de Cercina à Tyr. Je suis sûr que tu agiras de même envers eux dès lors que tu seras hors d'atteinte de tes poursuivants. Si l'on me questionne sur la destination que tu as prise, je répondrai que tu es parti en direction de la Libye. Cela te permettra de gagner un temps précieux.

— Merci, Aristée. Je n'oublierai pas de te tenir au courant de mes pérégrinations et je te remets cette bague. Présente-la à Tyr à mon ami Ariston. Il saura te récompenser comme il se doit.

La nuit même, Hannibal fit voile en direction de la Crète dont les magistrats, si l'on pouvait donner ce titre aux capitaines pirates dirigeant l'île, lui firent bon accueil, moyennant quelques sacs d'or. Le fils d'Hamilcar s'installa dans une propriété retirée où il fit transporter le contenu des cales de son navire. Il put de la sorte dissimuler la plus grande partie de son or et de son argent dans des statues de bronze creuses disposées dans son jardin. Puis il confia au temple d'Artémis, le principal sanctuaire local, de lourds vases de terre recouverts en surface d'or et d'argent et lestés en fait de plomb. Il savait que ses hôtes veilleraient scrupuleusement sur ces réceptacles pensant qu'ils renfermaient toutes ses richesses et qu'ils refuseraient, sous les prétextes les plus divers, de les lui rendre.

Des mois durant, il se morfondit dans un ennui profond, entouré de quelques fidèles. Il avait refusé, en prétextant sa vieillesse, la compagnie féminine que les pirates lui proposaient. Ses sens étaient endormis depuis longtemps et il ne voulait pas prendre le risque d'avoir à demeure une compagne qui l'espionnerait et tenterait de percer ses secrets. Son bateau était parti en direction du Pont-Euxin et avait déposé sur ses côtes un messager ayant pour mission de se rendre à la cour du roi d'Arménie,

Artaxias, afin de l'informer qu'Hannibal était prêt à se mettre à son service. Le monarque demanda quelques jours de réflexion avant de faire connaître sa décision. En théorie, il était l'allié de Rome avec laquelle il avait signé un traité d'amitié et de coopération. Mais l'ambassadeur du Sénat, épouvanté par la rudesse du climat et l'inconfort des habitations, s'était hâté de regagner les bords du Tibre et nul commerçant de sa nation ne s'était aventuré dans cette contrée lointaine. De plus, Artaxias redoutait les visées d'Antiochos sur son royaume. Avoir pour chef de ses armées un homme tel que le vainqueur de Cannae suffirait à dissuader son voisin de toute velléité agressive. Aussi, après un délai raisonnable, il convoqua l'émissaire envoyé par le chef punique pour lui annoncer que ce dernier était le bienvenu à sa Cour. De retour en Crète, le messager fut accueilli comme un sauveur. Des espions avaient en effet appris à Hannibal qu'une flotte romaine cinglait vers l'île afin de délivrer les nombreux prisonniers romains retenus captifs par les pirates. Il quitta donc la Crète de nuit, en emportant avec lui les fameuses statues creuses. Ses hôtes coururent alors au sanctuaire d'Artémis afin de faire main basse sur les fameux vases qu'ils firent briser à coups de masse. Quand ils découvrirent la supercherie, le Punique était déjà loin. Par contre, les Romains étaient en vue des côtes de l'île et délivrèrent leurs ressortissants dont les geôliers furent condamnés à ramer sur les navires de l'escadre ennemie.

*

* *

Arrivé en Arménie, Hannibal comprit rapidement que le souverain avait renoncé à ses projets de guerre contre son homologue séleucide. Il préférait consacrer les revenus de ses Etats à la construction d'une nouvelle capitale, la sienne lui apparaissant par trop misérable et indigne de son rang. Près de quarante ans après avoir achevé l'édification de Carthagène, tombée aujourd'hui aux mains des Romains, le chef punique redevint architecte. Il traça minutieusement les plans de la cité, située sur les bords de l'Araxe, à laquelle il donna le nom d'Artaxata. Quand les travaux furent terminés, il envoya un messager prévenir le monarque mais quitta sur-le-champ son royaume. Il avait appris que son hôte, ayant obtenu ce qu'il désirait, avait décidé de le faire arrêter et de le livrer aux Romains. Le fugitif, accompagné de quelques serviteurs, prit la route de la Bithynie où Prusias l'accueillit chaleureusement. Depuis peu, ce dernier s'était brouillé avec Eumène de Pergame, son voisin et ex-allié. Les deux hommes se disputaient le contrôle de la Mysie[1], autrefois propriété de Pergame mais occupée depuis quelques années par le Bithynien. Le traité de paix ayant mis fin aux hostilités entre Rome et Antiochos stipulait expressément la restitution de la Phrygie à son ancien maître.

Prusias s'y était refusé pour des raisons complexes. Cette terre aride n'était pas d'un grand rapport et il devait entretenir à grands frais des garnisons pour mâter des populations rebelles. Mais la céder eût été reconnaître la prééminence d'Eumène sur les autres roitelets de la région et cela, il ne pouvait le supporter. Aussi décida-t-il de déclarer la guerre à Pergame. La chose militaire n'étant pas de son goût, il avait besoin d'un général capable de commander ses troupes, composées pour l'essentiel de mercenaires et de vétérans des armées séleucides licenciés par Antiochos. Hannibal fut donc accueilli avec tous les honneurs et, enfin rétabli dans la fonction qui avait toujours été la sienne, put donner libre cours à ses talents de stratège sur terre comme sur mer.

1. Connue aussi sous le nom de Phrygie Epictète.

Sa tâche n'avait rien de facile. Pergame pouvait mobiliser deux fois plus d'hommes que la Bithynie et sa flotte s'en fut ravager les côtes du royaume de Prusias. Avec une trentaine de navires, le chef punique se porta à la rencontre de l'adversaire qui alignait plus de cinquante quinquérèmes et trirèmes. Numériquement, il était en position d'infériorité et n'importe quel amiral aurait pris le parti d'esquiver le combat. Le fils d'Hamilcar usa, lui, d'un stratagème habile. Sous prétexte de négocier un échange de prisonniers de haut rang, il envoya un émissaire porter un message à Eumène. En observant de loin la route empruntée par la barque de son délégué, il put ainsi repérer le navire à bord duquel se trouvait le souverain ennemi. C'est vers celui-ci que, la négociation ayant échoué, il dirigea la majeure partie de ses bateaux. A bord de ses navires, il avait installé des catapultes lançant des vases remplis de serpents venimeux qui semèrent la panique parmi les équipages. A la fin de la journée, la moitié de la flotte de Pergame avait sombré et l'autre moitié regagna sa base, dans l'incapacité de ravager, comme prévu, les ports bithyniens laissés sans protection.

Après ce premier succès, Hannibal mena plusieurs campagnes en Mysie dont il parvint à soumettre les populations. Pour affirmer son autorité sur cette contrée, Prusias décida d'y bâtir une nouvelle capitale remplaçant la précédente, Nicomède. L'idée lui en était venue après avoir rendu visite à Axartias, trop heureux de montrer à son voisin sa magnifique cité d'Artaxata, avec ses riches temples, ses somptueux théâtres et ses imposants bâtiments publics édifiés par Hannibal. De retour dans son royaume, Prusias convoqua celui-ci :

— Je te savais excellent militaire. J'ignorais que tu pouvais faire surgir des villes de terre.

— J'assiège des cités mais j'en bâtis aussi car il faut que la vie l'emporte sur la mort.

— Ce que tu as fait pour le roi d'Arménie, serais-tu prêt à le faire pour moi ?

— Si tu me donnes les hommes et les moyens nécessaires, j'accomplirai ce que tu me demanderas. Tu m'as accordé ta confiance et ta protection, il me sera donc agréable de te prouver ma reconnaissance.

— Que ma future capitale surpasse en beauté toutes tes précédentes réalisations !

— Il en sera fait selon tes ordres.

— Pardonne mon audace mais une question brûle mes lèvres : ne considères-tu pas cette tâche comme dégradante ?

— Je puis te l'avouer, au début, je l'ai pensé. J'ai vite compris que c'était là de l'orgueil mal placé. Il m'arrive même de caresser un projet grandiose : construire une ville qui porterait mon nom et qui servirait de refuge à mes partisans désireux de quitter Carthage pour perpétuer, à l'abri de toute menace, notre culture et notre mode de vie.

— Tu me sembles bien pessimiste.

— Non, je suis réaliste. Je crains fort que les jours de la cité d'Elissa ne soient comptés. Cela prendra peut-être des années mais tout finira par s'accomplir. Rome est comme un rocher qui dévale du haut d'une montagne et qui écrase tout sur son passage. Elle ne peut supporter l'existence de rivales potentielles et veut étendre sa domination sur le monde entier. Elle a déjà pris dans ses filets la Grèce, ce sera bientôt le tour de l'Afrique et de l'Asie, puis de l'Egypte.

— Je partage ton appréhension mais tous ces peuples pourraient s'unir pour terrasser cette hydre monstrueuse.

— Chacun d'entre eux ne pense qu'à une chose, sauvegarder sa propre existence, et se moque bien de ce qui arrive à ses voisins. Toi-même, je le sais, tu as, jadis, signé un traité d'amitié avec Rome et dénoncé celui qui te liait à Antiochos. Après la défaite de ce dernier, tu as pris tes distances avec tes nouveaux amis parce qu'ils te préféraient Eumène de Pergame.

Aujourd'hui, tu crains pour l'avenir de ton royaume et de ta dynastie. Pourtant, tu es trop orgueilleux pour t'allier avec tes voisins afin de contrecarrer les menées du Sénat.

— Je comprends ton amertume. C'est une réaction naturelle de la part d'un exilé. Je suis plus serein. Crois-moi, les fils de mes petits-fils habiteront la cité que tu vas édifier !

— Peut-être mais régneront-ils sur elle ?

— J'en suis convaincu.

— C'est pour cela que tu ne me proposes pas un site pour édifier ma nouvelle Carthage. Tu crois à notre survie parce que notre disparition signerait ta propre perte.

Il fallut plus de deux ans à Hannibal pour faire surgir d'un sol nu Brusa[1]. A quelques stades à l'ouest de la ville, il avait choisi un terrain pour y édifier sa propre résidence, celle où, disait-il, il terminerait ses jours. Il en avait conçu lui-même les plans et était le seul à les connaître dans leur ensemble. Pour bâtir ce palais, il fit acheter deux cents esclaves auxquels il promit l'affranchissement à la fin des travaux. On le savait coutumier de ce geste généreux et les hommes choisis se réjouissaient déjà de recouvrer la liberté après un dur labeur. Ils ne ménagèrent donc pas leur peine, sous la conduite de deux contremaîtres, Cléarchos et Diophanès. Leurs conditions de vie étaient pourtant rudes. Ils ne pouvaient quitter le chantier et les artisans locaux, sculpteurs, maçons, etc., travaillaient sous la surveillance de gardes à la vigilance jamais prise en défaut. Il leur était interdit de circuler dans le reste de la demeure. Aucun n'avait refusé de se plier à ces règles draconiennes car le fils d'Hamilcar les avait généreusement dédommagés. Petit à petit, le palais sortit de terre. Il ressemblait en tous points à la vieille rési-

1. Actuelle Brusa ou Brousse en Turquie.

dence des Barca à Mégara : les mêmes jardins, soigneusement entretenus, les mêmes pièces meublées luxueusement, une profusion de bassins et de fontaines. Le chef punique avait pris soin de truffer certaines salles de portes secrètes menant au sous-sol. Là, des couloirs, semés d'obstacles divers, conduisaient à sept issues débouchant toutes au-delà de l'enceinte fortifiée. Quand tout fut fin prêt, le chef punique convia les esclaves à un banquet à l'issue duquel il leur remettrait leurs actes d'affranchissement.

L'on ne revit jamais aucun des participants à cette fête joyeuse. Nul ne s'en inquiéta car ces esclaves, originaires de contrées lointaines, avaient sans doute dès leur libération regagné leurs patries respectives. Hannibal était le seul à savoir qu'en fait, ils avaient tous péri empoisonnés. Leurs cadavres avaient été brûlés par quelques militaires dévoués à leur chef et qui, par la suite, dispersés dans différentes unités, trouvèrent également la mort. Seuls Cléarchos et Diophanès avaient échappé à la tuerie. Se doutant de ce qui se préparait, ils avaient disparu le matin même de la fête fatidique, prétextant avoir reçu l'ordre d'aller chercher en ville des provisions supplémentaires. Les gardes les avaient laissés quitter le domaine puisqu'ils se rendaient souvent auprès du chef punique pour lui rendre compte de l'avancement des travaux. Les recherches entreprises pour les retrouver restèrent vaines, y compris après la discrète arrestation des membres de leurs familles. Ils préférèrent laisser ceux-ci être exécutés plutôt que de reparaître à la cour de Prusias. Ce dernier y vit la preuve que l'accusation d'espionnage portée à leur encontre n'était pas dépourvue de fondement. Ces criminels, comme il les désigna, avaient sans doute gagné Pergame pour livrer à Eumène le plan des fortifications de la nouvelle capitale à la construction desquelles ils n'avaient pourtant pas participé. Mais ce détail, le vainqueur de Cannae omit de le fournir à son maître.

Hannibal avait obtenu du roi l'autorisation d'inviter certains de ses vieux amis aux cérémonies dédicatoires de la ville. Deux d'entre eux avaient répondu à son invitation, Aristée et Ariston. Tous deux étaient venus de Tyr, porteurs de nombreux messages de Carthaginois demeurés fidèles au parti barcide, et furent l'objet de maints égards de la part des fonctionnaires bithyniens. Ils participèrent aux sacrifices offerts dans les temples et furent reçus en audience par le souverain avec les ambassadeurs des royaumes voisins. A la fin des festivités, qui durèrent pendant plusieurs jours, le chef punique eut un long entretien avec son ancien lieutenant :

— Aristée, je me réjouis de te revoir après tant d'années. J'ai longtemps redouté qu'Antiochos ne te fasse payer cher ta générosité à mon égard.

— Je t'avais expliqué que je n'avais rien à craindre. Grâce à toi, j'ai pu m'installer à Tyr et devenir l'associé d'Ariston pour lequel je parcours tous les ports de la grande mer.

— Es-tu allé récemment dans ma cité natale ?

— Il y a deux ans de cela, je me suis rendu à Carthage. En me promenant dans ses rues, je t'imaginais enfant, jouant avec tes frères ; dans les tavernes, il me suffisait de mentionner ton nom pour qu'aussitôt, des hommes viennent s'attabler à mes côtés. Ils avaient jadis combattu sous tes ordres et je t'ai parfois maudit intérieurement car je devais rester de longues heures à écouter leurs récits.

— As-tu vu ma maison de Mégara ?

— L'entrée m'en a été interdite par un garde. Elle appartient désormais à un nommé Bostar, le petit-fils de Carthalon, un vieil ennemi de ta famille. Je suppose que les espions du Conseil des Cent Quatre savaient qui j'étais et redoutaient que tu ne m'aies chargé d'une mission particulière. Ils avaient dû informer leur collègue de ma présence et celui-ci avait pris ses précautions.

— Je connais ce Bostar de réputation. Après ton départ, il a dû faire fouiller la bâtisse de fond en comble, imaginant que des trésors, que tu étais chargé de retrouver, y étaient dissimulés. Le malheureux en aura été pour ses frais ! Parlons d'autre chose car le seul nom de Mégara éveille en moi trop de souvenirs douloureux. Que se passe-t-il à Rome ?

— Ton vieil ennemi, Publius Cornélius Scipion, est mort, il y a peu, dans sa retraite de Literne, en Campanie.

— Je ne savais pas qu'il avait abandonné la vie publique.

— Ses ennemis au Sénat l'y ont contraint.

— De quelle manière ?

— Marcus Porcius Caton a fait ouvrir une enquête sur l'origine des sommes qu'il avait fait distribuer à ses soldats après avoir reçu l'émissaire d'Antiochos lorsque ce dernier avait cherché à négocier une trêve. Le vainqueur de Zama n'a pas supporté cette injustice. Il a rassemblé le peuple sur le Forum et l'a conduit jusqu'au temple de Jupiter Capitolin afin d'implorer ce dieu de donner à la cité de Romulus des dirigeants aussi honnêtes que lui. Des dizaines de milliers d'hommes étaient descendus dans la rue pour l'accompagner et infliger de la sorte un cinglant camouflet à ses accusateurs. Il aurait pu en profiter pour obtenir leur bannissement. En fait, Publius Cornélius Scipion n'a pas supporté cette atteinte à son honneur et a quitté la ville après avoir laissé à son frère le soin de le défendre devant ses juges qui estimèrent plus prudent de l'acquitter. Toutefois, il n'a jamais voulu réapparaître sur les bords du Tibre après cette date. Son amertume était telle qu'il avait ordonné qu'on fasse graver sur sa tombe, après sa mort, cette singulière épitaphe : « Ingrate patrie, tu n'auras pas même mes os ! »

— Je reconnais bien là son orgueil. Sais-tu que, de

tous les membres de l'aristocratie romaine, les Scipions sont les seuls à ne pas pratiquer la crémation de leurs défunts ? Quand l'un de ses lointains parents trouva la mort sous les murs de notre ville, mon père, Hamilcar, rechercha son corps et, ignorant ce détail, le fit brûler sur un bûcher. La gens Cornelia ne lui en voulut pas, tout au contraire, parce qu'il avait cru bien agir de la sorte. Ce geste a créé entre nos deux familles une complicité tacite et une admiration mutuelle qui étonnaient tous les observateurs. N'étions-nous pas sans cesse opposés les uns aux autres sur les champs de bataille ? Et ils seront encore plus surpris d'apprendre ma dernière volonté que je te charge d'exécuter. Lorsque mon dernier jour sera venu, je te confie le soin de veiller à l'incinération de mon cadavre. Tu placeras mes cendres dans une urne déposée dans un tombeau que j'aurai fait construire et sur lequel sera gravée l'épitaphe suivante adressée à Carthage : « Ingrate patrie, tu n'auras même pas mes cendres ! » Mes partisans tenteront de t'en empêcher mais je te remettrai un document authentifié de ma main te donnant tous pouvoirs pour agir de la sorte. Tant que la cité d'Elissa sera dirigée par ces cupides négociants qui rampent devant Rome, je ne veux pas qu'elle puisse s'enorgueillir du privilège d'abriter ma dépouille[1].

— Tu peux compter sur moi. Le moment n'en est pas encore venu et je souhaite que tu vives assez longtemps pour que cette mission incombe à l'un de mes fils. Tu me parais d'ailleurs en parfaite santé.

— C'est l'impression que je m'efforce de donner à

1. Ce vœu fut scrupuleusement respecté. La Turquie d'aujourd'hui abrite toujours le tombeau, réel ou mythique, d'Hannibal. A la suite de négociations menées entre Ankara et le ministre tunisien de la Culture, M. Bousnina, aujourd'hui ambassadeur à Paris, un accord a été conclu pour le rapatriement prochain des cendres du chef punique en Tunisie. Car, de tous les pays du Maghreb, l'ancienne Régence est le seul à rendre hommage à son passé préislamique et à le valoriser soigneusement.

tous ceux que je côtoie. Mon corps n'a plus la vigueur d'antan mais, s'il le fallait, je pourrais encore mener de longues campagnes militaires par tous les temps, sous la neige ou la canicule. Je ne laisserai pas mes ennemis s'imaginer que je suis sur le point de rendre l'âme et de les délivrer de leur principal souci d'inquiétude. Leur angoisse est la meilleure de mes médications. Pourtant, à toi, mon vieil ami, je dois confier qu'un mal intérieur me ronge, plus insidieux que la douleur physique. Il s'agit de l'ennui. Ici, je me morfonds dans une solitude intolérable et chaque jour qui se lève est comme un supplice nouveau. J'en suis réduit à me préoccuper de choses futiles pour m'abrutir de travail et pouvoir m'écrouler de fatigue sur ma couche dès le soir venu.

— As-tu au moins des amis ou des compagnes pour te distraire et te tenir compagnie ?

— Non, je vis comme une bête sauvage sortant rarement de sa tanière. Mes derniers serviteurs puniques sont morts depuis longtemps et je n'ai plus personne avec qui parler ma langue maternelle dans laquelle j'éprouve de plus en plus de peine à m'exprimer. Au fond, je suis devenu un Grec d'Asie.

— Cela nous honore et c'est bien ainsi que nous te considérons. Mais tu ne peux oublier que tu es né carthaginois et que beaucoup de tes compatriotes espèrent ton retour.

— Aucun n'est venu me le dire.

— Je t'ai apporté des messages de tes partisans.

— C'est vrai mais nul d'entre eux n'a quitté les siens pour apporter un peu de réconfort à un vieillard solitaire.

— Tu es seul parce que tu le veux bien. Un homme de ta renommée devrait pourtant faire tourner bien des têtes féminines.

— Je ne me fais aucune illusion à ce sujet. J'ai été assailli de demandes en mariage par des aristocrates bithyniennes dont certaines appartiennent à la dynastie royale. J'ai eu du mal à repousser leurs avances. Imilcé a été ma seule épouse légitime et, par respect pour sa mémoire, je n'entends pas prendre une autre femme.

— Jadis, alors qu'elle vivait loin de toi, tu ne dédaignais pourtant pas l'amitié de certaines courtisanes. Elle le savait et jamais elle ne te le reprocha.

— Nous avions conclu un pacte et je l'ai toujours respecté. Tu peux m'objecter que sa mort m'a délivré de mes engagements. C'est exact. Je pourrais prendre une maîtresse mais, au fond de moi, je sais que je n'aurais pas la patience de supporter le caquetage d'une péronnelle qui se vanterait partout de m'avoir fait prisonnier. Je déteste le babillage des prostituées et je me rends compte que ma compagne, tout en prétendant me vouer une affection débordante, n'aurait qu'une seule préoccupation en tête : faire main basse sur mes richesses dissimulées en lieu sûr.

— Ce que tu me dis m'attriste. Y a-t-il un moyen de te redonner espoir dans l'existence ?

— Non. Je suis déjà mort bien que je sois encore en vie. Le trépas sera l'ultime faveur que m'accordera Melqart, le dieu qui m'a toujours protégé. Ce sera pour moi une délivrance.

— Le suicide pourrait te l'apporter.

— Je m'y refuse car ce serait admettre ma défaire. Je ne veux pas que Rome et plus encore Carthage aient raison de moi, soit par leur cruauté, soit par leur ingratitude. Tant que ma sécurité ne sera pas réellement menacée, je continuerai à vivre ici.

— Je dois te mettre en garde car j'ai eu vent de certaines informations inquiétantes. Eumène de Pergame ne t'a toujours pas pardonné la cuisante défaite navale que tu lui infligeas il y a de cela des années. Je sais qu'il a récemment envoyé des ambassadeurs à Rome pour dresser le Sénat contre Prusias et dénoncer ta présence à la Cour de celui-ci. Titus Quinctius Flaminius, que tu connais bien, est en route pour ces régions, porteur d'un ultimatum. Ton hôte doit conclure à nouveau un pacte d'amitié avec Rome et l'une des conditions figurant dans le projet de traité est qu'il te livre aux Romains.

— Il lui faudra de longs mois pour parvenir jusqu'ici et il mourra peut-être durant le trajet. En attendant, si tes occupations te laissent quelques loisirs, il me serait agréable que tu restes à mes côtés afin que nous échangions nos souvenirs du bon vieux temps.

— Je n'osais te le demander car, si cela t'agrée, je me ferai un plaisir de consigner par écrit le récit minutieux de tes exploits en utilisant les renseignements puisés à la meilleure source. Silenos a déjà écrit une chronique, que tu as lue, mais elle est truffée d'erreurs.

— Tu risques fort de t'ennuyer en écoutant mes radotages et mes récriminations. Toutefois, la région est giboyeuse et je serai ravi de t'emmener avec moi à la chasse. Les animaux sont les derniers ennemis contre lesquels je me bats.

— J'accepte avec joie ta proposition.

Aristée passa plusieurs mois en compagnie de son ami, recueillant ses souvenirs et s'émerveillant de la mémoire intacte du chef punique. Il se rappelait le moindre détail et était capable de décrire avec minutie un affrontement en apparence secondaire mais qu'il considérait comme décisif pour la suite des opérations. Parfois, les deux hommes se querellaient, toujours sur le même sujet : les conséquences de son expédition. Pour Hannibal, elle s'était soldée non seulement par un échec mais aussi, fait plus grave, par l'irrésistible extension des pouvoirs de Rome sur les rives de la grande mer. Un soir, son invité et lui eurent une discussion plus vive que d'habitude.

— Si c'était à refaire, murmura le vainqueur de Cannae, je crois que je ne laisserais pas mes armées quitter Carthagène. J'aurais dû consolider mes positions en Ibérie et chercher à accroître l'empire africain de Carthage.

— Tu te serais couvert de gloire dans cette mission mais tu n'aurais pas franchi les Alpes ni infligé aux légions des défaites qui suscitent l'admiration de tous.

— Ma cité aurait été sauvée et ne serait pas dirigée par une bande de pleutres qui la conduisent à sa perte. Quant à la cité de Romulus, elle aurait été privée de l'insolent pouvoir qu'elle exerce. Jamais elle n'a été aussi puissante.

— En apparence, je te le concède, dit Aristée. La réalité est plus complexe. Te souviens-tu du rêve que tu fis jadis : un serpent sorti de terre ravageait l'Italie. C'était ton corps expéditionnaire et les blessures qu'il a infligées à son ennemi sont, quoi que tu en dises, mortelles comme le venin de cet animal.

— Tu veux me consoler mais les faits te donnent tort.

— Non. Tu as mis en branle un vaste mouvement que nulle force ne pourra arrêter. Pour contenir tes assauts furieux, le Sénat a dû multiplier les concessions envers la plèbe et ses membres sont désormais divisés en deux camps irréconciliables. Les uns veulent le maintien de l'ordre ancien, les autres rêvent d'une République nouvelle. Les peuples qu'ils ont soumis ne se contenteront pas de vivre perpétuellement dans un état d'indigne sujétion et d'avoir pour seul droit celui de payer tribut. Pour prévenir des révoltes, leurs maîtres seront contraints d'améliorer leur sort et de leur octroyer certaines libertés, voire de leur accorder, dans plusieurs générations, la citoyenneté pleine et entière. Regarde ce qui se passe déjà : la Grèce est vaincue et captive. Pourtant, ses dieux, ses poètes et ses philosophes règnent aujourd'hui sur les bords du Tibre. Rome veut désormais dévorer l'Asie. Grand bien lui fasse. En fait, c'est elle qui la submergera un jour et détruira ses traditions et ses institutions. On m'a montré à Ephèse un texte dont l'auteur a préféré garder l'anonymat. Il raconte que Publius Cornélius Scipion, venu célébrer un sacrifice à notre sanctuaire de Naupacte, en Etolie, fut provisoirement saisi de démence et prédit, dans la langue d'Homère, qu'un souverain venu de nos contrées vengerait le mal que sa patrie a fait aux Grecs.

— Tu sais bien que Scipion n'a jamais tenu ce discours.

— Peu importe. Ce qui compte, c'est que des milliers d'hommes le croient. Ce sauveur, ce pourrait être toi.

— Je suis trop vieux pour cela.

— Alors, ce sera quelqu'un d'autre, natif de Phrygie, de Phénicie, de Palestine ou d'Egypte. Il se chargera de porter un coup fatal à la cité de Romulus. Il te vengera même s'il ignore jusqu'à ton nom.

— Je doute fort que tes arrière-petits-enfants soient les témoins d'un tel événement.

— Nous sommes des êtres patients et le temps ne compte pas pour nous. La guerre de Troie, si lointaine pour toi, est pour nous un épisode récent de notre histoire. C'est pourquoi je crois à cette prédiction. Tôt ou tard, une lueur viendra de l'Orient et sa flamme ravagera Rome, à la plus grande joie de tous nos peuples.

— Cessons avec tes prophéties et allons dormir. Une partie de chasse nous attend demain et j'entends bien ramener plus de prises que toi.

L'équipé n'eut pas lieu. Tard dans la nuit, un messager venu de Brusia avertit que Titus Quinctius Flaminius était arrivé la veille à Brusia. Reçu en audience par Prusias, il avait ordonné au monarque de conclure un nouveau pacte d'amitié avec le Sénat et, en gage de bonne volonté, de lui livrer son invité. Faute de quoi, les légions stationnées à Pergame marcheraient contre son royaume et le détruiraient. Terrorisé, le souverain bithynien n'avait pas hésité un seul instant. Des soldats de sa garde étaient déjà en route pour le palais du chef punique, accompagnés par deux revenants, Cléarchos et Diophanès, les contremaîtres fugitifs qui connaissaient les plans de la demeure et avaient proposé leurs services au consul.

Aussitôt, Hannibal ordonna à ses serviteurs de préparer quelques affaires et d'embarquer à bord de son navire les coffres contenant le reste de sa fortune. Il voguerait vers l'est à la recherche d'un nouveau refuge où il pourrait peut-être enfin édifier la cité destinée à accueillir ses derniers partisans. La mine défaite, l'intendant ne tarda pas à revenir :

— La maison est déjà cernée par les hommes de Prusias.

— Prenons les souterrains. Si la chance nous sourit, l'une des issues n'est peut-être pas gardée.

— Elles le sont toutes. Tes anciens contremaîtres ont fait diligence et seront sans doute largement récompensés pour leur trahison.

— Fais-moi apporter une coupe de vin. Je crois que ma longue vie s'achèvera ici aujourd'hui.

— Pourquoi ne pas périr les armes à la main ? lui suggéra Aristée.

— Trop de sang a déjà été versé, mon ami. Ils n'en veulent qu'à ma personne et vous laisseront libres de repartir, une fois leur forfait accompli.

— Si tu meurs, je veux mourir à tes côtés.

— Souviens-toi de notre dernière discussion. Tu es le dépositaire de ma mémoire et je t'ai désigné comme mon héritier puisque je n'ai pas de descendant direct. Voici les documents rédigés de ma main et qui te donnent tous mes biens. J'apprécie ta fidélité sans faille mais il faut bien qu'un homme investi de ma confiance soit là pour accueillir le fameux souverain dont tu me parlais avec autant de conviction.

L'intendant remit à Hannibal la coupe de vin qu'il avait demandée. Le fils d'Hamilcar y versa le poison contenu dans le chaton de ses bagues puis, se tournant vers Aristée, lui dit :

— Après tant d'années, les Romains tremblent comme des femmes dès qu'on mentionne mon nom et ma présence dans un lieu. Ils n'ont pas la patience d'attendre que la maladie les débarrasse de moi. Je ferai donc preuve de mansuétude à leur égard en les délivrant de leurs peurs. Titus Quinctius Flaminius va remporter sa dernière victoire qui ne lui vaudra pas un triomphe dans les rues de sa cité. Plus tard, les poètes et les historiens le maudiront et l'accableront de reproches. A juste titre. Toutefois, j'espère qu'ils réserveront leurs flèches les plus perfides à Prusias qui a trahi les lois les plus sacrées de l'hospitalité. Puisse-t-il être maudit et son royaume être détruit prochainement ! En cet instant fatidique, c'est à Melqart, le dieu protecteur de ma famille, que j'adresse ma prière. Je souhaite qu'il me tienne compagnie dans la longue route qui s'ouvre devant moi et où nul être humain ne pourra me servir de guide. Adieu à vous tous. Je suis fier de vous avoir eus pour amis et pour serviteurs et votre présence me procure une joie qui atténuera mes souffrances d'un moment.

Au loin, l'on entendit du bruit, des pas courant en tous sens. Les soldats de Prusias avaient forcé l'entrée du palais et se répandaient dans les pièces, à la recherche de leur proie. Hannibal porta la coupe à ses lèvres et la but d'une traite. Un long frisson secoua son corps et il s'écroula lourdement sur le sol. L'effet du poison avait été foudroyant et si rapide qu'il conservait encore le sourire qui avait accompagné ses dernières paroles.

D'un pli de sa tunique, s'échappa un morceau de papyrus. Aristée s'en empara et le lut quelques heures plus tard, lorsque Prusias, honteux de son forfait, eut ordonné à ses soldats de le remettre en liberté. C'était une lettre que, peu de temps avant sa mort, Publius Cornélius Scipion avait envoyée à son vieil ennemi pour l'avertir des dangers qui le menaçaient. Elle se terminait par ces mots : « Je connais trop ceux qui accaparent le pouvoir dans ma ville pour m'imaginer qu'ils te laisseront terminer tes jours en paix. Je te conseille donc de prendre toutes

tes dispositions pour ne pas tomber vivant entre leurs mains. L'estime que je te porte me commande d'agir ainsi au risque de paraître trahir ma cité. Mais je voudrais que tu saches de la sorte que certains Romains sont fiers de t'avoir eu pour ennemi et auraient été heureux de te compter au nombre de leurs amis. Ne me remercie pas : mes sentiments ne sont pas aussi nobles que tu le penses. Car j'ai une ultime revanche à prendre sur toi qui n'as jamais voulu reconnaître ta défaite, me privant ainsi de la joie de savourer pleinement mon triomphe. En te prévenant, j'ai le dernier mot. C'est du moins l'illusion dont je me berce. Bien à tort. Je sais qu'après ton trépas, tu seras pleuré par des milliers et des milliers d'hommes et de femmes de toutes origines, en Occident et en Orient. Ce ne seront point uniquement tes derniers et timides partisans à Carthage mais tous ceux pour lesquels tu es la personnification de l'héroïsme et de la générosité. Ce sera ta plus belle victoire et tu l'auras remportée sur une Rome indigne de la gloire que je lui ai procurée. »

Paris-Le Kram-Saint-Cyr-Les Lecques, 1999.

les dispositions pour que je puisse [illegible] leurs [illegible] que je [illegible] ma [illegible] d'aller ainsi au [illegible] de paraître [illegible]. Mais je voudrais que [illegible] de la [illegible] que certains [illegible] de [illegible] aussi [illegible] [illegible] à certaines personnes [illegible] Marina [illegible] [illegible]

Ella, MacKen[illegible], Salvator [illegible] [illegible] espoir que la [illegible] deux [illegible] de [illegible] Anne, [illegible] Nicolas, [illegible] et Léo [illegible] aussi à [illegible] Albert [illegible], Pierre [illegible] Benamou, [illegible] Daniel, [illegible] [illegible]

Remerciements

Ce livre doit beaucoup à certaines personnes. Ma gratitude va tout d'abord à Martine, Olivia et Anna Girard-Haddad qui m'ont soutenu de leur affection. Je voudrais aussi mentionner Elias et Amal Nassar, « Phéniciens de Ouagadougou », dont l'amitié ne s'est jamais démentie. Ce deuxième volume a été rédigé au bord de la Méditerranée où, l'espace d'un trop court moment, nous avons reconstitué, avec Henri et Tatou Lévy ainsi qu'avec les différents membres de la famille Bismuth (Maurice, Liliane, Maxo, Lulu, Michèle, Fabienne), la convivialité des étés d'antan à l'Aéroport, près des ports puniques. Avec le ferme espoir que la tradition en sera maintenue, sous d'autres cieux du fait de l'histoire, par nos enfants, Olivia, Anna, Thierry, Nicolas, Julien, Aurore, Sacha et Léo. Merci aussi à Jacqueline et Jacques Guessard, Albert Sebbag, Pierre Bergé, Stéphane et Olivia Benamou, Isabelle Ansos, Georges-Marc Benamou, Danielle Houssaye, Monique Trégaro, Philippe Briançoulet, Benoît Rayski et André Pautard.

Sagonte
Gadès
Carthagène
Hannibal

Mediolanum
Lac de Trébie
Cremona
Placentia
Mutina
Genua
Rhône
assalia
Arettium
Lac Trasimène
Rome
Ostie
Cannae
Capua
Neapolis
Tarentum
Brundisium
Carales
Messana
Panormos
Rhégium
Utique
Acragas
Carthage
Zama
Ile des Lotophages
Hadrim

Table

Composition réalisée par JOUVE

IMPRIMÉ EN ALLEMAGNE PAR ELSNERDRUCK
Dépôt légal Édit. : 13229-09/2001
LIBRAIRIE GÉNÉRALE FRANÇAISE - 43, quai de Grenelle - 75015 Paris.
ISBN : 2-253-15104-1

31/5104/0